谷园讲经典

人生四书

谷园 著

民主与建设出版社
·北京·

© 民主与建设出版社，2022

图书在版编目（CIP）数据

人生四书 / 谷园著 . -- 北京：民主与建设出版社，2022.10
ISBN 978-7-5139-3966-9

Ⅰ.①人… Ⅱ.①谷… Ⅲ.①四书—通俗读物 Ⅳ.
① B222.1-49

中国版本图书馆 CIP 数据核字（2022）第 189976 号

人生四书
RENSHENG SISHU

著　　者	谷　园
责任编辑	王　倩
封面设计	昇一设计
出版发行	民主与建设出版社有限责任公司
电　　话	（010）59417747　59419778
社　　址	北京市海淀区西三环中路 10 号望海楼 E 座 7 层
邮　　编	100142
印　　刷	三河市龙大印装有限公司
版　　次	2022 年 10 月第 1 版
印　　次	2023 年 1 月第 1 次印刷
开　　本	710 毫米 ×1000 毫米　1/16
印　　张	20.5
字　　数	295 千字
书　　号	ISBN 978-7-5139-3966-9
定　　价	69.80 元

注：如有印、装质量问题，请与出版社联系。

序
中国式励志的根本在儒家

"中国式励志"是我在《吃透曾国藩》的序言里提出的概念。我认为,今天市面上那么多励志书,基本都是卡耐基等外国人写的,都是建立在西方文化的基础上的。我国有几千年的文化,青年却要靠外国人的文化精神来激励自己,来学习做人、做事的道理,这挺悲哀的。曾国藩还有无数人士,他们的成功靠的都是中国人自己的文化和智慧,这些文化和智慧,就是中国式励志的基础。

那么,这些文化和智慧到底是什么呢?我认为,有必要梳理一下,把这些好东西都明明白白地整理出来,让大家一目了然,再去跟卡耐基们PK一下,一决高下。

怎么梳理呢?挺简单的,就是看看曾国藩看得最多的书是什么、对他影响最大的书是什么,就可以了。什么书呢?这也是很容易回答的,就是四书五经,特别是"四书"。他在28岁中进士之前,天天抱着啃的就是这四本书:《大学》《中庸》《论语》《孟子》。他将这四本书读得滚瓜烂熟,可以倒背如流,你随便念一句里面的话,他闭着眼都能知道在书里的哪页哪行。你要不信,可以让你家孩子从3岁到28岁天天看这四本书,他也能这么厉害。

不只曾国藩如此,还有王阳明,近来读王阳明也成风气,我们看他的全集里，多数的内容都是讨论对"四书"的理解，他的**"致良知""知行合一"，都是从"四书"里引申出来的**。还有近代的一些风云人物，大致都是读四书五经长大的，很多人即便对"四书"持批判的态度，但他们的人生做派却受了"四书"深刻的影响，比如，胡适晚年讲自己是个儒教徒。

"四书"从元代以来，就被官方确立为科举考试的教材，无论权贵还是平民，想当官，一般就得参加科举，考秀才、举人、进士，考题都不出"四书""五经"。在古代，官本位思想比现在要严重得多，读书为什么？上学为什么？为科举！所以凡读书识字的，都是奔着吃透"四书"的。只要吃透"四书"，就可以考高分，然后就能当官。

有人可能会问：就凭读好了这四本书就有能力、有资格当官了吗？这只能说明"四书"是真有用，吃透了"四书"的，出来当官，大致是没有问题的。那么，反过来是不是也可以这样讲：**当一个好官、一个好的领导者，或者一个成功者，所需要的那些思想、智慧、精神，"四书"里全都有**。这样说，大体是不错的。

而且，也不单纯是想做官的才读"四书"，《红楼梦》里"宝黛相会"那一段，贾母问黛玉读什么书，黛玉说自己在读"四书"，**宝玉则接过话来说，除"四书"之外，别的书都是垃圾**。要知道，曹雪芹对传统文化是批判的，可他对"四书"却是喜爱的。

总之，**中国人，凡读书的都必读"四书"，"四书"就是中国人的"圣经"**。

那么，既然"四书"如此好，为何在五四运动时被批判呢？要打倒孔家店，要把孔子贬为"孔老二"呢？这里就有一个大问题，即儒家思想的打破与新生。

我国的传统文化是丰富多元的，先秦有诸子百家，东汉之后又传入了佛教。但从汉武帝"罢黜百家，独尊儒术"以来，儒家在中国古代社会一直是主流。中国的古书分四大类：经、史、子、集，最尊贵的就是经，到南宋时，经部里最终确定了十三本儒家的著作，被称为"十三经"，而这十三本书，简而化之，就是"四书五经"。

儒家有一个重要的观念叫中庸，就是凡事要做到正好，不能过分，因为物极必反，一旦太过分，就会走向反面。像王阳明这样被公认为有开创性的思想家，我们看他的著作，都很难看到真正的原创思想，他对经典的解读更接近孔子的原意，而不是超越孔子。

有个观点认为：一部西方哲学史都是在给柏拉图作注解。这话放在中国思想史上是更恰当的。特别是在清末民初，面对世界列强的欺凌和各国的快速发展，知识精英们打破儒家就成为一种必然。当然，在具体的操作过程中，矫枉过正也是难免的。

被打破的儒家思想并没有被毁灭，用学者余英时的话讲，它只是从一系列"建制"中退出了，不再是官方的意识形态，不再是思想家的"天花板"，它以一种"心灵积习"的状态，回归到日常生活，回归到每个平常百姓的身上，回归到一种更加平易自由的状态。在我看来，这被打破的儒家，更本质了，更纯粹了，"打破"反而开启了儒家思想的新生。

新生的儒家思想，必然是与时代紧密结合的。它要在全球化的、文化思想异常丰富而多元的格局里，找到自己的位置。

怎样找到这个位置呢？我认为，这就像企业的产品定位，要分析对比竞争者的情况，发现自己的比较优势，并发展这种优势，使之成为核心竞争力，最终在市场格局里占据一席之地。

在今天人类面临的诸多问题中，对于哪些问题，儒家可以给出更加切实有益的解答或者帮助呢？我想，起码在政治、经济、军事、科学等方面的制度设计上，儒家虽然不先进了，但是仍有借鉴意义。

儒家的优势价值还是在于做人，在于人生，在于各种人际关系的处理。按儒家自己的说法，今天儒家的价值主要体现在具体到个人的"修己治人"上。社会是由无数个人组成的，儒家的价值将由个人层面传导到社会层面。而今天我们所理解的励志，也无非在于做人，在于人生，在于各种人际关系的处理。所以，我大胆地推论，**今天儒家的价值在于励志**，而这种基于儒家的励志，就是"中国式励志"。

然后我们会发现，**实践总是走在理论的前面**。我称为中国式励志的新生的儒家思想，早已经以异常生猛的态势包围了我们。何出此言呢？看看今天的"国学热"吧，《三字经》的热、《论语》的热、曾国藩的热、王阳明的热，都在印证这一点。这种"热"建立在人们怎样的心理基础上呢？是想去参加科举考试，还是想要独尊儒术呢？当然不是！**大家都是本着很实际的态度，想从这些传统文化中得到做人的教益、人生的启示，让自己更加成功**。而且，在这种热潮里，有一个很重要的现象，就是儒家的"回流"。

就像佛教发源于印度，却兴盛于中国，当印度本土的佛教几乎湮灭之时，又从中国传回了印度。儒家在中国被五四运动打破，之后的100多年来一直被边缘化，但在日本、韩国却一直坚挺，并且培育出了优良的社会文化和无数精英分子。例如，日本近代企业之父涩泽荣一，还有与他一脉相承的松下幸之助、稻盛和夫，他们都提倡并践行儒家思想来经营实业，并取得了巨大成功。

从他们身上可以看到，儒家思想不单塑造了曾国藩这样的杰出官员，竟然还隐藏着财富成功的金钥匙！财富，这是现代价值毋庸置疑的重要核心，是启动儒家的新引擎。所以，我们看到，**今天的中国，越是企业老板，越是在追捧王阳明，越是起劲地读"国学班"**，而知识界却相对冷清，这是挺有意思的。

我们把眼界放得再宽一点，儒家的发展早已不是中国及亚洲周边范围内的事了，早在欧洲文艺复兴时期，儒家就开始受到西方的重视，伏尔泰、托尔斯泰、爱默生等西方哲学家都对儒家称颂有加。曾经的中国首富梁稳根收购过德国一家著名企业，**他称，之所以能收购成功，要感谢孔子开创的儒家学派**。因为，那家德国企业的创办者最迷恋两样东西：一样是风电，另一样就是儒家思想。因为他相信，这两样东西未来可以拯救人类。而梁稳根本人对儒家学派颇有研究，两人一见如故，收购这事也就成功了。

可见，即使在两千多年之后的今天，儒家思想仍然有着积极而巨大的现实意义。上述这些，大致讲了"四书"所承载的儒家思想的价值，以及与中国式励志的关系，点到为止吧。还有一个问题，儒家思想博大精深，"四书""五经"加在一起也有几十万字，又都是文言文，一般人怎么学啊？对这个问题，儒家本身就给我们提供了解决思路。**用曾国藩的话讲，"肢体虽大，针灸不过数穴"，四书五经虽然浩繁，但可以取其精要**。《论语》则讲，"道不远人""切问而近思"，对于经典不必深究玄奥高深的道理，而应结合当下的工作、生活，朝着平易简单的方向去理解。

《周易》讲，"易则易知，简则易从"，本着"简易化"的思路，一切就不是难题了。怎么"简易化"呢？答案是：化整为零。长篇不是难读吗？咱把它拆分开，取出精华的句子来赏析，然后把这些精华的碎片重新拼合连缀起来，既容易读了，整体的精神又不损失。这就是我的构思。曾国藩传世文字数百万，《吃透曾国藩》只选了200句，足以涵盖曾氏的主要精神。这本书也是如此。

事实上，南宋的朱熹之所以编订"四书"，也是出于"简易化"的思路，"四书"比"五经"（《诗》《书》《礼》《易》《春秋》）要简单易懂得多，所以更容易普及，结果把儒家推向了新的高度。可见，

"简易化"并不只是在原有基础上的减损，而是一种发展方式。

所以，我坚信这本书对于儒家学派有发展的意义，即便是微乎其微的。

古人有句话叫"皓首穷经"，他们注解"四书""五经"常常是花一辈子的工夫，朱熹临死都还在修订《大学》释义，凭我这样的青年还能整出点新东西来吗？我想，这是有可能的，因为，我们所处的时代不同，我们对于圣贤有了平等观的态度，我们对于宇宙有了更多了解。孔子提倡"举一反三"，我的理解和发挥即便有不合其原意之处，他应当也会原谅吧。

是的，我的理解未必准确，可人生有标准的答案吗？我想，重要的在于我们了解了，思考了，奋斗了！

在这本书的写作过程里，我阅读了张君劢的《新儒家思想史》、钱穆的《四书释义》、蒋伯潜的《四书新解》、陈立夫的《四书道贯》、吴量恺的《四书辞典》、汤一介的《儒学十论及外五篇》、余英时的《儒家伦理与商人精神》和《现代儒学的回顾与展望》、杜维明的《体知儒学》、施忠连的《四书五经十日谈》和《四书五经名句辞典》等诸多学者写的儒学方面的书，很受启发，这里也向他们致敬。

当然，更重要的是向孔子致敬。像现在很多人误会曾国藩是一个官场厚黑的高手一样，也有很多人误会孔子是一个失败的教书匠。事实上，即便以今天世俗的标准来看，孔子在生前就已经是非常成功的人了。孔子做到了鲁国的司寇，起码相当于今天省部级的官位；他授徒三千，其中俊杰辈出，算得上是当时全国最大的私立学校的校长，假如在今天肯定也上市了；他周游列国，拜访国君，虽然未被重用，但起码在国际上有较高的声望。

你还要他怎样成功？再看身后，他不但被尊为"素王"（无冕之王）、万圣先师，还有两千多年世代望族的孔氏子孙。还有谁比他更成功?而他的起点有多低呢?他从小就是由单亲母亲抚养,很小就给富人家放羊、做帮佣,一切全凭自学,你还要他怎样励志?就是这样一个曾经鲜活的生命,留给了我们怎样的文字呢?用四个字可以概括:自强不息!这就是"四书""五经"的灵魂,是中华文化的精义。

作者

目录
contents

人生

人为什么活着 / 002
人应当怎样活着 / 003
人生的八大基本问题 / 004
做你自己 / 006
中庸之道 / 008
做一个理想主义者 / 009
简单人生 / 010
人生的框架 / 011
生命是一个走向永恒的过程 / 013
终极价值 / 015
不要精神胜利法 / 016
德才之辩 / 018
游戏的意义 / 019
要有长远的考虑 / 020
儒家的三大柱石 / 021
命运靠自己把握 / 023
儒家的出世态度 / 024
谁都能成功 / 025
人生三乐 / 026
我们都拥有宇宙中最宝贵的东西 / 027
我行吗？我行！ / 029
底层体验加精英意识 / 030
积极看待生命中负面的东西 / 032
渐修与顿悟 / 033
你有信仰，你信儒教 / 034

世界

发展是硬道理 / 038
道在生活中 / 039
栽者培之，倾者覆之 / 040
诚信赢天下 / 041
生命轴线 / 043
自然更重要 / 044
二进制思维 / 045

人性

想什么就会是什么 / 050
最佳距离 / 051
把握他人的需求 / 052
把握大众传播心理 / 053
好为人师 / 054
人性本善 / 055

人格

中国式超人 / 058
圣人是一种典范 / 059
人淡如菊 / 060
孔子的理想 / 061
名臣的人格境界 / 062
士就是有精神追求的人 / 063
仁是道德的核心 / 065
不做老好人 / 068
理想主义情怀 / 070
做个大丈夫 / 071
领导者的五种修养 / 072

待人

对别人的期望与要求 / 076
以欣赏的眼光看别人 / 077
不抛弃,不放弃 / 078
处理人际关系问题的法宝 / 079
人生的意义最终在于收获感情 / 080
观人之法 / 081
服务领导要注意的两点 / 082
面向未来,春暖花开 / 083
做人要厚道 / 084
帮助别人成功是自己成功的基石 / 085
年轻的力量 / 086
四海之内皆兄弟 / 088
朋友问题 / 089
和为贵 / 090
交际的节点 / 092
善的四个关键词 / 093
要敢于对领导说"不" / 094
博爱 / 096
统一思想是合作的基础 / 097
做个直人 / 098

人生
四书 / x

处事

想到就做 / 102
热爱自己的工作 / 103
对事业要有超然的态度 / 104
要培养预见能力 / 105
做事之道 / 106
凡事要有先付出的意识 / 107
靠脑袋吃饭 / 108
对节俭的反思 / 109
胆大要有度 / 110
第一个伟大的学生 / 111
人生贵有恒 / 113
尝试者赢 / 114
乘势者胜 / 115
要有天地人的整体观 / 117
大事是怎样做成的 / 118
小不忍则乱大谋 / 119
你是好人 / 120
赢得信任是前提 / 121
让为我所用的东西锋利精良 / 122
儒家的人才观 / 123
追随那些了不起的人 / 124
怎样说话 / 125
怎样听人说话 / 135

领导

领导者的第一大问题 / 140
政治的秘密 / 142
正名 / 143
教育培训 / 143
不越位 / 145
做人三层次 / 146
精神领袖 / 148
容忍个性强的下属 / 149
领导者的框架 / 150
领导者的四种武器 / 151
领导者的终极智慧 / 152

财富

财富之外 / 156
赚钱是为了更好地活着 / 157
义利之辩 / 158
财散人聚 / 160
摒弃对富人的偏见 / 161
生财有大道 / 163
怎样面对贫穷或富有 / 164

家庭

婚姻是一个大学堂 / 168
做个顾家的男人 / 169
最持久的快乐 / 170
兄弟情 / 171
家庭教育与爱的中庸 / 173

修养

中国人修养的最高境界 / 176
修身概述 / 177
在反省中提升 / 178
骄傲与谦虚 / 180
要培养厚重的气质 / 181
怎样搞定人 / 183
颜回的修炼 / 185
颜回的高明 / 186
道法自然 / 187
跳出患得患失的怪圈 / 188
四个约定 / 189
人为何有错不改 / 191
平常心即是道 / 192
没有过不去的火焰山 / 193
克己复礼 / 194
随遇而安 / 195
做官的两大基本品质 / 196
三戒 / 197
为人处世的框架 / 198
五大功夫与天地境界 / 200
谈名声 / 201
养心 / 203
五字心法 / 204
难矣哉 / 206

学习

第一个伟大的老师 / 208
文化传承者 / 210
好学是最大的智慧 / 211
背后的力量 / 212
慎独修炼 / 213
学者的生活 / 214
古来圣贤皆寂寞 / 215
向后穿越 / 216
谈异端 / 218
虚荣心是个大怪物 / 219
自我教育，赢在未来 / 220
把迷失的心灵找回来 / 221
包打天下的小尺子 / 222
功夫不到家不行 / 224
学习与思考不可偏废 / 225
知己 / 226
终身学习 / 227
交流的意义 / 228
治学之道 / 230
人生的长线 / 231
迎合别人不如迎合自己 / 232
学以致用 / 233
读书无用论 / 234
音乐的功能 / 235
独立思考 / 237
立乎其大 / 238
学会了 / 240
弘道者 / 242

综合

可爱的孔子 / 246
儒家的政治思想 / 256
儒道墨法思想浅议 / 260
四书成语佳句解读 / 268
四书成语佳句解读（新版补录）/ 287

人生

- 生命是一个走向永恒的过程
- 终极价值
- 不要精神胜利法
- 德才之辩
- 游戏的意义
- 要有长远的考虑
- 儒家的三大柱石
- 命运靠自己把握
- 儒家的出世态度
- 人为什么活着
- 谁都能成功
- 人应当怎样活着
- 人生三乐
- 人生的八大基本问题
- 我们都拥有宇宙中最宝贵的东西
- 做你自己
- 我行吗？我行！
- 中庸之道
- 底层体验加精英意识
- 做一个理想主义者
- 积极看待生命中负面的东西
- 简单人生
- 渐修与顿悟
- 人生的框架
- 你有信仰，你信儒教

人为什么活着

未知生，焉知死？

——《论语·先进》

一门哲学至少要回答两个问题：

一是，人为什么活着？

二是，人应当怎样活着？

否则就称不上哲学。

有一次，孔子的大徒弟子路问他应该怎样跟鬼神打交道。在那个时代，巫是很普遍的，鬼神的概念应当很明确。我的童年是在农村里度过，晚上没有电，关于鬼的话题就很多。儒家在这个问题上，一贯是相对理性的，但还达不到唯物主义和无神论的高度。

于是孔子回答："**未能事人，焉能事鬼？**"意思是：人应当关注当下，关注日常生活，跟人打交道都做不完美，就想去跟鬼神打交道，这是不切实际的想法。

可没想到子路的话是有埋伏的，他说，如果不考虑鬼神的问题，那么我们该怎么面对死亡呢？以现代人头脑里的那些鬼神思想，很容易理解子路的困惑：人死后到底有没有灵魂呢？如果没有，一个人活了几十年就死了，那人生的意义在哪里？如果没有意义，那人为什么还要活着呢？

但孔子依然用刚才的句式，淡然地回答："**未知生，焉知死？**"似乎是回避了这个问题：你先自己好好活着，活明白了再说吧；活都活不好，还想什么死？

对于这个人生的根本问题，我是在17岁时为之困惑并认真思考过的。我曾经请教了一个很聪明的女同学，她的回答跟孔子的回答很像，她说，这个问题的答案应当就是过好眼下的生活。当时，我并不满意这个答案，恰好在《读者》杂志上看到一篇生物学家写的关于蚂蚁的世界的文章，这篇文章启发我从一只蚂蚁的角度去反思生命的意义。

一只蚂蚁为什么活着？答案是：不为什么，只因为蚂蚁这个物种存在。如果所有的蚂蚁都灭绝，那么这个物种就完了；如果所有的物种都灭绝，那宇宙间的生命就完结了；如果所有的生命都没有了，那冷冰冰的宇宙还有什么存在的意义？

《周易》讲："**天地之大德曰生**。"生存与发展是宇宙的大德、大道，是宇宙间的最高价值，也是宇宙存在的意义所在。每一个渺小的生命，之所以活着，就是为了贯彻和实现这种生命意志、价值、意义。《周易》讲："**天行健，君子以自强不息**。"人只有好好活着，活出这种"天行健"的精神，才是对"人为什么活着"最好的回答。

人应当怎样活着

> 大学之道，在明明德，在亲民，在止于至善。
> ——《大学》

这是《大学》开宗明义的第一句话，它回答了人生中第二个重要问题，即人应当怎样活着？

"大学之道"不是今天上大学的道，而是指人生之道、人这辈子像样的活法！怎样的活法呢？**在明明德、在亲民、在止于至善**。这三点，并称为**儒家的"三纲领"**。所谓纲领，就是说，儒家千言万语、千百年来、千辛万苦总结的这套思想体系的根子，就是这三点。

儒家的主流相信人性本善，人有先天的良知、良能，人的天性中就包含了仁、义、礼、智等价值和能力，天性中就存在着真、善、美。这些品质就是人的"明德"。"明明德"就是把这些"明德"彰显出来，就是要不断完善人的内在修养和德行，追求圣人的境界。

外在的要"亲民"，仁者爱人，"亲亲而仁民，仁民而爱物"，要孝敬父母，关爱家人，善待亲朋同事，**"老吾老以及人之老，幼吾幼以及人之幼"**，把仁爱之心不断推而广之，进而造福社会，甚至于把这种爱给予人类之外的自然万物。要发挥自己的能力，积极实践，把这些爱落到实处。

如此一内一外，用儒家的术语讲，就是"内圣外王"。

"止于至善"一方面是对前两项的总结。人不论内在的也好，外在的也好，都应当向一种至善的境界不断努力，这个过程是没有止境的，它强调的是一个方向。每个人各有不同的天赋和际遇，在这两个方面最终走多远，同样各有不同，但重要的是这个过程、这个方向。

"止于至善"另一方面是对前两项的超越。超越物我，超越现实人生中的追求，进入一种形而上的境界。这类似于道家、佛家所谓的得道或成佛，用《中庸》里的话讲，则是要**"赞天地之化育"，使自我融入天地自然的大道之中**。

世界上所有的宗教对于"人应当怎样活着"这个问题的回答，都有不同程度的否定现世人生的倾向。唯有儒家最为积极地肯定现世人生的意义，教会人们怎样活着，并且在平凡的生活中发现最高的意义。

人生的八大基本问题

> 古之欲明明德于天下者，先治其国；欲治其国者，先齐其家；欲齐其家者，先修其身；欲修其身者，先正其心；欲正其

> 心者，先诚其意；欲诚其意者，先致其知；致知在格物。
>
> ——《大学》

"欲明明德于天下"，就是要把自己的天赋才能贡献给天下苍生，为提高全人类的福祉而奋斗。这是人生的终极追求。在互联网时代里，任何一个小人物其实都更加具备了这种可能。

格物、致知、诚意、正心、修身、齐家、治国、平天下，被称为**儒家的"八条目"**。前文所述的明明德、亲民、止于至善，是"三纲领"，是方向和目标；而条目则讲落实。

八条目中的后四条好理解，前面四条的意义则众说纷纭、莫衷一是。我认为，对这八个概念，应当超越原始文本中的先后顺序和概念背景，以儒家所提倡的与时俱进的观念，作全新的理解，即体验、理性、信仰、欲望、自我、家庭、社会和人类。这是每个人都要面对的八大基本问题，既相互联系，又各自独立。

格物就是感知事物，就是体验，这是人的基础本能，是一个婴儿来到这个世界上最先学会做的——看到妈妈的脸庞，吮吸甜美的乳汁，聆听催眠的歌谣。这种对事、对物的感知，是人生中每时每刻都在进行着的。创造、享受、奋斗、快感、苦痛、读万卷书行万里路，以及一切实践活动，站在生命的角度，都是体验。人一辈子追求名、利、权、情，说到底都是为了某种体验。

从某种意义上讲，体验高于理性。电影《心灵捕手》中有一段老男人与天才少年之间的经典对白：我跟你聊米开朗基罗，你可能会讲一堆关于他的艺术理论甚至逸闻趣事，但你不曾闻着西斯廷大教堂的味道，仰望天花板上的他的原作；我跟你聊女人，你可能也会如数家珍地讲一通，但你不曾体会当自己在心爱的女人身边醒来时，涌自内心的喜悦；我跟你聊战争，你肯定能背诵莎士比亚"共赴战场，亲爱的朋友"这样的诗句，但你不曾把挚爱的战友抱在怀中，看着他临死时无助的眼神。

致知就是在各种体验的基础上形成知识的过程，就是理性。如

1+1=2、是非判断、微积分、相对论、"四书""五经"、世事洞明，这些都是知识、学问、智能，是理性，是追求和实现真、善、美的阶梯。

诚意。在体验和理性的基础上，人逐步形成自己的人生观、世界观，树立起生命的信仰。俗话讲："心诚则灵。"诚意强调的就是坚定的信仰。只有有了坚定的信仰，才有强大的力量。

正心。在体验、理性、信仰的基础上，我们会发现，影响和制约我们做人、做事的还有那颗躁动不安的心，即各种各样的欲望。**正心就是控制欲望**。

在体验、理性、信仰、欲望这四大问题的基础上，我们要完善自我，改善家庭，造福社会，为人类发展尽自己的努力。这就是儒家所认识的人生。

做你自己

> 天命之谓性，率性之谓道，修道之谓教。
> ——《中庸》

这是《中庸》开篇第一句，同样是讲"人应当怎样活着"这个问题。每个人都有不同的天赋禀性，就像世界上没有两片相同的树叶，这种差异堪称上帝的杰作。中国人不讲上帝，讲上天。上天赋予你的那些特质，就是你的天性，依循这种天性，尽量把它发挥出来，展现出不同于别人的鲜明个性，这就是道。道就是路——最佳的人生之路。

成功者都是有鲜明的个性的，这种个性不是刻意张扬出来的，不是标志性的发型、胡子、墨镜、烟斗、口头禅、坏脾气等外在的打扮或表现，而是一种由内而外的特有气质、一种独到的思维和做事方式。

曾国藩讲书法："凡大家名家之作，必有一种面貌，一种神态，与他人迥不相同。" 我在分析这段话时，提出书法的三层境界：

第一层是知道字怎么写。

第二层是精熟。

第三层就是展现自家风貌——随便写个字让人一看，人家就知道是谁写的，那你就成家了。

做人何尝不是如此：第一层，知道基本的做人原则，并有所坚守；第二层，世事洞明，人情练达，并有所成就；第三层，给这个世界添一道新鲜的色彩，让世界因你而不同。

然而，现实就如一句玩笑话，每个人生下来都是"原创"的，长着长着就成了"赝品"。什么叫赝品？就是你活的这一遭，说的做的怎么看怎么像别人，唯独不像你自己，把自己活没了。这样的生命价值是非常有限的。

那么，怎样做你自己，怎样发现自己的天赋、个性，并形成一定优势呢？我提供三点参考：

一是奥巴马讲的，学校教育的意义在于发现自己的优势。数学、语文、英语、物理、化学、体育、文艺等，哪个你更喜欢、更容易出成绩，你的个性、天赋可能就藏在哪里。

二是乔布斯讲的，相信自己的直觉。

三是我自己的发现。结合现实工作和生活，在接收海量的互联网信息的过程中，你会逐步发现自己的兴趣点、兴奋点，这时要意识到，你的天赋就在附近了。

另外，对于个性也要有所把握，就像小树一样，如果全任其个性去生长，也可能长不成材，要经过修剪，才能长得更高。培养个性优势，也离不开师长的教导和自己的学习。

取与自己个性所长相契合的方向去学习和实践，可事半功倍。

取对自己个性所短有砥砺的方向去学习和实践，可立于不败。

中庸之道

> 君子依乎中庸，遁世不见知而不悔。
> ——《中庸》
>
> 君子之道，暗然而日章；小人之道，的然而日亡。
> ——《中庸》

在本书后面的"修养"篇中，我将"中庸"理解为凡事都能恰到好处地把握和处理的极高的修养境界。而"中庸之道"则是将这种修养落实在人生实践上，依循传统的价值观，**中规中矩地走正道，踏踏实实地做好人，勤勤恳恳地干事业**。这样，纵使一辈子湮没无闻，也无怨无悔。因为在这个过程中，方法是正确的，你也尽力了，而且凡事都问心无愧，那么，结果如何，实非你能做主的。

不论什么年代，规规矩矩、低调、不张扬的生活方式和做事风格，确实容易把人埋没。会哭的孩子有奶吃，那些标新立异、哗众取宠、善于自我包装和炒作的人，更容易吸引人们的关注，甚至暴得大名。但前者的方式一旦成功，就是可以真正站得住的；后者则常常"其兴也勃焉，其亡也忽焉"，眼看他起高楼，眼看他楼塌了。

就像金庸小说里的正派武功与邪派武功的差别：前者容不得半点浮躁，动作得规范，周期得长，见效慢；而邪派武功可以出奇招、走快捷通道，短平快，"欲练神功，挥刀自宫"——武功是有了，根本没了，风险还高，一不留神就走火入魔，筋脉尽断。还像两种电影的差别：那些刺激眼球的电影，热闹一阵子就过去了；而那些在平平淡淡中传递深沉的人生哲理的电影，则能成为永恒的经典。

书法艺术上也有这个问题，十多年前，国内书坛曾盛行"流行书风"，打破传统，一味追求视觉冲击力，可流行了几年就过去了，整个书坛最终还是重新回归到了传统上。

从书法这个例子也可以发现另外一个视角。中庸代表传统的力量，比较平稳、保守、低风险。所有的创新总是从反对中庸开始的。所以，在强调革命或者变革的大批判中，中庸之道总是首当其冲的。

然而在我看来，"**君子依乎中庸，遁世不见知而不悔**"，恰恰显示的是一种内敛的执着和深刻的革命精神。

做一个理想主义者

不得中行而与之，必也狂狷乎！狂者进取，狷者有所不为也。

——《论语·子路》

中庸的境界很难达到，怎么办呢？退而求其次。孔子说，做不到中庸，我宁可狂狷。

狂与狷是理想主义的两种表现形式。

狂者进取，就是敢于做人们都做不了的事。

《乔布斯传》扉页上写着：**那些疯狂到以为自己能改变世界的人，才能真正改变世界。**

还有一位IT巨人曾讲：只有偏执狂才能生存。

孔子也一样，别人说他是"知其不可而为之"，明知山有虎偏向虎山行。孟子则是"自反而缩，虽千万人，吾往矣"，**只要是坚持真理，千万人挡着我，我也不回头**！他还放出豪言："治理天下，舍我其谁。"这都是狂。

我们都曾经年少轻狂，我十六七岁时给自己起过一个笔名：狂派战车。这个名字来自动画片《变形金刚》。那时不知天高地厚，就像一首歌里唱的——"我相信伸手就能碰到天"，然而一上班，那股子轻狂劲儿立马就没了，因为大部分领导不喜欢轻狂的兵。但我的一位领导也曾对我讲：年少要狂，年老要板。年轻人就得有股闯劲，不要唯唯诺诺，不要未老先衰，那样就干不成事了；老同志不一样，不板一点、稳当一点，会让人说是老不正经。

狷者有所不为，就是要敢于不做人们都在做的事。百度的李彦宏讲，想干啥就干啥不叫本事，想不干啥就不干啥才叫本事。万科地产的王石自称，坚持不行贿。地产业里行贿是公认的潜规则，不行贿是另类，这就是狷，狷介。

人们都去跑官要官，你不去，这是狷；人们都在名利场中做那些出卖灵魂、违背良心之事，你不做，这是狷；陶渊明的不为五斗米折腰，李白的"安能摧眉折腰事权贵，使我不得开心颜"，还是狷。

狷就是"出淤泥而不染，濯清涟而不妖"，就是不同流合污，不随波逐流，任世间风云变幻，任你们争名夺利，我自清高自守岿然不动。

凡思想信仰，必有高于世俗的理想主义精神在其间，儒家尤为突出，它强调仁、义、忠、信等所有至真至善的美德，强调**修身、齐家、治国、平天下**这样伟大的责任，这种理想主义正是中国传统文化的灵魂。

所以，一个真正的堂堂正正的中国人，定然是一个彻底的理想主义者。在世俗生活中，这样的人往往会成为另类，会被孤立，就像那些寂寞的圣贤。是的，那些圣贤跟你是一样的，不要害怕，是你在改变世界！

简单人生

> 君子居易以俟命，小人行险以徼幸。
> ——《中庸》

> 君子行法，以俟命而已矣。
> ——《孟子·尽心下》

> 夭寿不贰，修身以俟之，所以立命也。
>
> ——《孟子·尽心上》

俟命，就是听命于天，用基督教的说法，就是把自己交给上帝，等待上帝的裁决。

人这一辈子，秉持这样一种宗教情怀，然后"居易""行法""修身"就可以了。这三个词实际上是一回事，即**专注于当下的工作和生活，按照一套成熟的模式去处理各种问题**，就OK了。

人生没有那么复杂，你把它看简单了，它真就非常简单。一套简单的人生观，一套简单的为人处世的原则，一份工作，一个单位，一个家庭，一个老婆，一两个孩子，简简单单，从容淡定地面对这一切，这辈子混得是绝对差不了的。

可很多人却正相反，没有一套明晰的人生观和做事原则，什么都随机决断，全无套路，什么都不满意——单位不好，工作不好，老婆不好——这山望着那山高，心里总是躁动不安、跃跃欲试。具体到某件事上，这些人可能成功，可能会达到一定的满意度，但最终会发现，人生是一场"零和游戏"，得到总伴随着失去，人生的整体并不因为你的折腾而收获更多。所谓人算不如天算，正在于此。

简单人生，以逸待劳，以静制动，珍惜现在你所拥有的，并尽力去完善它，条条大路通罗马，是你的终将会是你的！

人生的框架

> 天下之达道五，所以行之者三。曰君臣也，父子也，夫妇也，昆弟也，朋友之交也：五者，天下之达道也。知、仁、勇三者，天下之达德也，所以行之者一也。或生而知之，或学而知之，或困而知之，及其知之一也；或安而行之，或利而行

之，或勉强而行之，及其成功一也。子曰："好学近乎知，力行近乎仁，知耻近乎勇。知斯三者，则知所以修身；知所以修身，则知所以治人；知所以治人，则知所以治天下国家矣。"

——《中庸》

这段话里包含了人生的几大问题，组成了人生的框架：

一是五伦，即人际关系。

二是智、仁、勇，即人的内在品质。

三是知与行，即人的外在活动。

行为学认为，在人的各种生存技能中，人际关系的能力排在第一位，是决定人生成败最重要的能力。这个论断对中国来说，应当更加贴切。我国的文化，从古至今最讲究"关系"，先贤本意是要形成一套社会交往的规范，**"父子有亲，君臣有义，夫妇有别，长幼有序，朋友有信"**，这样将有利于社会和谐及个人发展。

智、仁、勇涵盖了人的智力、情感、意志三大内在品质，智力上要聪明睿智，情感上要有仁爱之心，意志上要勇敢刚毅。而且孔子对这三点进行了拓展。某人可能智商不高，见识也不广，怎么办呢？好学就可以用勤补拙，人的智慧就会不断提升，所以好学就是最大的智。仁爱不能只停留在心里，要施之于人，造福社会，朝着这个方向去努力实践，才是真正的仁。人性有诸多弱点，如恐惧、懒惰，怎样才能力争上游、拼搏进取呢？知耻就会激发勇气，以甘居人下为耻，以缺少大丈夫的气概为耻，以退守安逸为耻，被逼被激之下，人的斗志和潜能都会被激发出来。那些名垂青史的英雄豪杰，不论是武的，还是文的，哪个不是有胆有识、智勇双全？而仁，则是对智与勇的统驭。

儒家强调人的主观能动性，主张人要积极入世，**人活一世要立德、立功、立言**，要"赞天地之化育"，在天地创造万物的过程中发挥自身的力量。而人的活动无非两方面：知与行，这是中国哲学的一大课题。

《中庸》的这段话里提出，知有三种方式：

一是先天的良知。

二是学习。

三是实践活动中由解决问题而总结的经验。

行有三种方式：

一是自然而为。

二是利益驱动。

三是被动改变。

明代王阳明进一步提出著名的"知行合一"："**知之真切笃实处即是行，行之明觉精察处即是知。**"一个知识分子以最大的热情去做研究、做学问，是知，也是行；一个企业家以最大的热情去赚钱、做管理，是行，也是知。总之，知行都是做事，说白了，"知行合一"就是教人干！干！干！

生命是一个走向永恒的过程

> 吾十有五而志于学，三十而立，四十而不惑，五十而知天命，六十而耳顺，七十而从心所欲，不逾矩。
>
> ——《论语·为政》

十五而志于学。这个"学"不是指做学问、当学者，而是指"大学之道"，是明明德、亲民、止于至善，是**不断完善自我、造福社会、追求卓越的人生志向**，就是指要在十五岁时树立起一个健康的人生观。这个人生观不可能一开始就如此宏大而明晰，应当有一个随成长不断加深的认识过程。我是在十八岁左右才从傻皮、傻玩、傻学的年少无知中略微觉醒，开始反思人生问题的，慢慢形成了初步的模糊的人生观。这是我自觉的人生的起点。

三十而立。这个说法给年轻人带来了很大压力，接近三十岁时就会比较焦虑，感觉自己还一塌糊涂，家庭、事业都在起步阶段，还面临着一大堆问题和烦恼，每天疲于奔命，什么也没有立起来，自己是不是失败了？

其实，"三十而立"的本义是"三十而位"，**不是说三十岁就立业了、就有成就了，而是说三十岁时要找到自己的位置，清楚自己应当做什么**、这辈子应当吃哪碗饭，而不能再东一榔头西一棒子地盲目蛮干。这是对人生观的调整和明确，是对人生规划的巩固。接下来，就可以更加坚定地放手去拼搏。

四十而不惑。孟子讲，我四十不动心。林语堂讲，连苏东坡这样的男人，生命也是从四十岁才开始。俗话讲，"男人四十一枝花""四十不富永不再富""人过四十天过晌"，等等。这些观点的正反倾向不同，但都在强调，人在四十岁时应当具备丰富的经验阅历，足够成熟，对自身、对人情事理、对各种问题都应有深刻的理解和把握。

五十而知天命。孔子讲："不知命，无以为君子。"人活一辈子得活明白了，得能对命运和自然规律有所参悟和顺应。具体怎么做呢？曾国藩有段话讲得很透："知天之长而吾所历者短，则遇忧患横逆之来，当少忍以待其定；知地之大而吾所居者小，则遇荣利争夺之境，当退让以守其雌；知书籍之多而吾所见者寡，则不敢以一得自喜，而当思择善而约守之；知事变之多而吾所办者少，则不敢以功名自矜，而当思举贤而共图之。"

六十而耳顺。"耳顺"是什么意思呢？古来学者莫衷一是。研究传统经典，这种情况很多，就像蒙娜丽莎的微笑，越是没有明确的答案，越是吸引着人们不断去探求。我是这样理解的：耳朵是用来听的，听什么？听人说话，听各种各样的声音，听音乐，听天籁。《论语》里有一句著名的话，"兴于诗，立于礼，成于乐"，这个"乐"何以高于"诗"和"礼"呢？

因为，诗形之于文字，礼形之于人际，而乐是大象无形的，是最具自然属性的,是最贴近"道"的,所以音乐无国界。乐要靠听来感受,这种感受呈现出人与自然的融合交流。这就是孔子在六十岁时的境界。另外,繁体的"圣"(聖)字里有个"耳"字,说明圣人一定是有"听德"的。相对"看"的空间性,"听"具有时间性,中国先秦的音乐是非常发达的,而绘画则不如西方,这里面隐藏了民族性格的密码。当然,也可以简单地把"耳顺"理解为什么话都能听进去,对什么话都不动心,与自然和人群完美融合、和谐相处。

七十而从心所欲,不逾矩。孔子是七十三岁去世的,孟子是八十四岁去世的,所以民间有"七十三、八十四是坎儿"的说法。孔子从十五志于学,一生努力,在生命的最后阶段实现了心灵的自由解放,如此,死有何憾!

我不赞成人们都对自己的生命如此画线,都来比照孔子的这个过程。但这个心智不断成熟、人生境界不断提高的过程,应当给我们一个启示:

生命不是一个走向死亡的过程,而是一个追求完美、走向永恒的过程!

终极价值

> 朝闻道,夕死可矣。
>
> ——《论语·里仁》

道是什么?有人说是仁政,也有人说是真理,不论是什么,肯定是孔子这些人一生追求的价值或梦想。"闻道"的"闻"字不能仅理解为"听",而应当引申一下,理解为接近、贴近。"道"作为一个终极的价值,个人可能永远也达不到,但可以无限接近。如果你的一生都这样去努力,死又何憾?

人都怕死。好死不如赖活着，谁都想长命百岁，甚至秦始皇、汉武帝、唐太宗等，都做过寻仙问药、奢求长生不死的事。但是，"公道世间唯白发，贵人头上不曾饶"，上天在这一点上绝对公平。人难免一死，生命都要清零，而意义却不一样。就像臧克家先生那首著名的诗《有的人》所讲："有的人活着，他已经死了；有的人死了，他还活着。"这种差别在于人生价值的实现。天空没有翅膀的痕迹，可是我飞翔过了。谭嗣同、聂耳、雷锋等无数英雄，生命虽短，却都不朽了。

儒家是强调保身的，特别爱惜生命，但在大节面前却要舍生取义、杀身成仁，要以身殉道。文天祥就义后，人们发现他写在衣带上的绝笔："**孔曰成仁，孟曰取义，惟其义尽，所以仁至。读圣贤书，所学何事？而今而后，庶几无愧！**"无数志士仁人、风流人物在作出生死抉择的那一刻，岂不正是终极价值的实现！

咱们把调子再拉低些。这个终极价值，其实就是你心底的一个情结、一个最牵挂的东西。这个情结解开了，这个牵挂的东西放心了、没有遗憾了，你也就可以坦然面对死亡了。当孩子们都长大成人、成家立业时，这样的父母会被亲友们恭维：你们多好，完成任务了！对于大多数平常人，这其实就是"闻道"。

王阳明临终时，弟子问他还有什么话要讲，阳明先生答："**此心光明，亦复何言？**"这就是"闻道"。

"朝闻道，夕死可矣"这句话还有一层含义，就是：你现在决定做什么，其实都不晚，有生之年，你肯定可以做成的，那样的话，生命就没有遗憾了。

不要精神胜利法

子曰："君子上达，小人下达。"

——《论语·宪问》

"四书"里经常讨论君子如何、小人如何。这里的"君子"和"小人",多数是按社会阶层或道德水平来划分的。不过,我们现在来理解经典,可以简而化之,把它们都作为价值评判来看待,凡是"君子……,小人……"这样的句式,都可以替代为"要……,不要……",比如开头这句话就可以理解为:要上达,不要下达。

上达,就是追求脖子以上的:脑袋的、思想的、精神的、文化的、形而上的。下达,就是追求脖子以下的:肚子的、脐下三寸的、物质的、形而下的。

我看,老夫子这话主要是给知识分子和书呆子们打气的,特别是给他的一班弟子们打气:你们好好读书,跟着我追求真理,在现实中吃不开、混不好,不要紧的,君子上达!你看那些吃得开、混得好、要钱有钱、要权有权的人,看上去很美,可他们是小人!

所谓精神胜利法,莫过于此。

在我看来,一个人既能下达,又能上达,才是完整的。比如曾国藩,要事功有事功,要官场谋略有官场谋略,有人甚至给他总结出个"光屁股升官法",这不可谓不是"下达";但他一生手不释卷,诗文、考据、义理、书法,样样有所建树,洋务派政治思想也开一代风气,这可谓真正的"上达"。

现实中很多大老板,出身低微,谈不上有什么学问,但事业发达之后,却对文化领域青睐有加。有人斥之为附庸风雅,而在我看来,英雄不问出处,先下达而后上达,这是值得尊重的。当然功夫有高低,也有个提高的过程,这是可以理解的。日本的涩泽荣一、松下幸之助、稻盛和夫等实业家,他们的事业大到一定程度,本身就不能用"下达"来描述了,而他们的思想也早已达到了"上达"的层次,为世所重。

现在的问题,反而是这些"上达"的书呆子们,悬在半空中,靠阿Q精神来自我安慰。

德才之辩

> 子曰："骥不称其力，称其德也。"
> ——《论语·宪问》

好马，日行千里夜走八百是必需的，更必需的是德好，要忠于主人、善解人意。我经常在电影里看到：危难时刻，马不离不弃，呼啸而来，驮起主人逃出险境。西楚霸王项羽被困垓下，悲叹："力拔山兮气盖世。时不利兮骓不逝。骓不逝兮可奈何！虞兮虞兮奈若何！"这里的"骓"就是他的乌骓宝马，英雄、宝马、美人，悲壮之美尽矣。

中国文化中，龙是虚拟的图腾，而马是真实的图腾。马在战争中发挥了巨大的作用，影响了人类社会的进程，赵国为富国强兵而"胡服骑射"，马镫的发明甚至曾开启了一个时代。生活中，马是主人尊贵的体现，就像今天的豪车，在交通、生产和文化活动中都发挥着重要的作用。人们习惯把马与龙联系在一起：马如龙，龙马精神。汉代通西域得宝马，武帝喜作《天马赋》。东晋名士爱马则曰"爱其神骏"。

以马喻人才，是马的另一个重要意义，这是一个传统了。战国郭隗讲千金买马骨，唐代韩愈讲伯乐相马，等等，都是如此。开启这个传统的就是本节开头孔子这句话，寥寥九个字，就定下了**中国人才观的基调：德重于才**。

你问任何一个老板，员工的品德重要还是才干重要，他一般都会回答：品德重要。才干不足，可以慢慢培养；品德不好的话，没准让他咬一口，那就亏大了。鲁哀公向孔子请教"取人之法"，孔子讲，你要用弓，这把弓起码得能射得直、射得正，才能进一步求其射得远；要用马，起码这马老实让骑，才能进一步求其速度；用人也一样，起码是忠诚可靠的，才能进一步求其才智。"不悫而多能，譬之豺狼，不可迩。"很多著名企业家甚至喜欢用"笨人"，**曾国藩也喜欢用无官气、少大言的质朴之才**。

也不乏唱反调的。曹操用人讲究"唯才是举",重才不重德。他认为,德才兼备的人是极少的,退而求其次,有德无才不足为用,而有才无德者,取其所长,加以控制,就可以做成事。人皆自私,无所谓德不德,重要的是达成利益的平衡。与孔子同时代的阳虎是公认的有才无德之人,在鲁国和齐国混得名声很坏,只好投奔赵国,大臣们担心如果用了阳虎最终会被其窃取国政,但赵王驭人有术,使阳虎的才能得以发挥,同时压制他让他不敢为非作歹,最终使赵国得以强盛。

那么,用人者究竟怎样处理这个问题呢?我看,应当视自身的用人能力和工作情境而定。而对于用人者自身来讲,重视自身的德行修养,则是重要的。这是塑造领导者魅力、感召他人、成就大事业所必须具备的。类似的格言很多,如"小富靠勤,大富靠德""小成靠才,大成靠德"。**孔子讲:"为政以德,譬如北辰,居其所而众星共之。"**这不只适用于君王,也适用于所有成就大业之人。

游戏的意义

> 子曰:"饱食终日,无所用心,难矣哉!不有博弈者乎?为之,犹贤乎已。"
>
> ——《论语·阳货》

孔子的意思是,与其干待着,还不如找人下下棋、打打麻将。下棋曾是我的一大爱好,曾获得过学校比赛的前三名,但后来觉得太浪费时间,就不再玩了。对于玩网游、打扑克、打麻将,我也有些成见,感觉读书、做事尚且忙不过来,怎么还有心把工夫搭在这上面呢?有时我也从道家的角度想:读书、写字与打麻将一样,都是填补人生的空白。但随着年龄和阅历的增长,对于这些看似浪费时间的游戏,我反而有了正面的看法。

很多大人物都有类似的爱好。邓小平、比尔·盖茨都喜欢打扑克，曾国藩则不论忙闲每天都下盘围棋，等等。这些游戏都有训练思考能力的作用，更重要的是，都是人际交往的利器。**人际交往的圈子，很大程度上是与游戏伙伴的圈子重合的**。而人际交往的能力是决定人成功的最重要的能力之一。有时，甚至不用借助游戏的方式，大家只是在一起闲扯一通，侃点八卦新闻，同样会有情感的收获。有学者甚至将这种情况提升到中华文明的层面，称之为"对话的文明"。

当然，功利心也不能这么强，游戏的主要意义还是休息、放松。有位著名学者著作等身，非常高产，有人问他："您每天的工作是不是都非常紧张，全力以赴啊？"这位学者讲，自己也爱玩，"文武之道，一张一弛"，总是"张"着，一根弦总绷着，工作的效率肯定也不会高，身体也受不了啊。

有一种说法：充实而完美的人生在于三方面的平衡——工作、爱情、娱乐。游戏是娱乐的主要内容，说白了，娱乐也好，游戏也好，都是玩。喜欢玩，是人的天性。关于玩的产业，往往有最庞大的顾客群体，所以娱乐业里有许多万众瞩目的明星，网游业最赚钱。总之，游戏的意义是值得我们这些忙碌的人们深刻反思的。

要有长远的考虑

子曰："人无远虑，必有近忧。"
——《论语·卫灵公》

君子有终身之忧，无一朝之患也。
——《孟子·离娄下》

孟子的"终身之忧"，忧什么呢？忧这辈子能否成为尧舜那样的伟人。他讲，尧舜是人，咱也是人，尧舜可以建功立业、名垂青史，咱凭什么不能呢？**人应当设定一个终生奋斗的目标，将自己的心思、情感锁定在上面**，这样在面对眼下生活中的各种困扰时，就能超脱出来，就能淡定一些，就不会太在意了。

反之，**人生无方向，就像大海上迷路的航船，哪边的风都不会是顺风**，总是被眼下烦琐的事务围困住，对每一个短期利益都想去拼命抓住，为之心动神疲，却根本判断不了是否值得，永远不能从忧虑和烦恼中挣脱。

古人讲，"逢人且说三分话，未可全抛一片心""相逢千般好，日久无好人""人生若只如初见，何事秋风悲画扇"。在人际交往中，对于人心的反复无常，我们应当有一个认识，对于与某些人的人际关系，要有一个长远的把握，不要以为眼前的交情是一成不变的；否则，必有近忧。

总之，凡事都要有长远的考虑、整体的把握。

儒家的三大柱石

> 子曰："不知命，无以为君子也；不知礼，无以立也；不知言，无以知人也。"
> ——《论语·尧曰》
>
> 子曰："君子有三畏：畏天命，畏大人，畏圣人之言。小人不知天命而不畏也，狎大人，侮圣人之言。"
> ——《论语·季氏》

知命、知礼、知言，这是《论语》结尾所强调的三点，可谓儒家思想体系的三大柱石。**"命"指的是人生观**。尽人事而听天命，这是儒家的基本信仰。就像不信上帝肯定不算是基督教徒，不知命当然不算是儒家的君子。

"礼"指的是做人的原则，是人行为活动、待人接物、处理事务的一套指导规范。

"言"指的是圣人之言，就是圣人的思想，特别是关于人性的思想。对人性没了解，就不可能"知人"——包括了解自己和别人，就不可能实现身与心、内与外的和谐。

命是一个统驭，礼重外，言重内，三者组成关于人的一个完整体系，这就是《论语》要表达的，就是儒家要建构的。

知命，则必然对天命怀有敬畏，会深知人的渺小，深知人在做天在看，从而不会张狂放肆，会要求自己恭敬严谨、勤勉无倦、笃行仁义。

知礼，首要的是尊重秩序，而日常之中最基本的秩序就是尊重大人。谁是大人？孟子讲："天下有达尊三：爵一，齿一，德一。"官职高的叫大人，年长的长辈叫大人，德高望重的人物叫大人。这跟人人平等不矛盾，美国人人平等，那国务卿也得听总统的，总统也不能跟他爸论哥们儿，见了神父也得恭敬。这就是知礼、畏大人。做不到这一点，最后倒霉的肯定是自己。

为何要畏圣人之言呢？今天人类社会的科学、人文都取得了空前的发展，人类的整体智力水平都有了巨大的提升，凭什么还要听从2500年前的孔子的教导呢？这是不是倒退呢？

对此，学术界有一个"轴心期文明"的共识，是德国哲学家雅斯贝尔斯在1949年提出的：公元前500年左右是人类文明的"轴心时代"，各个文明中都出现了伟大的精神导师，古希腊有苏格拉底、柏拉图、亚里士多德，以色列有犹太教的先知们，古印度有释迦牟尼，而中国则有孔子、老子。他还说："人类一直靠轴心时代所产生的思考和创造的一切而生存，每一次新的飞跃都回顾这一时期，并被它重新燃起火焰。"

命运靠自己把握

> 祸福无不自己求之者。《诗》云:"永言配命,自求多福。"《太甲》曰:"天作孽,犹可违;自作孽,不可活。"
> ——《孟子·公孙丑上》
>
> 夫人必自侮,然后人侮之;家必自毁,而后人毁之;国必自伐,而后人伐之。《太甲》曰:"天作孽,犹可违;自作孽,不可活。"
> ——《孟子·离娄上》

儒家相信天命,敬畏天命,但不教人迷信天命,也不像其他宗教那样制定一套烧香拜佛、礼拜上帝的仪式。国家层面有祭天祭地的仪式,但个人没有。儒家认为在天命面前,人不是完全被动的,发挥人的主观能动性,是可以改善命运的。所以,我把儒家的人生观称为"积极宿命论"。

我在《吃透曾国藩》里有两三篇文章都谈到这个问题,包括袁了凡的故事。袁了凡早年以为一切皆有命定,便无欲无求,听其自然,后经高人点拨,才知行善可改善命运,行之果然。另外,**"天道酬勤""苦心人天不负"**,都是在强调人的主观能动性对命运的影响。曾国藩也讲过:"若作人不苟,办事不错,百姓赖之,远近服之,则神必鉴之佑之,胜于烧香酬愿多矣。"

"天作孽,犹可违",命运不济,自我坚持努力,则可改善;"自作孽,不可活",自己不往正道上走,那就没救了。祸由己出,各种问题的出现,内因往往是主导。

儒家的出世态度

> 有孺子歌曰:"沧浪之水清兮,可以濯我缨;沧浪之水浊兮,可以濯我足。"孔子曰:"小子听之:清斯濯缨,浊斯濯足矣。自取之也。"
>
> ——《孟子·离娄上》

沧浪之水清兮,可以濯我缨;沧浪之水浊兮,可以濯我足。古典诗歌音韵优美,读来令人神清气爽。这句话是什么意思呢?水清澈干净,好,可以洗帽带啊;水不太干净,也没问题,可以洗脚嘛。洗帽带还是洗脚,是你自己说了算的,与水无关。这便是儒家的出世态度。

道家的出世有逃避之意,比较消极,出世之后寄情山水,融入自然。这固然潇洒,但人是要生活的,怎么生活,道家语焉不详。

儒家的出世则不然,生活仍在继续。**穷则独善其身,达则兼善天下**。可以进则进,可以止则止。随遇而安,因地制宜,在各种人生处境里都能找到乐趣,都会发出自己的光,都可以保持一种积极乐观的精神状态。

苏东坡中年被贬到黄州,他在《寒食帖》里写道:"空庖煮寒菜,破灶烧湿苇。"足见生活之窘迫凄凉。然而,就是在这样的条件下,他的书法达到了巅峰,这幅《寒食帖》成为书法史上的"三大行书"之一。晚年被贬到海南岛,"食无肉,病无药,居无室,出无友,冬无炭,夏无寒泉",穷困潦倒,买不起酒,他索性自己酿,一下子成了酿酒的土专家,还写了本《东坡酒经》,详细记载了酿酒工艺,据说至今仍在酿酒业中发挥着作用。

司马迁在《报任安书》中有一段名言:"盖文王拘而演《周易》;仲尼厄而作《春秋》;屈原放逐,乃赋《离骚》;左丘失明,厥有《国语》;孙子膑脚,《兵法》修列;不韦迁蜀,世传《吕览》;韩非囚秦,《说难》《孤愤》。"穷而修德,困而著书,在人生的低谷里,在舞台之外,顺势而为,有所收获,这就是儒家的出世。

谁都能成功

> 人皆可以为尧舜。
> ——《孟子·告子下》
>
> 尧舜与人同耳。
> ——《孟子·离娄下》
>
> 舜，人也，我，亦人也。舜为法于天下，可传于后世，我由未免为乡人也，是则可忧也。
> ——《孟子·离娄下》

这三段话体现了儒家基于理性的理想主义精神：推崇圣人，但不迷信圣人，更没有把圣人神化，而是鼓励大家学做圣人。圣人也是人，生理上、身体上与常人别无二致，先天的本能、良知、智力、情感、意志也都跟常人一样，既然如此，那凭什么人家成王成圣，咱就庸碌一生？

在孟子讲了这话的大约100年后，陈胜讲得更起劲："**王侯将相，宁有种乎？**"成功有命运、机缘的关系，但就像大家都去买彩票似的，谁也不能说谁就一定中不了500万。事实上，每个人的出生本身就是非常幸运的。

既然有可能，那还等什么？于是，曾经的"笨小孩"下定决心，"**不为圣贤，便为禽兽**"，咬牙励志，成了曾国藩！而梁启超则讲：**人能不能学成尧舜，我不敢说，但学成曾国藩没问题**。因为时代很近，他的人生经历大家都了如指掌，他如何修身立业，大家都很清楚，纵使境遇不同，一路学下去总不会差的。梁启超的治学正是得益于曾国藩，网上可以找到一份他给青年开的必读书单，与曾国藩给儿子开的书单几乎一本不差。

王阳明讲："个个人心有仲尼。" 人都有成为圣人的基因，每个人都是一个成功者的苗子！每个人都曾经在童年展现出天才的感觉，一般一两岁时，孩子对于音乐的感知能力都很强，会随着节奏跳，非常逗人；五六岁时，都喜欢画画，让家人惊喜。俗话说，孩子都是自家的好。其实，这一点也不主观，因为每个孩子都很了不起。

一般来讲，二十出头的草根青年们尤其要建立这个意识：千万不要妄自菲薄，不能小看了自己。二十来岁非常年轻吗？这个年龄的人成就怎样的事业的都有了，如Facebook的创始人扎克伯格，还有绝大多数的成功人士，他们并不是大器晚成的，而是早早就崭露头角了。起点低吗？比你起点低百倍的人成就多大事业的都有了，有要饭的当了皇帝，有收废品的成了首富。千万不要把自己搞成了"丝"，纵容自己虚度光阴。

人生三乐

> 孟子曰："君子有三乐，而王天下不与存焉。父母俱存，兄弟无故，一乐也；仰不愧于天，俯不怍于人，二乐也；得天下英才而教育之，三乐也。"
> ——《孟子·尽心上》

"王天下不与存焉"，做天下之王都跟快乐无关，成就与快乐无关。名、利、权固然能带给人满足感，但有名、有钱、有权之人照样有无穷烦恼，难得开心。

"父母俱存，兄弟无故"，上承父母膝下之欢，下得兄弟姐妹手足之爱，一家上下都没病没灾的，这可算是得天命的垂青啊。**人世间最单纯而持久的快乐是亲情之间的天伦之乐。**

"仰不愧于天"，上天赋予我性命和才能，而我没有荒废这一切，凡事都尽力而为了，无怨无悔；"俯不怍于人"，我不做亏心事，谁都对得起，坦坦荡荡、光明磊落，吃得香、睡得着，无忧无惧，所以快乐。

"得天下英才而教育之"，教书育人是孟子的工作，也是他传道的使命。哪个老师不盼着教个"英才"，教个得意的好学生？桃李满天下是所有为人师者最大的快乐。

这"三乐"分别对应家庭、内心和工作，我们同样每天身处其中，但为何总觉得快乐太少呢？其实，生活中不是缺少快乐，而是缺少发现。

如果你发现不了快乐，那我再讲一个小故事。孔子在一次旅途中曾经遇到一个叫荣声期的老人，发现他身上裹着鹿皮，腰上系着绳索，却在快乐地鼓瑟而歌。孔子好奇，荣老先生向他讲了自己的三至乐：一是天生万物，以人为贵，自己没有生成其他什么动物，而是幸运地生而为人，这是一至乐；二是自古男尊女卑，自己幸运地生而为男，这是二至乐；很多孩子一出生就夭折，自己却活到了九十多岁，这是三至乐。

最后，再补缀两个版本的曾国藩的人生三乐。

第一版："君子有三乐：读书声出金石，飘飘意远，一乐也；宏奖人材，诱人日进，二乐也；勤劳而后憩息，三乐也。"

第二版："寻乐约有三端：勤劳而后憩息，一乐也；至淡以消忮心，二乐也；读书声出金石，三乐也。"

我们都拥有宇宙中最宝贵的东西

孟子曰："万物皆备于我矣。"
——《孟子·尽心上》

人是万物之灵长。儒家相信，大地间的一切道理和元素，道、理、气、阴阳、五行等，在人的身与心都有对应的体现或存在，这就是"万物皆备于我"。

从身的角度讲，中医认为人的身体是一个类似于宏观宇宙的"小宇宙"系统。从一个细胞可以克隆出一个完整的生物，而一具完整的生物体则可能承载着宇宙间所有生命的秘密。

从心的角度讲，宋代的陆九渊提出"**吾心即宇宙，宇宙即吾心**"，明代的王阳明则干脆讲"心外无物"，"心学"成为儒家思想一大流派。"心"作为一个重要的哲学命题，三言两语讲不清，但我们可以从常识的角度来理解：心就是心灵，就是思想和智慧。除了人类，还有其他的生命拥有心灵、思想和智慧吗？目前没有。

孟子的这句话，可以引申出如下两个方面的内容：

一是生命的内在转向。

当我们面对外部世界的无数纷扰、争夺、诱惑、刺激而迷惘不知所措时，我们的关注点应当转向自我的内在，就像古希腊哲学家所讲，"**认识你自己**"，这样可能与生命的真谛会更加接近。

二是我们的身体和心灵是宇宙中最宝贵的东西。

如果你是个穷光蛋，你觉得自己一无所有，那么想一下"万物皆备于我"，还有什么可抱怨的？还有什么可怕的？还有什么不能做到的？

我家小女儿问我："爸爸，小白兔为什么不能种白菜？"我说："第一个答案是，小白兔太贪吃了，它等不及白菜长大就会把白菜给吃掉；第二个答案是小白兔根本不会种白菜。"她又问："为什么爷爷会种白菜呢？"我说："因为爷爷是人啊，只有人才会自己种粮食吃，而且，人也不是一开始就会种的，人类已经有上百万年的历史了，直到几千年前，才有了这个能力。"

我们每个人都拥有人类进化了上百万年才形成的能力！进一步讲，是拥有地球生命进化了几十亿年才形成的能力！

我行吗？我行！

> 舜发于畎亩之中，傅说举于版筑之中，胶鬲举于鱼盐之中，管夷吾举于士，孙叔敖举于海，百里奚举于市。故天将降大任于是人也，必先苦其心志，劳其筋骨，饿其体肤，空乏其身，行拂乱其所为，所以动心忍性，曾益其所不能。
>
> ——《孟子·告子下》

最好的励志方式是读传记。理论是灰色的，生命之树常青。道理说得再生动，也不如自己悟出来的能铭记于心。读传记就是一个悟的过程。**一本传记读下来，就像跟传主一起活了一回似的，会不自觉地跟传主进行对比**——他在什么年纪做着怎样的事，他做的事跟自己做的事有哪些相通之处，他的哪些思路和做法可以借鉴——最终悟出一些实用的东西来。所以，**社会实践方面的教学，主要就是讲案例、讲故事**。

有位"培训大师"问他的团队成员：我们是卖什么的？大家回答了一通卖经验、卖智慧、卖思想、卖方案之类的。"大师"摇头：没这么复杂，咱们是卖故事的。

"大师"都是故事大王。孔子和孟子也不例外，他们讲了大量尧、舜、伊尹、伯夷、柳下惠等先贤的故事，《尚书》《春秋》等儒家经典里更是涉及很多人物故事。

善读书的人读《论语》《孟子》，都是把它们当作传记故事读，去感受孔孟等先贤的人格、精神，还有气息，这样会觉得更亲切，领悟得也会更深。传统精神与智慧的传承，一方面依靠经典文本，另一方面则依靠一个个活生生的英杰圣贤，他们的人生就是一本活的经典。

舜、傅说、胶鬲、管夷吾、孙叔敖、百里奚，这一长串的大人物，《史记》里都有专门的记载。他们早期的经历不同，有种地的、干建筑的、卖鱼的、坐牢的、隐居的、当奴隶的，相同的是，都曾生活在社会的底层，劳作、奋斗、苦闷、彷徨，甚至也会绝望，不知道命运会出现怎样的转机。

就像我们多数的年轻人一样，理想丰满，现实骨感，纵使百般努力，局面却总难以打开，在一次次希望变为失望之后，我们会怀疑自己：我行吗？

我行吗？

每当脑海中闪现这个问题时，孟子的这段话马上会让我心头一震，然后狠狠地对自己说：我行！我一定行！

梁启超讲："在纽约、芝加哥笔直的马路、崭新的洋房里舒舒服服混一世，这个人一定是过的毫无意味的平庸生活。若要过有意味的生活，须是哥伦布初到美洲时。"

底层体验加精英意识

> 太宰问于子贡曰："夫子圣者与？何其多能也？"
> 子贡曰："固天纵之将圣，又多能也。"
> 子闻之，曰："太宰知我乎！吾少也贱，故多能鄙事。君子多乎哉？不多也。"
> 牢曰："子云：'吾不试，故艺。'"
> ——《论语·子罕》

有个官员好奇孔子为何有那么全面的才能。孔子的学生认为，这是天纵英才，上天让他成为圣人，所以让他全面发展。孔子则认为有两个原因：

一是因为**从小受穷，所以什么粗活杂活都干过**。

二是因为**没端上当公务员的稳定的铁饭碗，为谋生而百炼成钢**。

这里有几个问题，应当对我们很有启发：

一是，**孔子是文武通才**。

作为第一个伟大的老师,他教的课本是"六经":《易》是哲学,《书》是周王室外史所藏的政治文件,《春秋》是鲁国编年史,《诗》是文学,《礼》是政治学,《乐》是音乐美学。他教的课程则是"六艺":礼、乐、射、御、书、数。

礼包括礼节、礼仪、典章制度;乐不仅有理论的,也有实践的演奏;射指军事技能;御是驾驶马车;书指书法;数指计算,也应当包括类似周易演算推理的技能。今天所谓的"素质教育",远不如先秦的人们贯彻得好。六经、六艺孔子都得精通,甚至有学者认为孔子还是个大力士,是武林高手。

二是,"**吾少也贱,故多能鄙事**"。

孔子三岁时父亲去世,家境贫寒,他给贵族家放过羊,当过粮仓会计。**穷人家的孩子早当家,心智成熟得早,要想改善生活境遇,就得什么都能干、什么都干好**,以期得到贵族的认可。

网上有一篇方文山的自述,就是引用"吾少也贱,故多能鄙事"为自己的成长历程做注脚。同样是苦孩子出身,他从小到大把各种活都干遍了,捡废品,干建筑,发广告,当高尔夫球杆弟、餐厅服务生、工厂作业员、维修工、送货司机等,什么学钢琴、学绘画、学书法、学英语,都是想都没想过的事。然而若干年后当他作词的《青花瓷》《菊花台》《东风破》等歌曲打动无数人时,岂不正验证了那句"**梅花香自苦寒来**"吗?

有这样经历的伟大人物太多了!不过这里有个问题,绝大多数的人在艰苦的社会底层生活了一辈子,至死也没有成就。**差在哪儿了呢?差在了孔子那句"吾十有五而志于学",差在立志上了——不是泛泛地立志,而是养成一种精英意识**。底层体验加精英意识,这是成就人的两大利器。

三是,"吾不试,故艺"。《近思录》里记载了程颐的一句话:"**做官夺人志**。"其实何止做官,做什么都一样——**一旦特别顺遂了,学习的动力就小了**。

积极看待生命中负面的东西

> 生于忧患而死于安乐也。
>
> ——《孟子·告子下》
>
> 孟子曰："人之有德慧术知者，恒存乎疢疾。独孤臣孽子，其操心也危，其虑患也深，故达。"
>
> ——《孟子·尽心上》

人生中有些负面的东西是无解的，比如残疾、慢性病以及各种各样的缺憾，常要伴随终生。人的烦恼、困惑、苦闷、焦虑、忧愁、无奈多是由此而生，有的甚至会成为心底的一种情结，让人耿耿于怀，一不留神就会为之犯傻、做错事。

不过，**凡事皆有两面。正是这些烦恼、困惑、苦闷、焦虑、忧愁、无奈，让你的心智发展得更加成熟和坚韧，从而取得超越常人的成功**。而且，从天命的角度讲，天之道损有余而补不足，上天也会倾向于给你补偿。

一般来讲，人只有生了病，才能真正认识到一个简单的常识：健康最重要。这说明，生病让人看待问题更全面了。

我得了白癜风，这病一般没治。我在紧张焦躁了一段时间后，索性就想开了，每天照镜子看着变白的皮肤，说：小白同学，咱们就当玩吧，不着急，慢慢玩。这样玩了一段时间，我竟然把它给忘了，病也竟然不药而愈。我可能是比较幸运的吧，不过，即便病好不了也不要抱怨，不如心平气和地与之和平共处，这样反而会取得积极的、正面的效果。

另一方面，**在一切顺利的局面下，要能够"没病找病"，要保持忧患意识、问题意识，不得意忘形，这是必要的**。就像比尔·盖茨对他的员工所讲：我们的公司距离破产永远只差十八个月。历史证明，不论国家还是个人，一旦没了这种忧患意识，离"死于安乐"就不远了。

渐修与顿悟

流水之为物也，不盈科不行；君子之志于道也，不成章不达。

——《孟子·尽心上》

地上的流水遇到坑洼，必须先把这个坑洼注满，才能继续向前流，它不能飞过去，也不能绕过去。一曲音乐分若干章节，章节之间也跟流水一样，只能按顺序依次演奏，不能跳跃，也不能"快进"。

《战国策》中记载，苏秦鼓动秦惠王以"连横"之计一统六国，对此，秦惠王认为时机尚未成熟，并讲："**毛羽不丰满者不可以高飞，文章不成者不可以诛罚，道德不厚者不可以使民，政教不顺者不可以烦大臣**。"你的功夫不到家，积累没到某个程度，就想如何如何，是注定要自找难堪的。拔苗助长苗死，操之过急事败。

原始佛教强调"渐修"。经历无数苦，学习无数经典，参悟无数道理，路漫漫，上下而求索，终有一天可以出量变到质变，实现人生的飞跃，进入成佛的境地。这样的佛教太艰苦了，成佛太难了，把想皈依佛教的人吓跑了。于是，强调"顿悟"的禅宗逐渐发展起来，他宣扬"见性成佛""放下屠刀，立地成佛"，不用像"渐修"那样苦、那样烦琐、那样漫长，只要能悟出最精义的道理，就可以了。

比如六祖惠能，本来就是个舂米的小沙弥，也没正儿八经听过几次经，关键时刻靠"菩提本无树，明镜亦非台，本来无一物，何处惹尘埃"这样一段偈语，就得了衣钵。用季羡林的话讲，佛教的发展就是把天国的入场券越卖越便宜。便宜了，买的人才多；成佛容易了，修佛的人才多。这是经济原理在宗教中的成功运用。然而，这样的顿悟，就像一夜暴富，有，但都是特例，不具备普遍意义，不足为参照和示范。

如果有顿悟，那么它应当像足球场上的临门一脚，是经历了后场、中场无数的拼搏之后的灵光闪现，是渐修来的。

人生没有跨越式，渐修才是正道。

你有信仰，你信儒教

> 子夏曰："商闻之矣：'死生有命，富贵在天。'"
> ——《论语·颜渊》

"死生有命，富贵在天"的观念极久远，在出土的商代青铜器上就已经有"受命于天"的内容。

"命"是落在地上的人的命运，也是国家、民族的命运。"天"则是高高在上的决定一切命运的超越性力量，代表着统治自然万物的最高权威。

孔子是相信上天的，《论语》中有如下记载：

子见南子，子路不说。夫子矢之曰："予所否者，天厌之！天厌之！"

颜渊死，子曰："噫！天丧予！天丧予！"

子曰："天生德于予，桓魋其如予何？"

子畏于匡，曰："文王既没，文不在兹乎？天之将丧斯文也，后死者不得与于斯文也；天之未丧斯文也，匡人其如予何？"

孔子发誓时喊天，悲痛时叫天，危难时把自己交给天，听天由命。这是什么呢？这是他的信仰，儒教的信仰就是相信天。天就是基督教的上帝、佛教的佛祖。

有人说，现在有很多人因为没有信仰，所以要么为非作歹，要么浮躁不安。于是，佛教和基督教就来填充这块信仰真空，传播便非常快，很多人在这些宗教里找到心灵的平静。这里首先就有一个问题：宗教是好还是坏？按马克思的观点，宗教是精神鸦片，当然是坏的。但是，据说全世界约百分之九十的人都信仰宗教。所以，如果按民主投票的方式来回答这个问题，答案是显而易见的。

各种宗教的名头不一样，教义也有差别，但有一个共同特点，就是相信某种超越自然的力量主宰一切。你是否也相信这样一种力量呢？如果你不能确定，那么你是否相信缘分呢？八竿子打不着的一男一女竟然成了夫妻，这难道不是冥冥中注定的吗？谁给注定的？缘分天注定！如果你认为是"天"注定的，那你就是儒教徒，就像如果你认为是佛祖安排的你就是佛教徒，你认为是上帝赐予的你就是基督教徒。

大多数中国人是习惯于用"天"这个称谓的，而且跟孔子一样，发誓是对天发誓，悲痛时喊"天啊！"，面对困境无计可施时干脆听天由命，工作时则相信天道酬勤，结婚时会拜天地。从宗教的层面讲，这就足够成为一个教徒了。

佛教经过惠能的新禅宗改革后，提出只要相信佛，就可以被超度；基督教经过马丁·路德·金的新教改革后，提出只要相信上帝，就可以被救赎。而你之于儒教不止于此，你几乎是在按儒教的教义在生活——仁义礼智、孝悌忠信，你孝敬父母，关爱他人，讲究诚信，文明有礼。**你只是日用而不知**。日本企业家稻盛和夫有本书叫《敬天爱人》，并以此四字作为他企业文化的根本，其实，这正是儒教的一个基本表述：敬天是天命信仰，爱人即仁，是基本教义。

宗教主要的价值在于终极关怀，说白了，就是让人能更平和地看待生死。《史记》记载刘邦之死："高祖击布时，为流矢所中，行道病。病甚，吕后迎良医。医入见，高祖问医。医曰：'病可治。'于是高祖嫚骂之曰：'吾以布衣提三尺剑取天下，此非天命乎？命乃在天，虽扁鹊何益！'遂不使治病，赐金五十斤罢之。"然后不久就死了。读到这段时，我一拍大腿：刘邦真豪杰也！刘邦的态度生动反映了中国古人的宗教信仰。

儒家是不是宗教，一直是有争议的，我也认为，如果把儒家作为宗教，会给我一种压抑感。我想，儒教比儒家也许更有实际的功能和价值。

世界

发展是硬道理

道在生活中

栽者培之，倾者覆之

诚信赢天下

生命轴线

自然更重要

二进制思维

发展是硬道理

> 苟日新，日日新，又日新。
>
> ——《大学》

儒家最为推崇的圣人主要有这么几位：尧、舜、禹、汤、文、武、周公、孔子。其中，汤是商朝的开国君主，"苟日新，日日新，又日新"这段话，是商汤洗脸盆上的铭文。多有创意啊，商汤每天早晨都得洗脸吧，那就必得看这句话。咱们要有个座右铭什么的，也应当效仿一下，可以贴在盥洗室的镜子上。

后人理解这句话，一般都强调创新。而我认为，创新只是手段，最终的落脚点是发展，只有发展了，才是真正的"新"。

生命中有太多的重复让人厌倦，有太多陈旧的东西让人压抑，人性深处都在渴望新的。当新的东西摆在人们面前时，往往会让很多人欣喜和激动，不论是创新产品，还是革新政治，莫不如此。所以，创新向来是发展的强劲动力。

但现实中很多所谓的创新，看似新鲜诱人，却只流于形式而无益于发展，甚至违背规律，给发展带来灾难。所以，《周易》讲："革而当，其悔乃亡。"创新要适当，才有意义。我想这也应当是汤圣人的本意，其落脚点应当是邓小平讲的：发展才是硬道理。

发展未必基于创新，发展的主流是积累，是渐进式扩充。比如小孩子今年读一年级，明年读二年级就是发展了，他的知识更丰富了，面对的问题也不一样了，都是新的。不论做人还是做事，每天长进一点点，这就是"日日新，又日新"，坚持持续稳定的发展，就没有达不成的目标。然而，当目标达成之后，又将面临新的目标，人生进境无止，发展空间无限。

很多小企业都为留不住人才而苦恼，铁打的营盘流水的兵，员工做上几年，成熟起来了，也就飞走了。作为一个小老板，我也曾为此困惑：是自己做人不行吗？最终我发现，**问题的根本是企业没有发展，盈利没有提升，员工没有了发挥能力和提高自我的空间**。做企业，开弓没有回头箭，不进则退，不发展就留不住人才，要么死路一条，要么停留在夫妻店的水平。

感情也一样，不发展就留不住。两个人不交流，不进步，走着走着也就散了。国家也一样，人们相信，发展可以解决所有问题。事实上，发展也确实掩盖了很多问题。

道在生活中

> 道不远人。
>
> ——《中庸》

老子讲："道可道，非常道。""道"是什么？"道"是不能用语言来描述和定义的，就像宇宙一样，浩瀚无垠，没有穷尽，唯其如此，才能引领人类无限地思考和实践。但，人类所有思考和实践的起点和落脚点，都离不开人。所以说，"**道不远人**"。

人，不是一团理性概念，而是有血有肉，有喜怒哀乐、七情六欲，有工作、有生活，要吃喝拉撒的。我们真正关心的"道"，只有融合在这一切里，才有意义。就像"四书"，如果它只是庙堂里高高在上的祭品，是远离俗世的学术，是少数人的专利，那它就不配称为"经典"。

经典必须是能带给所有人启发和意义的。

道家有个故事。东郭子问庄子："道在哪？"庄子说："无处不在。"东郭子问："具体在哪呢？请举例说明！"庄子答："在砖瓦屎尿之间。"

佛教禅宗主张"担水砍柴无非妙道""平常心即道",其实这些都是讲：道在日常生活中。我们追求真理、追求生命价值的实现、追求精神上的自由境界,不是靠冥想,不是靠隐居山林,更不是靠崇拜神灵,而是靠全身心地热爱生活,体验生活带给我们的一切。

世间一切的学问,如果包装得高深莫测,那一定是虚伪、没有用处且不值一提的。**真正的学问是教我们生活的,是亲近每一个人、关怀每一个人的**,是每一个人都可以说出个一二三来的。

栽者培之，倾者覆之

> 天之生物必因其材而笃焉。故栽者培之，倾者覆之。
> ——《中庸》

上天对待万物生长的态度是这样的：它会顺应事物发展的趋势给加一把劲。**你有德有才、积极向上，上天会把你推向成功；你无德无才、消极下滑，上天会把你推向覆灭**。上天决定命运，但这种决定不是无厘头的，是依据你的"材"来决定的。栽者培之，倾者覆之。说得再白话一点就是：让好的更好、差的更差，强的更强、弱的更弱，富的更富、穷的更穷……放眼社会，这就是现实。

1968年，西方一位研究科学史的学者发现一个现象：人们会把无数的荣誉砸给已经成名的科学家，而对那些没出名的科学家则很不情愿承认其成绩。他给这种现象起名叫"马太效应"，因为基督教《马太福音》里讲过一个类似的故事：

一个商人要去旅行，临走前，送给家里的三个仆人每人100枚金币。一年后，商人归来，询问三人金币的使用情况。仆人甲说，他用这100枚金币投资商业，现在已经变成了1000枚金币；仆人乙说，他用这100枚金币投资农业，现在已经变成了300枚金币；仆人丙说，他担心金币丢掉，就一直埋在花园里，现在挖出来，还是100枚金币。于是商人夺过丙的金币，转送给甲。

人们进一步归纳"马太效应"：**任何个体、群体或地区，一旦在某一个方面（如金钱、权力、地位、名声等）获得成功和进步，就会产生一种积累优势，就会有更多的机会取得更大的成功和进步。**

马太效应在经济领域表现得尤其明显。比如两家饭店紧挨着，红火的，顾客排队往里挤，冷清的，一桌都不开。越火的越火，越冷的越冷。再如赚钱，所谓多钱善贾，越是有钱的人，其钱越好赚，投资渠道越广，抵御风险能力越强，而穷人收入低微，无钱投资，面对通胀等压力，生活越来越窘迫。

面对马太效应，除了拼搏奋斗，努力打一场翻身仗，我们别无选择。

诚信赢天下

　　诚者，天之道也；思诚者，人之道也。至诚而不动者，未之有也；不诚，未有能动者也。

——《孟子·离娄上》

　　唯天下至诚，为能尽其性；能尽其性，则能尽人之性；能尽人之性，则能尽物之性；能尽物之性，则可以赞天地之化育；可以赞天地之化育，则可以与天地参矣。

——《中庸》

> 君子诚之为贵。
>
> ——《中庸》

"诚意"作为儒家的"八条目"之一,我解读其为"信仰"。信仰什么呢?信仰孔子所创立的儒家思想和理念。

信仰是什么?是真实。信仰上帝,那么上帝就是真实的。信仰上天,那么上天就是真实的。信仰孔子,那么孔子的思想就是真实管用的。以信仰面对人生和世界,精诚所至,定然金石为开。

天道与人道,看不见也摸不着,它们是真实存在的吗?我们可以用中医上的经络来回答这个问题。经络同样看不见摸不着,用最先进的科学仪器也观测不到,但它却是中医的基础。怎么解释?有位老中医用简单的两句话就给我讲明白了。他说,飞机从北京到深圳,是怎么飞过去的呢?不是胡乱飞的,而是有一个固定的航线。这个航线在天上,用望远镜能看出来吗?看不出来,但这个航线是真实存在的!这就是经络的意义。天道与人道也应是这样的。在儒家看来,孔子思想就是对天道与人道的描述。

严格地依循天道与人道,就是至诚。至诚可以打动一切对象,进而向着一个预定的方向推进、发展,最终可以"赞天地之化育",与天道融为一体。而不诚,也就是违反了天道与人道,最终会寸步难行。

以上是哲学层面的"诚",下面回到生活上。

我参加过两个企业的庆典,大厅里都摆满了人们送来的牌匾、瓷瓶、摆件、绿植之类的礼物,而在最显眼的位置上,都挂着一块匾,上面都是一样的内容:诚信赢天下!

曾几何时,我国市场上充斥着假冒伪劣商品,人们对商人的态度尽是"无商不奸"之类的鄙夷。而今,诚信竟成为中国企业的信条,成为中国商人的价值共识。为什么呢?是因为儒家文化感化了商人们吗?不是的,这是市场的选择!**唯利是图者只能得小利于一时,诚信则赢在长远**。

某次饭局上，一家大型家具商城的老板讲："咱们公司发展了30多年，最早经商的那批人，我都熟，这30多年下来，很多人现在在做什么我不知道，那剩下的这些都是什么人呢？"他停顿了一下，我的脑子飞转，想象着这些"剩下的人"应当是怎样的人，这时听到他说："是傻子！那些聪明的、心眼多的、脑瓜活的，都干死了。只有这些傻实在的人还在干，发了傻财。"

市场的自由选择，体现的正是天道。所以，诚者天之道。

生命轴线

> 子在川上，曰："逝者如斯夫！不舍昼夜。"
> ——《论语·子罕》

也许消逝的不是时间，时间只是宇宙的一个维度，过去的一万年与未来的一万年，其实在宇宙里是"同时"存在着的。这种说法在科学界早已不是什么前沿的思想。基于这种认识，科学家认为，实现时空穿越是完全可能的，不论是秦朝武士穿越到今天，还是今人穿越到2046年。

那么，消逝的是什么呢？是生命和伴随生命的一切。我们必须直面这一点：生命就是一个不断走向死亡的过程，谁都难免一死。怎么办呢？毫无疑问，**得抓紧时间做点什么，时不我待，行动起来，得实现人生的价值**，到头来，能够不因虚度年华而悔恨，也不因碌碌无为而羞愧。

不过，也不必太过急切，事情还是要一点一点做。问题的关键是，要明确哪些事情必须现在做，否则以后再想做时就做不了了，还有哪些事虽然将来可以做，但体验会差很多。比如，有人问：什么最不能等待？答：孝敬父母。很多人都经历过"子欲孝而亲不待"的痛苦。同样是坐过山车或者其他什么事情，童年的体验、青年的体验、老年的体验是不同的。

我们应当关注这条沿着时间消逝的方向而形成的生命轴线,参照这条轴线,审视自己和家人、事业,决定现在做什么、以后做什么,这样的生命才会少一些遗憾,才会更加圆满。今朝有酒今朝醉,莫使金樽空对月;有花堪折直须折,莫待无花空折枝。站在生命的轴线上看这些话,我们会发现它们其实是有道理的。

▎自然更重要▎

> 数罟不入洿池,鱼鳖不可胜食也;斧斤以时入山林,材木不可胜用也。
> ——《孟子·梁惠王上》

孟子讲,不要用细网眼的网捕鱼,这样能让小鱼继续留在水里,等小鱼长到足够大时再捕上来,水里还是有小鱼在生长,从而永远有鱼可捕。这么简单的道理,渔民们当然明白,但他们面临着一个类似"囚徒困境"的问题:

很多渔民在一个区域内捕鱼,大家都守规矩,都用粗网眼的网,就都能长期地平均受益。可人是自私的,谁都想多捕一点,于是就有人暗地用细网眼的网,他多得利,别人就受损失。谁也不想受损失,最后变成大家都用细网眼的网,最终谁都捕不到鱼。现实就是这样悲催,整个中国近海,几乎一度无鱼可捕!20世纪90年代,政府出台了休渔期的法规,对于网眼大小也作了限定。但生态已然破坏,要完全恢复,不是短期可以实现的。

孟子还讲,森林砍伐也要保证可持续性开发。而今天的现实也同样不容乐观。也许你要问:孟子在两千年前就讲环保,太超前了吧?其实,在更古老的夏朝,就已经有:"春三月,山林不登斧斤,以成草木之长；夏三月，川泽不入网罟，以成鱼鳖之长。"《管子》中甚至还讲："**为人君而不能谨守其山林菹泽草莱，不可以立为天下王。**"我们的先民对自然有更加亲近的体验和情感，他们崇拜天地，对自然由衷地敬畏和感激，这些都是我们需要认真学习的。

中国人王澍获得了世界建筑设计界的最高奖普利兹克奖，他在介绍自己的设计理念时，强调了一个问题：当我们做城市和建筑的时候，什么更重要？自然城市比建筑重要多了！如果有了这样一个基本的意识，我们的很多做法就会改变。

当你做任何事时，都应当想一下：相比你做的这个事，自然可能要重要得多。

二进制思维

> 子曰："吾有知乎哉？无知也。有鄙夫问于我，空空如也。我叩其两端而竭焉。"
> ——《论语·子罕》
>
> 执其两端，用其中于民。
> ——《中庸》
>
> 物有本末，事有终始。知所先后，则近道矣。
> ——《大学》
>
> 有诸内，必形诸外。
> ——《孟子·告子下》

"叩其两端而竭焉"，类似于询盘。你要采购一样商品，事前并不清楚这个商品的具体价格，心里没数，怎么办？好办，找上五六家供应商，让他们出个详细的报价单，用什么材料、工艺，多长工时，都详细地标注出来，你再放一起对比一下，基本就可以做到心中有数了。

一般情况下，你会先剔除那个最高价的——因为出最高价你划不来，也会剔除最低价的——因为太低的价格难以保证质量，最终选择一个适中的报价来成交。这就是"执其两端，用其中"。虽然"两端"的报价你没有采用，但它们为你的决策提供了最有价值的参照。

这个"两端"，推而广之，是一个无限的两两相对的概念系统。如本末、终始、先后、内外、主次、上下、高低、远近、轻重、缓急、男女等，当然，还有阴阳。中国哲学用"阴阳"来统一阐述这个庞大的概念系统，《周易》所谓"一阴一阳之谓道"。这类似于数学的二进制，一个一与二的数字游戏，却可以玩到无限大，玩出天地宇宙来。

一与二的关系，无非三种情况：

一是，一分为二。

凡事皆有两面，就像硬币分正面和背面。你见过只有一面的东西吗？有。球体只有一个球面，不过，它可以分里面与外面。一分为二的方式是多种多样的，具体怎么分，要看具体情况，怎么方便解决问题就怎么分。

比如，眼前一大堆事，如一团乱麻，怎么办？分出本末、主次、缓急，就好办一些了。还是有点乱，怎么办？还可以把分出来的事，再一分为二，一直分解到它简单明了为止。

再如，看待问题要一分为二，要分出利与害、得与失、成本与收益、积极意义与消极意义。另外，法家有一个概念叫"利害有反"，同样一件事，有人因它而被伤害，那么定然有人因此而获利。某官员被撤职，对其本人是坏事，对他的下属而言可能正是一个被提拔的好机会。

二是，合二为一。

任何不同的事物之间，都有共性。天与地都是宇宙，春夏秋冬都是季节，男人女人都是人，儿子女儿都是宝，手心手背都是肉，呼与吸都是喘气，饺子皮和饺子馅缺谁也不行，长板和短板一起组成木桶，清风与明月都是思念的背景，等等。

世上没有孤立的事物，宇宙是一个有机的整体。西医"头痛医头，脚疼医脚"，这正是中国人眼里最笨的做法。中医治头痛，则可能要去脚上针灸某个穴位。整体思维、宏观把握，这是中国文化的亮点。

三是，一与二之间相互转化。

一向二发展，二向一回归。就像那个太极阴阳鱼，你中有我，我中有你。此消彼长，月盈则亏，否极泰来。这种转化具有时间性，一个事物在短期与长期所呈现出的样子常常是大不相同的。

最后，来点生动的吧。据说有个说法：**鸡蛋，从外打破是食物，从内打破是生命**。人生亦是，从外打破是压力，从内打破是成长。这是典型的二进制思维。

人性

| 想什么就会是什么 |
| 最佳距离 |
| 把握他人的需求 |
| 把握大众传播心理 |
| 好为人师 |
| 人性本善 |

想什么就会是什么

子曰:"仁远乎哉?我欲仁,斯仁至矣。"

——《论语·述而》

"仁"是儒家最高的价值、最高的境界,在常人看来自然是高不可攀、遥不可及的。就像天上的星星,美则美矣,但因为太遥远,所以人们干脆就不去追求了。这当然不是孔子希望的,他必须给人们追求仁的信心,甚至给出具体的指导。于是孔子这样讲:仁很遥远吗?我想仁,仁就到了。

什么意思呢?说明**仁在心中,它就是一种心灵的倾向、一种意念、一种精神,你在心底向往它、亲近它的时候,你就会被它包围和感染,心灵和精神就会升华**。这时,你外在的行为必然也是仁的行为。俗话讲:善恶只在一念间。人往往在片刻的思想之间,便决定了行善还是作恶。仁与不仁、善与恶,在一个念头里就有了分野。

所以,重要的是你想什么。也许人真是魔鬼和天使的复合体,它们都沉睡在人心底,你想魔鬼就会唤醒魔鬼,想天使就会唤醒天使。

一个人脑子里想着向左转,身子却向右转了,这是不大可能的,除非神经系统有了病变。**人的行为是被思想和精神指导着的,是被欲念、想法驱动着的**。你想去登山,即便今天没时间去不了,以后总会去的。你想出国,即便今天你没钱、没条件,但只要想法足够强烈,总会实现的。

现代心理学将此总结为"吸引力法则",指出人的心理暗示、意念可以极大地影响人的行为,当一个人极力地去想一个东西时,就会更容易得到它。你想病,就容易病;想健康,就容易健康;想成功,就容易成功;想什么,最终就会收获什么。

人与人之间的差异,根本上在于各自想的东西不一样。除了衣食住行之类具有共性的东西之外,有的人天天想着怎样把字写好,有的人想着权力竞争,有的人想着某个产品的优化,有的人想着提高考试成绩,等等。你之所以是这样的,就是因为你正在想着这样的东西。

最佳距离

> 子曰:"唯女子与小人为难养也,近之则不逊,远之则怨。"
> ——《论语·阳货》

世界上绝大多数关于"女人"的说法,都是指性意识下的女人,而不是泛指所有的女性。什么意思呢?就是,当一个男人大谈女人如何如何时,肯定不包括自己的母亲、姐妹、女儿,甚至不包括自己的妻子,他说的女人是这些人之外的。

世界上各种宗教和古老观念中对于女人的偏见和歧视,多数是基于这样一种划分。孔子这句话中的"女子"也应当是这种情况。

我支持曹雪芹的观点:**女儿是水做的骨肉,男人是泥做的骨肉。我见了女儿,便清爽;见了男子,便觉浊臭逼人**。所以,我对这句话的关注点,不在于女人,而在于小人,在于"不逊"与"怨"之间的最佳距离。

其实,日常生活之中大多数人离理想的修养境界都还有一定的差距,都称不上君子,都还是小人。比如,我们生活中是不是也有这种表现呢？别人对咱好一点，咱就张狂；对咱冷落一点，咱就失落。即便是与朋友、同事之间的平等相处，是不是也有这种表现呢？走得近了有近的问题，走得远了有远的问题。这就是人性。

对此，西方学者提出了"豪猪法则"：寒冬里，一群豪猪为了取暖而相互靠近挤在一起，挤得太近，各自身上的刺会互相刺扎，于是分开；可离得远了又觉得冷，于是又往一块儿挤。如此反复若干次，最终会找到一个不远不近的最佳距离，既免于彼此刺伤，又能互相取暖。这也是人与人之间理想的相处距离，还是孔子这段话给我们的启发。

把握他人的需求

> 饥者易为食，渴者易为饮。
>
> ——《孟子·公孙丑上》

有个著名的相声段子，讲朱元璋当了皇帝，每天山珍海味吃得一点味道也没有，感觉这辈子最好吃的莫过于当年落难之时喝的那碗"珍珠翡翠白玉汤"，于是费了很大工夫让人重新做出这汤来，却闻一下就恶心了。为什么啊？因为那"珍珠"不过是一些剩饭米粒，"翡翠"不过是白菜帮子加菠菜叶，"白玉"则是几块馊豆腐——之所以成为"人间美味"，是因为当时他已饿到极点。这就叫"饥者易为食，渴者易为饮"。

不单饮食的不足会让人饥渴，其他很多需求都可能让人"饥渴"。在饥渴的状态下，人对于需求对象的品质就会降低要求，正所谓"饥不择食"。

人的欲望是没有穷尽的，所以，每个人都有未被满足的需求。这种未被满足的需求，都可能让人陷入一种饥渴的状态。比如，对于知识，有人求知若渴。而更为普遍的则是对名、对钱、对权、对美色的饥渴。

很多像赖昌星这样的投机者，就会利用这一点来设局并控制这样的人。你"饥渴"的那个需求，就可能成为你的"阿喀琉斯之踵"、你的致命软肋。

在人际交往中，只有真正了解和把握对方的需求，并摸清其最"饥渴"的那个需求，才可能有效地影响对方。而知足常乐的意义，则在于控制自己的需求，尽量隐藏起来，或使其恬淡一些，这样会避免恶人的加害。

把握大众传播心理

> 孔子曰："德之流行，速于置邮而传命。"
> ——《孟子·公孙丑上》

孔子讲，德的流行，比设立驿站传达政令都快。这里，我关注的不是"德"，而是"流行"，以及流行背后的大众传播心理。

今天很多东西的流行速度快得惊人。你上午刚听到一首新歌，感觉不错，下午就发现满大街的人几乎都在听这首歌。我无意间看到一个朋友的日志里有个生词——"hold不住了"，然后发现其他朋友的空间里也有这个词，然后查百度百科，发现这个词源自不久前的一个综艺节目，而截至我看到这条信息时，这个视频已被人浏览和转发了上千万次。

毫无疑问，流行离不开媒体，但媒体往往只相当于一个"超级长舌妇"，它只是传播的参与者，而非主导者。流行本质上是一种普遍的社会心理现象。了解和把握这种社会心理以及大众传播方式，并能加以利用，是了不起的本领。那些网络红人及其背后的推手公司，还有一些优秀的自媒体，都是值得我们学习和研究一番的。另外，对与流行有关的情况，能有理性的判断，这也是很有必要的。

好为人师

> 孟子曰："人之患在好为人师。"
> ——《孟子·离娄上》

孔子要诲人不倦，孟子却说好为人师是错误的，这两者间是不是有点矛盾呢？其实没矛盾，因为各自所指的对象不同。孔子教诲的就是他的学生，他的"为人师"是名副其实、名正言顺的。

而孟子讲的则是，两者既非师生关系，在对应话题上又不存在一方的权威明显高于另一方的情况，一方偏偏自我感觉良好，生生要给人家指点、建议，而且，第一句话往往是"你这样不对""你这样有点问题""你OUT了"，诸如此类的批评和否定。根据心理学的常识，当你的第一句否定对方的话讲出来之后，对方会迅速进入消化这句批评的防御心理，纵使你下面的话再有道理，他也听不进去了。

而且，你讲的话未必对。很多事，如人饮水，冷暖自知。看似不合理的做法，只有当事者才知其中的曲折原委。子非鱼，安知鱼之乐？你讲得不符合实际，对方会暗自笑话的。

所以，好为人师是讨人嫌的。

也许你会委屈，因为你根本没有想做对方的老师，而只是出于善意地提醒和忠告。怎么办呢？要讲究说话的方式：

一是，只提出自己的意见供对方参考，尽量避免否定对方。就像我现在这样，我没有否定你，而只是在谈我对孟子的理解。

二是，沉默。只要不是致命的错误，错就错吧，错了才能长记性，于对方未必是坏事。

在一些无聊的争论中，好为人师、抢上风，则是愚蠢的，劳神费力、得罪人，还容易暴露自己的短板，一点好处都没有。

人性本善

> 子曰:"性相近也,习相远也。"
> ——《论语·阳货》
>
> 人性之善也,犹水之就下也。
> ——《孟子·告子上》
>
> 恻隐之心,仁之端也;羞恶之心,义之端也;辞让之心,礼之端也;是非之心,智之端也。人之有是四端也,犹其有四体也。
> ——《孟子·公孙丑上》
>
> 恻隐之心,人皆有之;羞恶之心,人皆有之;恭敬之心,人皆有之;是非之心,人皆有之。恻隐之心,仁也;羞恶之心,义也;恭敬之心,礼也;是非之心,智也。仁义礼智,非由外铄我也,我固有之也,弗思耳矣。
> ——《孟子·告子上》

多数人接触传统文化是从《三字经》开篇的"人之初,性本善"开始的。这六个字,是从上面几段的孔孟思想中提炼出来的。

何谓性?何谓善?这个"性"是指人的天赋本能、心理倾向、行为取向。善,就是善良、利他。**人性本善,就是说人的天性是利他的**。乍一看这个论断,你可能会反对:怎么可能呢?都是利他的还要法律干什么?而且,整个市场经济就是以人的利己性为基础啊。儒家的内部也有反对声音,荀子就认为"人之性恶,其善者伪也"。人的天性是恶的,善都是通过后天努力得到的。

那么,孟子如何来立论呢?他举了个例子:眼看着有个孩子要掉进井里了,你的第一反应是什么?肯定是救他。如果看到老人摔倒了,你的第一闪念难道不是去扶起老人吗?但你没去扶,因为,你马上又想到扶起老人会涉及的各种问题,于是选择了冷漠,表现了"恶"。而那最初的善的闪念，才是你的天性。

后来的儒家同样用水来比喻人性：**人性本来是善的，就像水的源头是清澈的，但在流淌的过程里，被社会给污染了。**

我支持人性本善，是从进化论的角度考虑的。每一个生命，都属于某一个物种，生命是通过物种的不断繁衍来延续发展的。这就要求，单个生命体必须有支持物种发展的内驱力。很多行为看似利己，而在更高的层面上，必然与利于物种、利他相统一。如果终极目的就是利己，就是为了一个生命单体自身，那物种就灭绝了。

而且，人类社会奋斗的方向是建设一个充满爱的社会，如果人性是恶的，那岂不成了一个悖论！现实生活中，在没有利害关系的情况下，人都会选择行善，而不是作恶，都会被善行所感动，为恶行而愤慨。

艾青讲，为什么我的眼里常含泪水？因为我对这土地爱得深沉。而我要说，为什么我们的眼里常含泪水，因为我们都有善良的心灵。冰心讲，爱在左，情在右，在生命的两旁，随时撒种，随时开花，将这一径长途点缀得花香弥漫，使穿花拂叶的行人，踏着荆棘，不觉痛苦，有泪可挥，却不觉悲凉。

爱与同情就是善。

善是人最深的本性，而生命的意义就是把这种善彰显出来。

人格

| 中国式超人 |
| 圣人是一种典范 |
| 人淡如菊 |
| 孔子的理想 |
| 名臣的人格境界 |
| 士就是有精神追求的人 |
| 仁是道德的核心 |
| 不做老好人 |
| 理想主义情怀 |
| 做个大丈夫 |
| 领导者的五种修养 |

中国式超人

> 君子尊德性而道问学，致广大而尽精微，极高明而道中庸，温故而知新，敦厚以崇礼。
>
> ——《中庸》

"尊德性"，就是内在注重道德修养，强调内省治心；"道问学"，就是外在注重学习实践，强调钻研实干。"致广大"，就是俯仰天地，眼前纵有千古、横有八荒，胸怀宇宙万物、天下国家、黎民苍生，有一个大格局；"尽精微"，就是明察秋毫，深谙人性，精通物理，有一颗慧心。

"极高明"，指才智，高瞻远瞩，智慧超群，学识、思想、才能都比常人高很多；"道中庸"，指表现，低调，真人不露相，中规中矩，与常人无半点差异。

"温故而知新"，就是既了解过去，又把握着未来；既有历史情怀，又热爱时尚，而且善于在历史与现实的对比中发现更深刻的内容。

"敦厚以崇礼"，就是既朴实厚道、单纯简单，又练达人情，对于待人接物的这套礼仪规矩非常在行。

这样的人，就是中国儒家推崇的君子，真正做得到这些并达到一定高度的人，被尊为"圣人"。圣人，在我看来就是中国式超人。中国式超人不会飞，看起来跟平常人一样，但其内在的力量强大无比。而且，中国式超人是人，不是神，只要努力，凡人都可做得到。

圣人是一种典范

> 规矩，方圆之至也；圣人，人伦之至也。
> ——《孟子·离娄上》
>
> 孟子曰："圣人，百世之师也。"
> ——《孟子·尽心下》
>
> 君子动而世为天下道，行而世为天下法，言而世为天下则。
> ——《中庸》

曾国藩早年立志：不为圣贤，便为禽兽。他当然没有成为禽兽，那么他成为圣贤了吗？他成为了！用唐浩明先生的话讲：曾国藩是践行中国传统文化最不走样的人。他已然成为一个人生的范本，很多人将他的"动、行、言"作为学习的典范，作为一套比对检测、自我审视的参照标准，所谓"人伦之至"，不过如此。

先秦的儒道及诸子百家，都大讲圣人如何如何。其他宗教里面也都有圣人。孙悟空决定给自己封个最大的名头，最后自称为"齐天大圣"。那么"圣"到底是什么呢？

《孔子家语》讲，人分五等，圣人最高，以下依次为贤人、君子、士人、庸人。"所谓圣者，德合于天地，变通无方，穷万事之终始，协庶品之自然，敷其大道而遂成情性。明并日月，化行若神。下民不知其德，睹者不识其邻。"按这个说法，圣俨然就是神，只是看上去如你家邻居一样平常。这是强调了一种止于至善的理想主义的人生方向。

现实中，那些被尊为"圣"的人，并不神奇。比如孔子、武圣关羽、书圣王羲之、诗圣杜甫，等等，他们都是活生生的人，有七情六欲，也有缺点，也犯错误。但他们有一个共同点，你知道是什么吗？**他们都在某一方面做到了极致，成为后人追摹仿效的典范**。这就是圣人的意义所在。

很多杰出之人称不上"圣",但其人生的某一方面也近乎一种极致和典范,其文字或行为有鲜明的风格和魅力,被后人津津乐道,成为一个文化的符号,比如苏东坡、文天祥、鲁迅、胡适等。还有更多平凡之人,没有做到过什么极致,但他曾有故事,让人喜欢,让人想望,因此成为一种传说,在我看来,这样的人都有近于"圣"的可敬。

人淡如菊

> 君子之道,淡而不厌,简而文,温而理,知远之近,知风之自,知微之显,可与入德矣。
>
> ——《中庸》

这是中国人推崇的君子风度:**恬淡内敛、世事洞明、深藏不露**。

《菜根谭》里有句话:"醲肥辛甘非真味,真味只是淡;神奇卓异非至人,至人只是常。"众口难调,有喜欢甜的,有喜欢辣的,有喜欢酸的,能适合所有人的必然是清淡的,比如水。标新立异、与众不同、个性突出的人容易被关注,成了大V,而真正的高人与平常人毫无二致,都在"潜水"。

"淡而不厌",连续几天在饭店吃大鱼大肉、好酒好菜,会感觉很腻。在家里粗茶淡饭、家常菜,天天吃,月月吃,年年吃,却总是感觉非常享受。也可能因为家里的饭是自己爱的人做的吧,要么母亲,要么妻子。

做人也一样,有的人情感奔放,对人甜哥蜜姐,过分热情和亲近,就容易让人生厌;做事咋咋呼呼的人,往往很难坚持。君子之交淡如水,平淡相处才可悠远。做事不紧不慢、稳健低调、耐得寂寞、不烦不厌,日积月累,才能有所成。**诸葛亮讲,"非淡泊无以明志,非宁静无以致远"**,就是这个道理。

"简而文"，简单而不失文雅。精神上没那么多包袱，心思上没那么多算计，情感上没那么多痴迷，物质上没那么多欲求，待人接物没那么多客套虚饰。简简单单，坦坦荡荡。风云三尺剑，花鸟一床书。道家讲，"为道日损，损之又损"，**人生要做减法，减到最后，当然就是一个简单的人，大道至简。**

"温而理"，温和平易，不急不躁；理智、理性，成竹在胸。

有这样的修养，才可能真正地体味和洞察自然的变化，能够从近处的情况判断远方的情况，知道风是从哪里吹来的，从眼前微小的东西能看到它将来会发展成什么样。古人总结这种能力为：由近探远、睹末察本、见微知著。

深刻的人生见地，以如此唯美的文字来表达，这就是古代经典的魅力。唐代司空图有段文字与此意境相仿："玉壶买春，赏雨茆屋。坐中佳士，左右修竹。白云初晴，幽鸟相逐。眠琴绿阴，上有飞瀑。落花无言，人淡如菊。书之岁华，其曰可读。"

好一个人淡如菊！

孔子的理想

> 子路曰："愿闻子之志。"子曰："老者安之，朋友信之，少者怀之。"
>
> ——《论语·公冶长》

这是《论语》中孔子师徒之间一段著名的对话。在两个学生各自说完自己的志向后，孔子讲出自己的理想：

"老者安之"，就是让老人安心、放心。这是什么？这是孝。有人曾经问孔子什么是孝，孔子说，"父母唯其疾之忧"，一个人唯一让父母担心的就是怕他生病，别的方面父母都对他非常放心，这就是孝。你待人友好，不会被人算计；你遵纪守法，不会被抓去坐牢；你小心谨慎，不会遭遇什么横祸；你工作勤勉，收入自然不差，生活就宽裕；等等。

总之，**你让父母放心，就是最大的孝顺**。而病是无常的，人力不能控制，所以父母偶尔会因此为你担心。有的人可能有权有钱，对父母也非常好，但做的事存在某些风险，让父母跟着担惊受怕，这样就算不上孝。另外，"老吾老以及人之老"，对待老前辈，都应如此，做什么事都要认真稳重，让他们放心。

"朋友信之"，就是让朋友信任。朋友的心事，向你诉说，你能保守秘密。另外，朋友托付之事，办得到的，你二话不说；办不到的，则直言相告，不能碍于面子把事揽下，最后却办不成。

"少者怀之"，就是让年轻人感激敬重，哪天你离开他们时，他们会怀念你。怎么做到这一点呢？当然是得给年轻人帮助、提携、引导，给他们积极的影响。

这就是中国文化中圣人的人生理想，没有经天纬地、叱咤风云，没有建功立业、流芳百世，甚至没有强调道德上如何如何。这个人生理想很简单：做个好人而已。

名臣的人格境界

> 曾子曰："可以托六尺之孤，可以寄百里之命，临大节而不可夺也，君子人与？君子人也。"
>
> ——《论语·泰伯》

"可以托六尺之孤"，就是可以托付未成年的孤儿以传承家族。最有名的莫过于"赵氏孤儿"，这是写在《史记》里的真实故事，陈凯歌据此拍的电影，远没有历史真实，也远没有历史更震撼人心。

赵家是晋国望族，因故被灭族，只剩下一个遗腹子。公孙杵臼和程婴受恩于赵家，两人设了一个苦肉计保护这个赵氏孤儿，为此公孙杵臼慷慨赴死。若干年后，赵家被平反，恢复权势，程婴抚育的赵氏孤儿也已长大成人。这时，程婴本该苦尽甘来，享受胜利的果实了，可他竟然决定自杀，因为他要去另一个世界告诉公孙杵臼，自己完成了当年的约定。

"可以寄百里之命"，就是可以托付国家政权以传承王朝。最有名的莫过于周公，他是孔子最为推崇的圣人，也可以说是孔子的偶像。孔子曾讲："甚矣，吾衰也！久矣，吾不复梦见周公！"言下之意是，他经常会梦到周公。作为周武王的弟弟、周成王的叔叔，周公在武王死后而成王年幼的情况下，亲自摄政，主持政权，天下大治。数年后，成王长大成人，周公则重新把政权交回给成王。历史上不乏几岁小孩就做皇帝的，背后都有一个效法周公的辅命大臣。

"临大节而不可夺也"，就是在民族大义上宁死不屈。最有名的莫过于文天祥。他生活中虽放浪不羁，但"临大节而不可夺"，在有关民族存亡的大事上却毫不含糊。

我认为，这就是中国历代名臣追求的人格境界。这里面给人最强烈的感受是什么呢？是责任，是勇敢，是文天祥那荡气回肠的《正气歌》所歌颂的正气！

士就是有精神追求的人

子曰："士而怀居，不足以为士矣。"
——《论语·宪问》

曾子曰："士不可以不弘毅，任重而道远。"
——《论语·泰伯》

士何事？孟子曰："尚志。"
——《孟子·尽心上》

士是什么？一般的解释是知识分子。这个解释有问题。依我们看，孔子、孟子和他们的学生，应当是士吧，这些人都是做什么的呢？主要是做两样事：一是教师，二是官员。教师无疑是知识分子，而官员则有文武之分，武官未必是知识分子，但也是士，在古代的很多国家，武士都是与文士同样重要的阶层。

今天，如果我们仍然把"士"局限于某一两个职业群体，无疑就局限了经典的意义。**士是什么？孟子的说法最到位：士尚志！士就是有精神追求之人**。他可以是教书育人的、为官从政的，也可以是从事农、工、商以及其他任何工作的；可以是博士，也可以是文盲。只要他"尚志"，有"修身、齐家、治国、平天下"的抱负和理想，有"天下兴亡，匹夫有责"的情怀，有利他的仁义之心，就是士。反之，任凭你高官厚禄、学富五车，但只为稻粱谋，**为一己私利而活，全无精神的追求，也不算士**。

凡有精神之追求者，较之常人，对自身必然有更高远的期许，必然要承受更多的压力，所以，"不可以不弘毅"。"弘"指广大。什么广大？心量、心胸广大，大肚能容他人不能容的无数困难、屈辱、忧患；学识、能力广大，能迎接挑战、驾驭局面、挑起重担。"毅"指长久。什么长久？恒心、毅力长久。

屈原讲："路漫漫其修远兮，吾将上下而求索。"**人活一口气，这口气一辈子不能松，生命不息，奋斗不止**。人生是马拉松，谁笑到最后谁才最好看。"弘"是空间的，"毅"是时间的，合在一起，强调了生命的广度与长度，宋代儒家讲修身，对这两个字推崇备至。

再有，就是漂泊，就是奔走闯荡，就是壮游天下，就是奋斗。好男儿志在四方。三亩地一头牛，老婆孩子热炕头，能有多大出息啊。**毛泽东十六岁时就"孩儿立志出乡关，学不成名誓不还"，这就是士的精神**。

若干年前，我看松下幸之助的书，有段话让我印象深刻。他说，动物园里的动物每天食物充足、悠闲自得，但只能关在笼子里；草原上的野兽则每天为觅食而奔命，饱一顿饥一顿，风餐露宿，但可张扬野性、自由奔跑。后者就是士的人生选择。

儒家的传统倾向于把"士"局限于官员或知识分子，这在很大程度上削弱了其在民间的影响力。而佛教经六祖惠能的改革，更加亲近当时文盲占人口多数的普通民众。今天儒家要复兴，就必须强调儒家是广大老百姓的思想，而不是少数精英的思想。

仁是道德的核心

> 樊迟问仁，子曰："爱人。"问知，子曰："知人。"
> ——《论语·颜渊》

"仁"作为儒家最高的价值，其含义非常丰富，难以界定。不过，通常人们将上面这句话作为理解"仁"的基础，认为"仁者爱人"，"仁"就是爱别人。这种理解大致是不错的。

不过，这句话在《孔子家语》里还有一个版本：

孔子问学生："智者若何？仁者若何？"

子路答："智者使人知己，仁者使人爱己。"

子贡答："智者知人，仁者爱人。"

颜回答："智者自知，仁者自爱。"

孔子肯定了子路和子贡的答案，对颜回的回答则更加赞许。

我认为，这个版本不但生动，而且更加全面和深刻。仁，既是爱人，又是自爱，是为人与为己的统一。考古发现，战国时代竹简上"仁"字的写法为"㥽"，即上"身"下"心"。可见，仁还是身与心的统一。

总之，在人我之间、身心之间，达到一种和谐统一的状态，就是仁。

然而，人的为己是不必教的，身心的和谐则是教不了的，所以在实践上，儒家重点还是强调爱人。下面，我们着重从这方面来展开论述。

"仁"这个字拆分开，左边一个"人"，表示"仁者，人也"，仁是讲人与人之间的关系的；右边两个"一"，可以形象地理解为两颗心在一起，将心比心。将心比心是什么意思呢？就是重视别人的利益和感受，为别人着想，就是利他。

基于这样的理解，再去看"四书"里各种各样的关于"仁"的说法，就都顺溜了。

比如：

仲弓问仁。子曰："出门如见大宾，使民如承大祭。**己所不欲，勿施于人**。在邦无怨，在家无怨。"——《论语·颜渊》

你重视每个看到你的人的感受，就会穿着整洁，像会见重要的客人；重视人民的感受，役使人民要像举行祭祀大典一样谨慎；重视别人的感受，就会将心比心，自己不愿意的事，不强加给别人。这样一来，不论在单位还是在家里，你就不会总把责任推到别人身上，也就不会存在怨恨和矛盾。

颜渊问仁。子曰："**克己复礼为仁**。一日克己复礼，天下归仁焉。为仁由己，而由人乎哉？"颜渊曰："请问其目。"子曰："非礼勿视，非礼勿听，非礼勿言，非礼勿动。"——《论语·颜渊》

你重视别人的感受，就必须克制自己的欲望和情绪，按礼节、规则行事，看、听、说、动都要讲礼貌、懂规矩。

司马牛问仁。子曰："仁者，其言也讱。"曰："其言也讱，斯谓之仁已乎？"子曰："为之难，言之得无讱乎？"——《论语·颜渊》

你重视别人的感受，说话自然就要慎重，要考虑自己是不是能说到做到，这是对人负责的态度。

樊迟问仁。子曰:"居处恭,执事敬,与人忠。虽之夷狄,不可弃也。"——《论语·子路》

子张问行。子曰:"言忠信,行笃敬,虽蛮貊之邦,行矣。言不忠信,行不笃敬,虽州里,行乎哉?"——《论语·卫灵公》

你重视别人的感受,与人相处时就要恭敬有礼,给人家面子;做什么都得认真对待;对人不能怀二心,不能有算计人的心。即便对野蛮人,也应当具备这种意识。这是成熟的交际之道。

子曰:"志士仁人,无求生以害仁,有杀身以成仁。"——《论语·卫灵公》

这里的仁,仍然是利他,只是这个"他",指民族、国家。这是利他的终极形式,即为国家、为民族的利益而牺牲自我。

仁者无敌。——《孟子·梁惠王上》

为他人着想,重视他人的利益,这样的人没有敌人,只有朋友。

夫仁,天之尊爵也,人之安宅也。——《孟子·公孙丑上》

为他人着想、重视他人的利益,有这样情怀的人,定然是安详、淡定的,也是幸福、快乐的。

这样的话很多,我们不一一列举了,从中我们应当体会到一点:儒家对仁的强调,正是对道德的强调。而**所谓道德,其核心价值就是利他,利他就是仁**。当儒家讲"杀身以成仁"时,表达的正是道德高于生命的价值观。

不过,儒家不是唱高调的,对于道德的强调是基于理性的。在儒家看来,"仁"所强调的利他,并不损害自己,反而是对自身有利的。即便"杀身成仁",赢得的也是超越生命的意义,这也是一种利己。上述孟子所讲"仁者无敌""人之安宅"都反映出这一点。

孟子还讲:"仁者爱人,有礼者敬人。爱人者,人恒爱之;敬人者,人恒敬之。" 生活就像一面镜子,你对它笑,它就对你笑;你对它哭,它就对你哭。你爱别人,别人就爱你;你看天下无一不是好人,那你身边就真的都是好人。我有时就有这种感觉,我交往的人都对我很好。所以,以利他之心处世,最终会收获朋友、关爱、幸福以及美好的人生。

20世纪80年代初,曾有一个争论被全民关注,就是人活着是"主观为自己,客观为别人",还是"主观为别人,客观为自己"。前者体现的是市场经济的思想,后者体现的则是社会主义或者说是儒家的思想。这个争论最后未分胜负,不过恰恰反映出为人与为己、利他与利己的统一——最终是一回事。

而且,儒家在讲"爱人"时,还强调要"知人","仁"要有"知"为辅,要了解别人、了解人性。这样,你去关爱别人时,才不会适得其反。因为,你给予的,也许对方不需要;或者,有的人就像东郭先生救下的狼,爱他就会让自己受伤害。这都需要"知人"来做保障。**孔子讲:"道二,仁与不仁而已矣。"意思很简单,活着有两种方式:道德的和不道德的。** 你选什么?

不做老好人

> 子贡问曰:"乡人皆好之,何如?"
> 子曰:"未可也。""乡人皆恶之,何如?"
> 子曰:"未可也。不如乡人之善者好之,其不善者恶之。"
> ——《论语·子路》
>
> 子曰:"众恶之,必察焉;众好之,必察焉。"
> ——《论语·卫灵公》

> 子曰："乡原，德之贼也。"
>
> ——《论语·阳货》
>
> 阉然媚于世也者，是乡原也。
>
> ——《孟子·尽心下》

每个人都不是独立的，都生活在各种各样的人群之中——一个村庄、一个单位、一个企业——谁都希望自己能被所有人喜欢，有个好人缘，这样会更有安全感，偶尔遇上个投票决定某事的情况，就会有优势。

然而，对于像孔子、孟子这样的人来讲，这种希望常常落空。因为，他们与众不同。人们都喜欢与自己相同或相近的人，对于异己天然排斥。从孔子、孟子一生的遭际来看，他们常常是不被理解，也不受欢迎的，是孤独而寂寞的。这种处境和心境，引起了后世无数精英分子的共鸣，并以"古来圣贤皆寂寞"这样的话自我解嘲。

所以，孔子对于"众恶之"的人会报以同情；对于"众好之"的人，则充满怀疑，进而为其贴上"乡原"的标签。

"乡原"说白了，就是老好人。这种人没什么缺点、毛病，看上去忠厚老实，跟谁都不错，跟谁都没冲突，"阉然媚于世"。我们身边真有些这样的人啊！他们可能没什么真本事，但凭着一个好人缘就包打天下了，人们会把选票投给这样的人，领导提拔这样的人也最少遭受阻力和风险。

这样的老好人，是值得尊重的吗？绝不是！真正的好人、贤者，应当立场分明、扬善抑恶，必然得罪一些人，必然不讨一些人的喜欢。

那么，现代的民主制度中的选票，是不是最终都会投给这些"乡原"呢？我想，孔子会有这样的忧虑吧。

很多时候，民众是盲目的，是人云亦云的，是直接把别人的评判拿来作为自己的评判的。莫言获得诺贝尔文学奖，一下子全民都争相看他的书，真正洛阳纸贵，而此前有多少人认同他呢？而且民众也不见得是善良的，在很多历史事件里，民众其实是暴民的角色。在这样的民众中的老好人实在是有问题的。

下面，我们换一个积极的角度。所谓的"乡原"，似乎很接近明代修身书《呻吟语》里所推崇的第一等资质，也就是"深沉厚重"。甚至，他的圆融，也是孔子所向往的。乱世用豪杰，治世用佞臣，在太平的年代里，"乡原"本无可厚非吧。

理想主义情怀

> 自反而缩，虽千万人，吾往矣。
> ——《孟子·公孙丑上》

古人解释"缩"的意思为"理直"。**自我反省，问自己：我做错了吗？没错！好吧，我理直气壮，纵使有千军万马挡在前面，我也要冲上去。**

这就是孟子的气概，这就是孟子的文采！这种阳刚之美和理想主义情怀充溢于《孟子》的字里行间，让后世无数文人为之倾倒，他们推荐给后生晚辈的书，往往以《孟子》为首选，比如曾国藩、傅斯年。傅斯年做台湾大学校长时曾讲："没读过《孟子》，不能算是台大人。"类似地，西哲也有一句名言：走自己的路，让别人说去吧！气势和韵味相较孟子都逊色很多。

这种理想主义是只能逞一时口舌之快吗？是只能在天上飘着好看的吗？我相信不是的！正是凭着这样的信念和精神，很多人经历九死一生、百般挫折，最终完成了常人难以想象的事业。比如曾经的那些革命者，那么年轻，那么人单力薄，却那么坚定而且坚忍。今天的很多创业者同样如此。

自我反思一下，我没有这样的激情和勇气。我害怕失败，不要说千万人，有两个人来否定我的想法，我就会犹疑不决。我希望自己的抉择有最小的阻力和风险，在从一种状态进入另一种状态时基于一个平稳的过渡，而不要有激烈的冲突和动荡。甚至，我从心底对理想主义有过一种怀疑。

不过，有一次，我激情满怀地向某人描述一个设想，对方冷不丁冒出一句："哦，您真是个理想主义者！"他嘲讽的口吻虽然刺激了我，却让我发现了自己骨子里的理想主义，浑身上下竟然充满了力量。

我发现，理想主义不只是慷慨激昂的，也可以是深沉内敛的。每次看中央电视台的《寻找最美乡村教师》和《感动中国》，我都会被里面那些善良、坚强的人们深深感动。他们是真正的理想主义者，这种理想主义表现在对于真、善、美的信仰，坚信真理会战胜谎言、善良会战胜邪恶、这个世界的主流是美好的！

这样的理想主义情怀，每个人都有吧！

做个大丈夫

> 居天下之广居，立天下之正位，行天下之大道。得志，与民由之；不得志，独行其道。富贵不能淫，贫贱不能移，威武不能屈。此之谓大丈夫。
> ——《孟子·滕文公下》
>
> 子曰："三军可夺帅也，匹夫不可夺志也。"
> ——《论语·子罕》

读孟子，有压力，感觉自己怯懦渺小，他说的我经常都做不到。

居天下、立天下、行天下，顶天立地，不论身处富贵、贫贱，还是面对强压，都能不改初心。这样的大丈夫，我做不到。孟子自己做得到吗？我不知道，但翻开历史，这样的大丈夫太多了！随便举几个例子：

还是说曾国藩,他位极人臣,富贵之至,可是以俭朴闻名,老婆女儿都要织布、下厨,自己的学问一刻也不放松。这就是"富贵不能淫"。

曾国藩手下有位名将叫罗泽南,此人本是教书先生,穷到几个孩子被饿死,老婆被饿瞎,但能"不坠青云之志",国难当头之时,他和他的多位学生都成为湘军骨干。这就是"贫贱不能移"。

被誉为"最后一个儒家"的梁漱溟因为拒绝"批孔",曾遭大规模批判。有次批判会上,主持人让他谈感想,梁先生脱口而出:"**三军可夺帅也,匹夫不可夺志也。**"三军被人夺帅、被打败,这可能关乎天运,人力不能挽回;但人的志气是自己说了算的,你用强权压我,我不服!死也不服。这就是"威武不能屈"。

这些人之所以成为大丈夫,不能说不是受了孟子的影响。孟子为儒家思想乃至整个中国文化注入了一种刚的品质,阳刚、刚毅、刚强、刚正。

回到咱们自己身上。我们不是大丈夫吗?我不甘心,虽然不是顶天立地,没有上面这些人的境界那么崇高,但我也有刚的品质。我认为,只要是为了过上美好生活而肯于付出艰苦劳动的人,就是大丈夫。我之前居住的楼房后面是一个海鲜市场,凌晨时下着暴雨,我在雷声中惊醒,看到窗外一辆运海鲜的小机动车在雨中摇晃着艰难前行,当时我就想,那个开车的人就是真正的男子汉大丈夫。

领导者的五种修养

> 聪明睿知,足以有临也;宽裕温柔,足以有容也;发强刚毅,足以有执也;齐庄中正,足以有敬也;文理密察,足以有别也。
>
> ——《中庸》

这段话本是描述"至圣"的人格，文字也古雅优美，我把它简单化，理解为一个领导者应当具备的五种修养：

一是**聪明睿知**。

耳聪目明，见多识广，学识、经验、智力都要具备，这样才能驾驭各种复杂局面，才能服众。

二是**宽裕温柔**。

宽容，厚道，柔和。宽是有量，所谓宽阔的胸怀，宰相肚里能撑船。厚是承载力、钝感力，与轻躁敏感相对，人心好比剑锋，太锋利就容易被损伤，对小事太敏感，就会增加心的负担，就难以沉静安详。柔和是相对于坚硬来说的。人与人交往，利益是骨，是硬的，情感是肉，是软的；利益相当于钢的螺钉与螺母，而情感相当于其间的橡胶垫。这就是柔的意义。人都有个性、缺点，就像毛刺，把它们都包容下来，才能带一个队伍，才能融入一个圈子。

三是**发强刚毅**。

奋发图强，坚持有恒。后人用一个"挺"字总结曾国藩的思想，就是挺身入局、挺住，打不倒、拖不垮、摔不碎、砸不烂，而且刚直果断，敢想、敢干、敢闯。人活一世，要做成一番事业，才不枉此生，然而要做成点什么事，都得经个七灾八难的，面临若干困难。没有这颗上进心，没有巨大的热情，没有坚强的意志，没有坚忍的恒心，怎能做得成？

四是**齐庄中正**。

"齐"相当于"斋"，斋戒，沐浴熏香，这是什么？这叫虔诚。庄就是庄重，就是郑重其事、全神贯注、全力以赴，而不是视同儿戏。中正，就是适当、正直、公平。这样，才可得道多助。

五是**文理密察**。

认真仔细，周密严谨。细节决定成败。世界上的事最怕"认真"二字。马虎粗放，难以成事。

待人

- 对别人的期望与要求
- 以欣赏的眼光看别人
- 不抛弃，不放弃
- 处理人际关系问题的法宝
- 人生的意义最终在于收获感情
- 观人之法
- 服务领导要注意的两点
- 面向未来，春暖花开
- 做人要厚道
- 帮助别人成功是自己成功的基石
- 年轻的力量
- 四海之内皆兄弟
- 朋友问题
- 和为贵
- 交际的节点
- 善的四个关键词
- 要敢于对领导说"不"
- 博爱
- 统一思想是合作的基础
- 做个直人

对别人的期望与要求

君子有诸己而后求诸人。

——《大学》

子曰:"躬自厚而薄责于人,则远怨矣。"

——《论语·卫灵公》

人与人相处,不论是工作关系、朋友关系还是家人关系,彼此之间总有一份责任与义务,或者说是期望与要求。你期望领导的关照、朋友的支持、爱人的忠贞,但这有一个前提,你做到了吗?对于领导你是否忠于职守?对于朋友你是否真诚相助?对于爱人你是否灵魂和肉体都不曾开小差?如果自己没有做到,就不要去要求别人了。这就是"有诸己而后求诸人"。

也许,你确实做到了,并且做得很好,却感觉对方的关照不到位、支持不给力、忠贞有瑕疵,怎么办?**躬自厚而薄责于人**吧,对自己"狠"一点,对别人的期望与要求低一些,严以律己,宽以待人。

谁的眼睛都是雪亮的,你的付出就像春天的播种,总会在秋天里迎来丰收。有道是"路遥知马力,日久见人心",人与人之间的付出与回报,都应当放在一个长的周期里,不要只看眼前这一点上谁多谁少。

领导者,往往就是一个给别人提要求的人,对这两句话要多些反思。你发出的指令、提出的要求,要切合实际。是否切合实际的标准,就是自己是否做得到,或者自己是否已经做到了。有时,你能做到的，下属未必做得到，对此也不必气恼，因为，这正体现出了你的价值所在。

以欣赏的眼光看别人

人之有技，若己有之；人之彦圣，其心好之。

——《大学》

这是一种可贵的阳光心态：眼前这个人有一技之长、有强项，我就感觉那个强项就像我自己拥有似的；眼前这个人才德出众，我就由衷地喜欢他。相反的情况是，人往往在跟别人的比较中寻求幸福感，比不过人家就会失落、酸溜溜，就羡慕、忌妒、恨，于是就给人家挑毛病、找缺点，吃不着葡萄说葡萄酸，这样，心里就平衡一点，同时也就变得更加卑劣、狭隘。

单田芳的评书里常讲一句话：不服高人有罪。《唐语林》里有个故事：两个诗人都极为自负，一次偶遇，各自吟了一首得意之作来进行比较，高下立见，于是略逊一筹者立即下马行礼，以示心悦诚服，并虚心求教。

禅宗六祖惠能避难至广州法性寺，讲了一句"不是风动，不是幡动，仁者心动"，该寺住持就折服了，率全寺僧众拜于门下。这种真诚的欣赏，结果自然是双赢的。

《论语》记载，孔子听到人家歌唱得好听，就会请求人家再唱一遍，而自己则跟着人家哼唱。这种歌迷式的做法近乎可笑，却正反映出孔子乐善以从的阳光心态。

几年前，我在黄骅模具城管委会工作，与园区内的模具企业老板们关系处得特别融洽，凭着这个基础，我才建了模具网并使之得到发展。而相处的秘诀就是，我是由衷地欣赏他们，即便是很小的作坊式企业，一个老板带四五个员工打拼，也是要克服很多困难，是非常了不起的。孔子讲，三人行必有我师焉。以这种欣赏的眼光去看别人，走到哪里身边都是朋友。

不抛弃，不放弃

> 中也养不中，才也养不才，故人乐有贤父兄也。如中也弃不中，才也弃不才，则贤不肖之相去，其间不能以寸。
> ——《孟子·离娄下》

这个世界的道理在于，那些品性好的人得包容品性差一点的，有能耐的人得帮助能力差一点的。正因如此，品性好的、能力强的人，才被人喜爱，人们才都希望有这样的父兄。如果品性好的、能力强的都躲到一边图清静，过自己的好生活（精神生活或物质生活），而把那些差劲一点的人都扔在一边，甚至厌恶他们、怨恨他们，那样的话，这些所谓的品性好的也好不到哪里去，能力强的也强不到哪里去。

俗话讲，十个手指都不一样齐。人与人之间不论内在还是外在，都是千差万别的。一个注重学习、修养、仁爱、努力上进的人，通常更容易感受到这种差别。我学习，他不学习；我有修养，他没修养；我仁爱，他不仁爱；我努力，他不努力。这个"他"可能是你的员工、同事、配偶、子女、学生，甚至是领导或父母。

你一旦有了这个想法，就很危险了，因为，你之前所做的那些学习、修养、仁爱等所有正向的努力，都可能因为这个念头而转向反面。这时，我们尤其要把握好自己，要让自己能在正方向上更上一层楼。怎么办呢？

首先要提醒自己：别人身上这些不尽如人意的地方，恰恰突显出了自己的价值。就像一帮人拔河，别人力气都小，只有你力气最大，你的价值就突显出来了嘛。接下来，就是行动。还以拔河为例，这时你应该发挥自己力气大的优势，带领大家一起赢下这场比赛。该原谅的就原谅，该包容的就包容，该帮助的就帮助，不要抛弃他，不要放弃他。不然，输掉的不仅是他，而是你和所有人。

处理人际关系问题的法宝

> 上不怨天，下不尤人。失诸正鹄，反求诸其身。
> ——《中庸》
>
> 子曰："君子求诸己，小人求诸人。"
> ——《论语·卫灵公》
>
> 孟子曰："爱人不亲，反其仁；治人不治，反其智；礼人不答，反其敬。行有不得者，皆反求诸己，其身正而天下归之。"
> ——《孟子·离娄上》

箭没有射中靶心，不能怪靶子，也不能怪天气、怪别人，只能怪自己射术不精。凡事皆如此，出了问题不能怨天尤人，要怪只能怪自己，只能从自身找原因。俗语讲，赖汉子怪别人，好汉子怪自己。

简单讲就是：**不怨天，不尤人，行有不得，反求诸己**。后世儒家将这句话进一步概括为"反己"。

这种思维方式是处理人际关系问题的法宝。孟子讲得很生动：你爱他，他却不亲近你，你就要反省自己是不是做到了"仁"；你治理一帮人，治不好，就要反省自己是不是做到了"智"；你对人以礼相待，他却爱搭不理，你就要反省自己是不是做到了"敬"。

把自己调整好了，定然可以通行天下，畅通无阻。不过，有时你反省了一通，发现自己没问题，问题确实出在对方身上，那就无所谓了。既然你仁至义尽，却换不来对方的理解，那他简直跟禽兽差不多——与禽兽相处又有什么难的啊!

人通常都是"乌鸦落在猪身上——只看到别人黑,看不到自己黑",并且都是江山易改、本性难移。所以,即便问题出在某人身上,我们也很难去改变他,抱怨运气差也徒劳无益,只能调整自己。

我的服务器网速太慢,我就去找机房,跟人家说:准是这个共享的带宽里有其他服务器被攻击,殃及我们的了。机房检查了一通,结果发现是我们自己的一台服务器被攻击而出了问题。

人生的意义最终在于收获感情

> 贤贤易色;事父母,能竭其力;事君,能致其身;与朋友交,言而有信。虽曰未学,吾必谓之学矣。
> ——《论语·学而》

中国传统哲学的重点不同于西方哲学对宇宙的思考,而在于伦理。伦理的基础是五伦:君臣、父子、夫妇、兄弟、朋友。处理好这些关系,家庭就和睦了、社会就和谐了,家和万事兴,个人和国家就会有好的发展。怎样处理好五伦呢?用五常:仁、义、礼、智、信。五伦加五常,就是儒家思想的框架。所以,孔子说,一个人如果能把五伦处理好,即便没有专门学过儒家的东西,也不比那些学过的差。

而孝敬父母,收获的自然是血浓于水的天伦亲情。对领导的忠诚尽力,收获的是器重关爱。对朋友的无私帮助,收获的则是宝贵的友情。

人活着,最终的收获是感情。一个自私自利、机关算尽的人定然是众叛亲离的孤家寡人,没人疼没人爱,即便有人表面上与他亲近,也是为了他的钱或权,这样的人纵然有金山银山、权倾天下,也是可怜的。反之,一个有情有义、真诚待人的人,通常拥有稳固的人际关系,更容易赢得世俗的成功。

观人之法

> 问知。子曰:"知人。"
>
> ——《论语·颜渊》
>
> 不患人之不己知,患不知人也。
>
> ——《论语·学而》
>
> 视其所以,观其所由,察其所安。人焉廋哉?人焉廋哉?
>
> ——《论语·为政》
>
> 孟子曰:"存乎人者,莫良于眸子。眸子不能掩其恶。胸中正,则眸子瞭焉;胸中不正,则眸子眊焉。听其言也,观其眸子,人焉廋哉?"
>
> ——《孟子·离娄上》

什么叫智慧?知人就是智慧。既要对普遍的人性有了解,又要善于判断具体的某个人的能力、性格、偏好等状况。这需要广泛地学习、深入地思考,尤其要有敏锐的观察能力。中国古人相信,一个人的内心世界和关于命运的神秘信息,都会以某些细微的形式呈现于面容、手掌、骨骼上,都会从言谈举止、神态表情中流露出来。

对此,古人进行了细致的归纳总结,形成专门的学问和职业。我相信,古人对这种神秘的学问都是津津乐道的,就像今天的青年人都喜欢谈论血型和星座。

不过,即便借助这些神秘学问,要读透人心也是很难的。有道是:人心隔肚皮,做事两不知;画龙画虎难画骨,知人知面不知心。所以,历朝历代都有无数人能以坑蒙拐骗为生。然而,孔子和孟子竟然都颇为自负,夸口能凭借自己的观察方法,"人焉廋哉",就是被观察者什么也隐藏不了。

孔子用的是综合法,就像今天组织部考察干部,主要考察三方面:目前的工作状态、以往的出身经历以及兴趣爱好等。诸葛亮也是用类似的方法：问之以是非，而观其志；穷之以辞辩，而观其变；咨之以计谋，而观其识；告之以祸难，而观其勇；醉之以酒，而观其性；临之以利，而观其廉；期之以事，而观其信。这种方法的好处是周密严谨，缺点是费时费力。

如果观察人必须临机决断，就得用孟子的方法，看眼睛。**眼睛是心灵的窗户，最容易泄露心灵的秘密**。诚实无欺的人，他的眼神是稳定的；反之，则是飘忽不定的。

从眼睛得到的信息是最多的。不过，路遥知马力，日久见人心。在我看来，真正能做到"人焉廋哉"的，是时光。

服务领导要注意的两点

> 事君尽礼，人以为谄也。
> ——《论语·八佾》

顾准讲，中国文化是史官文化。依我看，说到底是官文化。这种官文化，在今天依旧没有多大改变。这固然可悲，但对于我们理解传统经典提供了一种模拟情境。

在这个模拟情境里，我们可以很方便地把古人的情境转化到现实中来。比如"事君"本义是服务君王，转化到现实中来，就可以理解为服务领导。

服务领导尽心竭力、细致周到，把该做的都做到位。这在外人看来，像是谄媚、巴结。甚至当事者自己也会怀疑自己：是不是太虚伪、太曲意逢迎了？孔子的这句话，算是一种鼓励吧：你做得没错，这是"尽礼"，是应该的。这里，有两点要引起我们的注意：

一是，年轻人要有服务意识。

这是饭局上一位前辈讲给我的,当时他给一位长者让座,形式类似战场上给首长敬礼,我稍稍一惊。不过,现场其乐融融,气氛欢快自然。这位前辈与我邻座,轻声指点我"年轻人要有服务意识",印入我心。

二是,领导也需要赞美。

人都需要表扬和赞美。培根则指出,官员在这方面的需求其实更强烈,因为,很多官员都被淹没于各种事务之间,没有自由和空闲,唯一的自我安慰是掌握权力的感觉,而这种感觉需要从别人那里得到验证,所以谄媚是受欢迎的。不过,更受欢迎的是赞美,因为恰如其分的赞美不但肯定了他的权力,而且肯定了他的才能或品德,总之,是肯定了他的人格。

面向未来,春暖花开

成事不说,遂事不谏,既往不咎。

——《论语·八佾》

往者不可谏,来者犹可追。

——《论语·微子》

前事不忘,后事之师。有的事我们必须忘掉,就像计算机,存的东西太多了,就影响运行速度。总背着过去的包袱,就太累了。可是,记住什么、忘记什么,往往不是自我所能掌控的,人生的烦恼多由此而生。对于这个问题,我们要给自己强化一个意识:爱应当记住,恨应当忘掉。因为人性中,爱的保质期比恨要短暂得多,通过强化这个意识,可以稍做平衡。

经营婚姻,明白这个道理很重要。多数女人都喜欢翻旧账,动不动就把陈芝麻烂谷子的事都翻出来复习一遍,以证明自己嫁给这个男人有多委屈。很多人恋爱时很豁达，"谁还没有个过去啊"，可一旦结了婚却总也放不下，于是跟幸福渐行渐远。

喜欢事后诸葛亮的人往往是最让人讨厌的，因为那样做于事无补，只能添堵，这人要是个领导就更讨厌了。如果谁动了你的奶酪，那你就抓紧去找下一块吧，不要在原地纠结打转。

走过的路后悔也没有用，你改变不了过去，但可以决定未来。

陶渊明讲，"**悟已往之不谏，知来者之可追**"，不愿意再为五斗米折腰，卷铺盖回家种地。袁了凡讲，"**从前种种，譬如昨日死；以后种种，譬如今日生**"，开始全新的活法。北野武的电影《坏孩子的天空》演的是两个问题少年的失败青春，影片最后，两人骑着单车，一人问：我们是不是完蛋了？另一人答：胡说，人生才刚刚开始！

最后，套用海子的一句诗与你共勉：面向未来，春暖花开。

做人要厚道

> 子贡问曰："有一言而可以终身行之者乎？"
> 子曰："其恕乎！己所不欲，勿施于人。"
> ——《论语·卫灵公》
>
> 子曰："参乎！吾道一以贯之。"
> 曾子曰："唯。"
> 子出，门人问曰："何谓也？"
> 曾子曰："夫子之道，忠恕而已矣。"
> ——《论语·里仁》

1993年，在美国芝加哥召开的世界宗教会议发布了《全球伦理宣言》，其中有一段被称为"黄金原则"："数千年来，人类的许多宗教和道德传统建立并坚持这样的准则：**己所不欲，勿施于人**。从另一面说就是：己所欲，施于人。"这一原则适用于所有家庭、社会、民族、国家、宗教之间的关系。

"己所不欲，勿施于人"，这是孔子的儒家思想对人类发展最大的贡献。而"己所欲，施于人"则是基督教在《圣经》中提出的原则。有人在两者之间进行比较，发现基督教的原则容易发展成以自我为中心，把自己的意志强加于人，因为你想得到的，别人未必想要。现在美国在全世界推行它的价值观，明显地反映出这个问题。而中国在外交上所奉行的"不干涉"原则，则体现了儒家的思维特点。

自己不想被欺骗，就不要欺骗别人；自己不想被伤害，就不要伤害别人；自己不想被压制，就不要压制别人……这叫什么呢？这就叫厚道嘛。

儒家一以贯之的忠恕啊、仁啊，说白了就是这句"做人要厚道"。这就是中国人所信奉的处理所有人际关系的黄金原则！

帮助别人成功是自己成功的基石

> 夫仁者，己欲立而立人，己欲达而达人。
>
> ——《论语·雍也》

仁者爱人，这爱不能说说而已，得落实到行动中，得表达出来。怎么表达呢？从两方面：一是，己所不欲，勿施于人；二是，己欲立而立人，己欲达而达人。自己不想要的，不强加给人，这是爱；自己想要的，也帮助别人得到，这也是爱。自己想要的东西有的别人未必需要，但有一样大家都想要，就是成功。"立"与"达"指的就是成功。

曾国藩讲过，一个人能把帮助别人成功作为自己的原则，谁会不喜欢聚到他的身边来呢？这是曾国藩成功的秘诀所在。一个篱笆三个桩，一个好汉三个帮。做事业靠的是得人。曾国藩有着史上最强的幕僚班底，其中上百人后来成为省部级官员，这里面有一个正循环的关系：曾国藩对手下得力之人，极力提携保举，每打一次胜仗，都会保举一大帮有功之人。被保举升官的人，自然对他感恩戴德。于是他打的胜仗更多，业绩更好，保举得更给力，更多才俊投奔其麾下，台面自然越做越大，最终形成一个多赢局面，而最大的赢家当然是曾国藩。

我也是把这段话作为公司人力资源管理的基本原则。然而，有一天一位员工向我提出辞职，他说："你的立什么达什么，我感觉很难实现。"为此，我反省了一通。过了一段时间，我关注到这位员工自己也创业了，其业务跟我公司的业务一样。我就很高兴，这说明，我是给了他一些经验的，这将有助于他创业成功。

我还有一点感想，与当领导或当老板的分享：当你为下属的不作为、不投入、不专注而愤怒时，你是否能站在他的立场上想一下他为何这样？你三四十岁时已经仕途得意，你在财富上已经是中产阶层或更高，而他还在做最基层的工作。你的愤怒，是不是因为他不是你的一个好"工具"呢？

年轻的力量

> 子曰："后生可畏，焉知来者之不如今也？"
> ——《论语·子罕》

这段话，既是对上点年纪的人的提醒，又是对年轻人的鼓励。它反映的是一种对年轻人的欣赏眼光、发展眼光，甚至是历史眼光。今天的舆论，看待年轻人喜欢以出生年代给人画线——80后如何，90后如何——貌似在某些做人品质上，不同年代的人之间有高下之分。然而，曾经浮躁的80后，正在成为各企事业单位的中坚，放眼望去，这个国家多数的工作，都是80后在拼命地干。为什么？因为曾经的80后二十来岁，正是玩的年纪；如今则四十不惑了。

岁月悄悄偷走了青春中无数的美好，同时又捎给我们那些需要岁月来积累的财富。列宁讲，面包会有的，牛奶也会有的。之所以现在没有，只是因为你还太年轻，你的积累周期还太短，那些你仰视的权力、财富、名誉、技能，只要你不放弃，再过些年，你也会得到，甚至会把它们踩于脚下。你要坚信，你就是那个可畏的后生。长江后浪推前浪，这种关于未来的无限可能性，就是年轻的力量！

当然，这种年轻的力量也体现在当下，而不需要等到未来去验证。十八九岁时，我在一篇文章中写道：创造历史的人，作为个体，可能是某些中年人，而作为群体，无疑是青年。青年是钱塘江的春潮，是喜马拉雅山的群峰，是无可阻挡的磅礴的力量。

不只是"五四"等政治运动中的青年群体，在各个领域推动人类社会创新发展的也往往都是年轻人！比如今天的互联网经济简直就像一场年轻人的游戏，一段时间风头最劲的Facebook的老板不过二十出头，公司市值过千亿美元。面对这样的小青年，你好意思讲人家"嘴上没毛，办事不牢"吗？

诺贝尔物理学奖获得者杨振宁曾讲：爱因斯坦26岁时写了六篇文章，其中三篇绝对是世界级的。有些科学领域特别适合年轻人走进去，年轻人知识面不够广，要解决具体问题的时候只专注在这一个问题上面，只对着这一点用功，勇往直前，势不可当；到年纪大了以后，学的面就广了，顾虑也多了。初生牛犊不怕虎，纯真、激情、勇气、想象力、创新，等等，这些都是年轻的力量！

年轻是相对的，其实，每个人都可能是个可畏的"后生"，都有年轻的力量。

四海之内皆兄弟

> 君子敬而无失，与人恭而有礼，四海之内，皆兄弟也。君子何患乎无兄弟也？
> ——《论语·颜渊》

孔子的学生司马牛是个独生子，没有兄弟，为此他很遗憾。子夏同学就安慰他：有无亲生兄弟是天注定，但只要敞开怀抱，去真诚地关爱别人，四海之内皆兄弟。这让我想到三点：

一是，今天的很多独生子女都跟司马牛有相同的遗憾，特别是面临父母亡故时，会有深深的无助感。面对冷漠的人情、无常的命运，有一两个血浓于水的同胞兄弟姐妹确实是人生最安稳的依靠，这是非常需要珍惜的。

二是，古往今来，从民间到高层都存在一种"盟兄弟"文化。"盟兄弟"也叫结拜兄弟、把兄弟，还有文雅的说法是金兰兄弟，来自《周易》的"**二人同心，其利断金**；同心之言，其臭如兰"。最有名的是刘关张桃园三结义，其他如三侠五义、梁山好汉等江湖故事，几乎都是在讲一群"盟兄弟"做了怎样的事。

另外，还有些人热衷于认干爹干妈。这一方面是因为他们更看重人情，另一方面也可以看作更加紧密的利益联盟形式。结拜为盟兄弟一般要经过诸如饮血酒、叩头换帖、对天盟誓之类的仪式，对彼此的父母也要以"爹""娘"相称。我可能做不到这些，所以没有拜过。

三是，"民胞物与"的博爱情怀。宋代大儒张载的著作《西铭》是后世儒家的经典，其中提出一个观点："民吾同胞，物吾与也。"意思是，人应当有一种博爱情怀，要把天地之间的人类看作一个大家庭，把所有物种都看作人类的同伴。学生时代我也写过一篇文章，认为在亲情、友情、爱情之外，还应当强调"人情"，即在浩瀚宇宙间同为人类的惺惺相惜之情。

朋友问题

> 子贡问友。子曰:"忠告而善道之,不可则止,毋自辱焉。"
>
> ——《论语·颜渊》
>
> 故旧无大故,则不弃也,无求备于一人。
>
> ——《论语·微子》
>
> 曾子曰:"君子以文会友,以友辅仁。"
>
> ——《论语·颜渊》
>
> 孔子曰:"益者三友,损者三友。友直,友谅,友多闻,益矣。友便辟,友善柔,友便佞,损矣。"
>
> ——《论语·季氏》
>
> 万章问曰:"敢问友。"孟子曰:"不挟长,不挟贵,不挟兄弟而友。"
>
> ——《孟子·万章下》

这几段都是讲朋友问题:要交好的朋友,不要交坏的朋友;好的朋友应当是正直的、诚实的、博学多闻的;朋友之间必须是平等的,要能忽视地位的差别,应当互相勉励支持,共同提升能力和修养;朋友之间也有亲疏远近之分,彼此之间的交流也要把握分寸,不能好心却伤和气;等等。

有几点值得思考:

一是,**朋友是可遇不可求的。**

我十几岁时第一次远离家人,独自在异乡求学,当时特别想尽快地交几个朋友,但期望越大失望就越大,后来不知在哪里看到这句"朋友是可遇不可求的",才把自己从烦恼中解脱出来。什么人能成为朋友,就跟什么人能成为爱人一样,靠的是一种不可思议的缘分,强求不来。

二是,朋友之间应当既有"君子之交"的恬淡悠远,又有"小人之交"的开心快乐。

曾子讲过，庄甚则不亲，狎足以交欢。朋友之间太庄重就不亲切了，彼此"放肆"、随便一点，更能增进感情。爱情也一样，两个人总是举案齐眉、相敬如宾，就太没情趣了，太寡淡乏味了。不过要警醒的是，朋友之间主要不是快乐问题，而是生存和发展问题，酒肉朋友更开心，但其中常有小人，他可能冷不丁给你造成伤害。

三是，不能对朋友竭忠尽欢、过于苛责，要给彼此留出空间来。

有个小故事，说孔子要出行，天在下雨，他的车是个敞篷车，没有车盖。有学生说，子夏同学家里有，可以跟他借。孔子说，子夏是比较吝啬的人，还是不借为好。交朋友要看对方的优点，尽量避开对方的缺点，这样双方的交情才能长久。

人彼此走得太近时，身上的刺刺到对方的概率就更高，所以夫妻之间吵架最多，朋友之间也难免有些小矛盾、小伤害。要懂得珍惜和包容，特别是老朋友，只要没有什么原则性的问题，就不要轻易放弃。这个道理也适用于对待老员工。

另外，关于"以友辅仁"，前贤有很多精到的说法。如荀子讲，一个人如果能有一群好朋友，就会像"蓬生麻中，不扶而直"。曾国藩当年初入京城，身边有一帮良师益友，让他受益匪浅，他在给弟弟们的信里便这样描述："师友挟持，虽懦夫亦有立志。"

和为贵

> 子曰："君子和而不同，小人同而不和。"
> ——《论语·子路》
>
> 有子曰："礼之用，和为贵。先王之道，斯为美。"
> ——《论语·学而》

2008年北京奥运会的开幕式表演，突出了一个大大的"和"字，以此来显示中华文明的核心价值。在儒家思想中，"仁"是手段，"和"是目的。所有的人际关系，国家、民族、文明、社会阶层之间的关系，还有宇宙万物之间的关系，它们的发展都是为了实现"和"，即和谐、相互生发、共同繁荣。《周易》讲："保合太和，乃利贞。"意思是追求最高的和谐，才能实现永恒的利益。

《左传》里有一段著名的"和同之辩"，认为，我们追求的应当是和谐，而不是相同；和谐才能发展，相同没有出路。烹饪要用到油、盐、酱、醋等不同的调料，音乐要有宫、商、角、徵、羽等不同的音阶，把这些不同的东西调和在一起，才好吃、好听。如果都是相同的调料或音阶，就没法吃、没法听了。

哲学家罗素讲，参差多样才是幸福的本源。不论是自然界，还是人类社会，多样性都是物种生存和进化的必要条件。正因为有动物、有植物、有海洋、有森林，生命才不断发展；有男人、有女人、有各种各样的人，生活才多姿多彩；百家争鸣、百花齐放，思想才更深刻。而维持这种多样性的机制、规律和力量，就是"和"。

在人生层面上，"和而不同"应当作为人际交往的基本信念。大家工作、生活在一起，要尊重彼此的生活方式、人生观，鼓励个性的发展，而不要用自己的标准去衡量别人，不要把自己的意志强加于人。夫妻之间也一样，志同道合固然好，性格迥异也不错，因为那样能彼此互补、相得益彰啊。

家和万事兴。天时不如地利，地利不如人和。不和，什么都白扯。所以，和为贵。

另外，有些问题和矛盾几乎是无解的，在这种情况下，和和稀泥未尝不可。

交际的节点

> 樊迟问仁，子曰："居处恭，执事敬，与人忠。虽之夷狄，不可弃也。"
>
> ——《论语·子路》
>
> 万章问曰："敢问交际何心也？"孟子曰："恭也。"
>
> ——《孟子·万章下》

我理解，交际是在亲情、友情、爱情之外，或者在五伦之外的人际交往。比如业务员的拜访客户、官员的接待群众、工作中的各种迎来送往，都是交际。儒家认为，交际之道，重在一个"恭"字，这个字大致可理解为：恭敬、认真、真诚、严肃、不卑不亢、言而有信。

孔子讲，言谈举止恭敬严肃，办事认真地道，待人诚实无欺，说话有根据，以此态度去跟野蛮人打交道也没有问题。鸦片战争后，清朝官员对洋人又恨又怕，外交活动无所适从。曾国藩用孔子的这句话指点李鸿章与洋人打交道，取得了积极的成效。

上述这些一般是交际的正道。但这种平实的道理，往往被人忽视。人们喜欢听新鲜的说法。下面，我讲些新鲜的。

我认为，交际有一个节点，过了这个节点，交际就是成功的；过不了，就还是半吊子。这个节点就是把对方工作的表情变成生活的表情。每个人都有这两种表情，就像两张面具，戴哪张面具取决于面对什么人——对家人、朋友一般就是生活的表情，对另外的人则是工作的表情。

我用一个陌生的手机号给朋友打电话，接通后，电话那头传来非常职业的声音："你好，哪位？"立即就把我逗乐了："我呀！"对方的笑声也立即传了过来。这就是工作表情与生活表情的切换。孔子所讲的恭、敬、忠，都是工作的表情，如果你的领导、客户都还是以此表情面对你，那你们的关系就还是有问题的。交际能力的高低，就在于转化对方表情的能力。

善的四个关键词

> 大舜有大焉，善与人同，舍己从人，乐取于人以为善。自耕稼、陶、渔以至为帝，无非取于人者。取诸人以为善，是与人为善者也。故君子莫大乎与人为善。
> ——《孟子·公孙丑上》
>
> 子曰："君子成人之美，不成人之恶。小人反是。"
> ——《论语·颜渊》

舜的故事在《尚书》《左传》《史记》中都有较详细的记载，而且极具戏剧性。舜好像是被捡来让家人虐待的，父母兄弟都恨不得置他于死地而后快。有一次，他父亲骗他爬上仓廪，然后在下面放火，要烧死他；还有一次骗他下井，然后父亲和弟弟在上面把井口封死，这回以为舜必定被整死了，父母和弟弟就把舜的老婆、牛羊、财产都给瓜分了。可每次舜都奇迹般地生还，他不但不报复，反而对父母更加孝顺，对弟弟更加关爱。舜就是如此善良，俨然善的化身。

孟子的这段话是对舜的致敬，更是对人性中善的宣扬，并且强调了四个关键词：善与人同、舍己从人、取人为善、与人为善。

先说"善与人同"。网上有个流传很广的小故事：美国某著名大学紧邻贫民区，学校附近治安混乱，怎么办呢？学校就把贫民区买下来，改造成了校园。但问题没有解决，原来的贫民只是随校园的拓展外迁了一点，还是住在学校附近。

后来，学校接受了一位智者的建议，他们开放教育资源，帮助贫民提高教育水平，贫民素质得到了提高，最终治安问题得到了根本解决。把善意、好东西与人分享、共享，这是"善与人同"的另一种含义。还有一种含义类似于见贤思齐：要主动向人学习，不断接近高人的境界水平。

再说"舍己从人"。这类似于孔子所讲的"毋我"、佛教的"无我"、道家的"无执"。多数人都是以自我为中心，而且会暗自评估自己与对方的智力和能力，如果判断对方低于自己，但情境要求弱化自己的意志，并完全接受对方的意志，这实在是非常困难的。

所以，海尔在培训客服人员时，不断灌输一个思想：永远自以为非。要坚决地否定自己，要服从，不论是对客户，还是对领导，或是面对国家机器。我看冯友兰、季羡林回忆当年"思想改造"的文章，发现**否定自己对每个人来讲都是痛苦的，但是于生存有利**。

最后说"取人为善""与人为善"。曾国藩在教育子弟时对此格外强调。我国一位领导人在一次国际会议上也引用这句话，来强调国际之间应当努力实现"善"的共赢。不论是索取，还是给予，或是共处，都应当秉持善心、善念，以善的手段，共同实现善的目标。

要敢于对领导说"不"

> 君子之事君也，务引其君以当道，志于仁而已。
> ——《孟子·告子下》
>
> 惟大人为能格君心之非。
> ——《孟子·离娄上》
>
> 责难于君谓之恭，陈善闭邪谓之敬，吾君不能谓之贼。
> ——《孟子·离娄上》
>
> 直道而事人，焉往而不三黜？
> ——《论语·微子》
>
> 事君数，斯辱矣；朋友数，斯疏矣。
> ——《论语·里仁》
>
> 所谓大臣者，以道事君，不可则止。
> ——《论语·先进》

关于怎样事君为臣，怎样服务领导，孟子与孔子的态度有着明显差异：孟子是刚直激烈的，强调做忠臣就要纠正君主的错误，要敢于责难君主，要把君主引领到正道上来；而孔子则认为，直道而事人会被领导讨厌，意见提得多了常会自取其辱，所以，对领导做到忠诚、恭敬就足矣。

这种差异并不在于孟子的思想境界高，而是因为孟子一生是职业学者，没有做过官，有几分"站着说话不腰疼"的意思。而孔子则有事君的实践，备尝其中的艰辛。历史上，多数官员大臣是按孔子的教导行事的，尽力而为，明哲保身，从而形成了一套影响至今的官场文化。

而那些践行孟子理想的官员，有的因为对皇帝说"不"而丢了性命，也有的因为显露出"文死谏"的赤胆忠心而被赏识提拔。这两种结局常常取决于这个当事的皇帝是昏君还是明主。遇到商纣王，就全是忠臣惨死的悲剧；遇到唐太宗，就成了喜剧。

《唐语林》里就有一段搞笑故事：有人送给唐太宗一只小鹰，唐太宗是马上皇帝，对这种猛禽非常喜爱，童心大发，把玩不已。这时魏徵突然来汇报工作，他是喜欢教训皇帝的，唐太宗怕他说自己玩物丧志之类的话，急忙把小鹰塞进衣服，夹在胳肢窝里。也不知道魏徵是否看出来了，反正，他的汇报时间很长，等他走后，小鹰早就闷死了。

类似的事肯定很多，有一次唐太宗气坏了，当面没有发作，回到后宫就冲长孙皇后发火：我非得杀了魏徵这个乡巴佬！不过发泄一通之后，照样器重魏徵。这样的君臣佳话，和孟子的"圣贤"教导，在一定程度上，形成了中国人的忠臣情结。谁都想当忠臣，不想当奸臣。

如上所述，做忠臣有可能会得到喜剧结果。向领导说"不"，固然有风险，但风险与机遇并存。一味地唯命是从，或者阿谀逢迎，就得不到重视。曾国藩早年做京官平步青云，一定程度上得益于当年痛批咸丰皇帝的一封奏折，这使他进一步进入皇帝的视野，在同僚之间也树立了声望。

而站在老板的角度，面对员工的批评，我有体会，那真是非常难受：感觉自己的智慧和权威不能得到员工的认可，并且认为这会给事业的开展带来负面影响，比如不能令行禁止、不能形成强有力的共识、员工不好驾驭等。怎么办呢？只能以理制情，以唐太宗的虚心纳谏来开导自己。

领导者既能维护自己的权威，又能接受下属的批评，及时修正错误；既尊重下属的价值和才能，使其发挥主观能动性，又能有效驾驭，避免失控——这真是需要大智慧。

博爱

> 老吾老，以及人之老；幼吾幼，以及人之幼。
> ——《孟子·梁惠王上》
>
> 推恩足以保四海，不推恩无以保妻子。
> ——《孟子·梁惠王上》
>
> 泛爱众，而亲仁。
> ——《论语·学而》
>
> 亲亲而仁民，仁民而爱物。
> ——《孟子·尽心上》

关爱自己的父母，这种情感也施及别的老人；关爱自己的孩子，这种情感也施及别的孩子。爱最先产生于最亲的人之间，但不局限于亲人，爱会拓展，爱有外延，大爱无边，爱包容人类及宇宙万物。

小时候偶尔看到妈妈哭泣，我们就会不由自主地跟着哭。毕业时，一个同学哭了，很快大家就哭成一片。几天前，一个同事调离，他向大家告别时哽咽了，我的眼眶也立即感觉湿润了。

悲伤是最容易传染的，不限于人与人之间，一只受伤的小麻雀的眼神也会让我们心酸，衰草与落叶也会让我们伤怀。我们爱孩子，爱小宠物，也爱山野间的小花，还爱溪涧里捡起的小卵石。这爱与悲，都是根植于人性的、自然而然的。而这种及于他人与万物的爱，有一个现代的称谓：博爱！法国的国家格言就是：自由、平等、博爱。

孙中山曾以"博爱"二字书赠友人，后来被镌刻于中山陵，成为孙中山精神的灵魂。在实践中，博爱要从尊老爱幼开始，从对弱势群体的支持开始，从同情开始。

村里有人成了大老板，自己的父母都不在了，他到过年过节就给全村的老人送红包。

我们钱少虽不能给老人送红包，但可以在公交车上给老人让座，开车时心平气和地避让骑单车的愣头小子，给灾区捐点衣物，给所有需要帮助的人献出一点力所能及的关爱。

博爱情怀的关键是推恩。爱自己的老人和孩子，一般人都没问题。秦桧是个坏蛋，但他在家里未必不是个孝子、慈父。那些犯下滔天罪行的恶人，在家人眼里未必有过恶的表现。但是，如果只把爱留在家里，到了外面就只剩下恶了，那这样的人早晚要付出代价，最终"无以保妻子"。只有努力地把对家人的爱推及社会，你才会收获平安和幸福。

统一思想是合作的基础

子曰："道不同，不相为谋。"
——《论语·卫灵公》

当年胡适与李大钊有一场论战，胡适主张"多谈些问题，少谈些主义"；李大钊则指出，要想解决大的问题，必须用某种主义把人们集合起来、动员起来。历史证明，李大钊是对的。所谓"主义"，其实就是孔子这里所讲的"道"。

为什么抗日战争后，毛泽东跟蒋介石不能坐下来一起协商建国呢？

说到底是因为"道不同，不相为谋"。为什么毛泽东能打败蒋介石呢？说到底，是因为毛泽东的团队和他们领导的共产党志同道合、团结一心，战斗力就强；而蒋介石统驭的各路军阀志不同道不合、人心涣散，战斗力就差。

人们通常为了实现各自的利益而走到一起，来共同完成一件事。但如《史记》所讲："以权利合者，权利尽而交疏。"古人还讲："以利相交，利尽则散；以势相交，势去则倾；以权相交，权失则弃；以情相交，情逝则人伤；唯以心相交，方成其久远。"单纯以利益为基础的合作是不稳固的，随时会因为利益分配、利害转化等问题而分崩离析。稳固的合作基础是"以心相交"，就是达成思想的一致，价值观和人生观、事业观的一致，也就是"道"的一致。

毛泽东抓住了这个关键，在秋收起义之后的"三湾改编"时，他创造性地把党支部建在连队，给军队都配上政委，专门做思想工作。如今很多企业都搞企业文化，也是如此，就是要统一思想，变同事、同伴为同志、同道。统一思想的方式有两种：一种是一方向另一方灌输，适用于上对下，特别是人数众多的组织；另一种则是密切地交流互动、共同探讨，达成一致，适用于平等的双方或者小的团队。

▎做个直人▎

> 或曰："以德报怨，何如？"
> 子曰："何以报德？以直报怨，以德报德。"
> ——《论语·宪问》
>
> 匿怨而友其人，左丘明耻之，丘亦耻之。
> ——《论语·公冶长》

孔子提倡宽容，但不是无原则的。对于小人，他经常毫不掩饰自己的厌恶，立场鲜明，疾恶如仇。钱穆认为，孔子的一大个性就是"直"。生活中，所谓的"直人"挺多的，有的自我调侃：我是个直人啊，直肠子。

《圣经》里讲：你打我的左脸，那我的右脸也任你打。儒家则不然：别人伤害我，我不用勉强自己去原谅他，更不必假装没事一样，还跟人家称兄道弟套近乎——那样太虚伪了。人生在世，有朋友就有冤家，有喜欢你的，就有不喜欢你的。物以类聚，人以群分。强求跟所有人都站在一条阵线上是办不到的。

做个直人就是不装——好就是好，坏就是坏；亲就是亲，远就是远；喜欢就是喜欢，讨厌就是讨厌——不伤害别人，也不容忍被人伤害。人不犯我，我不犯人；人若犯我，我必犯人。一饭之德必偿，睚眦之怨必报。这就是"以直报怨"。

当然，这个"直"不是一根筋，性如烈火、沾火就着，不分场合不看情况地表露自己的态度和意见。儒家时刻强调一个重要的原则，就是保身，要避免自己受到伤害。君子报仇十年不晚，有时委曲求全是难免的。

处事

| 第一个伟大的学生 |
| 人生贵有恒 |
| 尝试者赢 |
| 乘势者胜 |
| 要有天地人的整体观 |
想到就做		大事是怎样做成的
热爱自己的工作		小不忍则乱大谋
对事业要有超然的态度		你是好人
要培养预见能力		赢得信任是前提
做事之道		让为我所用的东西锋利精良
凡事要有先付出的意识		儒家的人才观
靠脑袋吃饭		追随那些了不起的人
对节俭的反思		怎样说话
胆大要有度		怎样听人说话

想到就做

> 季文子三思而后行。子闻之,曰:"再,斯可矣。"
> ——《论语·公冶长》

冲动是魔鬼。年轻人血气方刚,所以凡事提醒自己"三思而后行",是必要的。不过,孔子认为,也不能思前想后没完没了,正反两方面都想一下——最好的或最坏的结果是什么——如果最坏的结果自己也能承受,就可以放手去做。

人的内心是有差异的,就像体型有高矮胖瘦,有的人是思想型的,有的人是行动型的。而且,就像体型在随年龄而变化,内心也在变化。对于这些差异,你要有一个判断。思想型的人,就应当鼓励自己再果敢一点;行动型的,就应当再沉住气一点。

不过,有一点要明确:这个世界主要是靠行动型的人来改变的。自古英雄出少年,很多大人物三十出头就开创出丰功伟绩:西楚霸王项羽30岁就"不朽"了,马克思、恩格斯20多岁就写出了《共产党宣言》,胡适也是20多岁就开启了白话文的时代,很多富豪更是如此。人成功,不仅要靠智商、思想、知识、方法,还要靠不断地尝试,靠冲,靠闯,靠干。很多看似无解的、不可能完成的事情,在实干中不断绝处逢生。

松下幸之助讲过一个问题:有的设想在资深的专家、技术骨干看来,根本没法做成,可交给一些资历较浅的年轻技术人员,却都能实现。经验不可靠,思想也不可靠,实践出真知。也有很多人是被逼无奈，本着"生死有命，富贵在天"的态度，眼一闭、心一横，就干了，干着干着就成了。

夜想千条计，天亮照样卖豆腐。该出手时，就出手吧。

热爱自己的工作

> 知之者不如好之者，好之者不如乐之者。
> ——《论语·雍也》

"知之"是第一境界，是基础，不"知之"，就没法做；"好之"是第二境界，**热爱才有热情，才会全力投入**；"乐之"是最高境界，把工作作为一种艺术，作为快乐之源，作为人生最大的享受，用基督教《圣经》的话讲：人莫强如在他经营的事上喜乐。

关键在于第二境界——要热爱自己的工作。有人问比尔·盖茨，怎样才能取得他这样的成就，他回答：热爱。只有热爱，才能保持持久的激情，才能感受到持久的乐趣。

然而，很多人并不喜爱自己的工作，却不得不做。一是因为需要谋生。我爱读书，可读书不能当饭吃；我不爱这个工作，但它给我带来金钱。二是因为虚荣。虽然你从心底不喜欢这个工作，但它承载着权力或金钱，使你看上去更像一个成功者，更被人们羡慕和尊重。这样的工作有一个最大的问题，就是没有心灵的回报。你终有一天会厌倦，会认为把生命与精力放在它上面不值得，可是时光回不去了！

对于一个草根出身的人，要立定一个与权力或金钱关系不密切的志向，需要莫大的勇气。但你要明白，**站在生命的高度，根据自己的天赋，做自己热爱的事，是实现人生价值的唯一方式**。

对事业要有超然的态度

> 子曰："志于道，据于德，依于仁，游于艺。"
>
> ——《论语·述而》

这四条也能组成一个人生的框架：

"志于道"是人生大方向。所谓"朝闻道，夕死可矣"，所谓"止于至善"，都是讲这个问题的，人生要有一个终极的追求，不断提高修养，造福天下。

"据于德"是人生大基础。儒家认为，道德是做人、为政、治国的基础，道德的践行者可以取得做人、为政、治国的成功；同时又认为，有无道德是衡量成败的标准。人活一世，盖棺论定时不是看他挣了多少钱，也不是看他当了多大的官，而是先要看他在道德上是否站得住脚。儒家讲人有"三不朽"，第一位就是"立德"。那些流芳百世的人，一般都给后人以道德上的感动。

"依于仁"是人生大原则。不论说话还是做事，一切活动，都力求符合"仁"。仁是什么？仁是"克己复礼"，克制自己的欲望、情绪，一切按规矩办、按规律办，遵守法律法规，遵守道德和社会风俗，遵守各种层面的游戏规则，尊重科学和常识，等等。

"游于艺"最妙，这个"艺"指技能，可以是做学问，也可以是画画唱歌，还可以是经营企业，总之，可以是某种职业或事业。"游于艺"就是对事业应有一种"游"的态度，说白了就是玩的态度。也许你要问，孔子这样严谨的人怎么会有这样草率的做事态度呢？不是的。这种玩的态度，是建立在"志于道，据于德，依于仁"的郑重其事、认真严肃的人生大背景之下的超然与洒脱，是对事业的热爱，甚至是享受。

要培养预见能力

> 凡事豫则立，不豫则废。
>
> ——《中庸》

"豫"就是"预"，预见、预备、预测、预防、预算、预计、预谋，对将要发生还未发生的事，提前做一些打算。这基于人的预见能力。地震来临前，很多动物会事先感知，可见，预见能力是一种本能。中国古人对于这种能力的培养是高度重视的，所以，才有了《周易》。民间不乏神机妙算的"半仙儿"，虽然多数都是故弄玄虚的。

不过，史书里确实记载了很多有先见之明的人。比如，三国时曹操的大谋士荀彧看到自己的家乡坐落在兵家必争之地，战乱之际可能会遭掳掠杀戮，于是就举家搬迁到别的地方，不久后那个村庄果然被乱军烧光了。

富有远见是一个领导者最大的魅力，预见能力的高低往往与事业的大小成正比。咱们小老百姓日子过得好坏，也靠这种能力，**有道是"吃不穷，花不穷，算计不到就受穷"，算计就是预见。**

预见能力的培养，离不开学习、阅历、见识、思考、观察。这些说来轻巧，做来难，我也不充内行，这里只提三点：

一是，凡是可能会出的问题，早晚会出。开车可能会发生意外事故，必须买保险。住在地震活跃区，必须掌握防震抗震的知识。学习汶川那位"史上最牛校长"，没事时做两次地震演习。公共事业可能会出各种问题，分别做出预案来，如果真出事，就会好办一些。

二是，打人一拳，要防人一脚。问题不是凭空来的，都有因果关系，自己做了什么自己最清楚，相应的后果或早或晚总会找上门来。

三是，很多情况都是必然的。下一秒我还在写这篇文章，明天我还在上班，明年我还生活在这个城市——在这种稳定的预期下做好自己的规划，生活更有章法。

做事之道

> 博学之，审问之，慎思之，明辨之，笃行之。
> ——《中庸》

对于怎样学习、做事，或追求真理，古人用这一句话就写绝了，后人再写不出比这更概括、更全面、更有影响力的话来了。

"博学之"，要广博地学习。就像法官断案，不能只听一面之词，原告、被告双方的话都得认真听，还得听方方面面相关人员的意见，这样才可能接近案件的真相。我们学习儒家思想，同样不能狭隘了，要对诸子百家乃至西方哲学、宗教，都有大致的了解，才能吃得透儒家。培根讲，经验丰富的人可以处理好一些事情，但综观整体、运筹全局，唯有博学之士才能做得到。

"审问之"，这个"审"字的意思近于检查、发现问题。荀子讲："审，谓详观其道也。"我们要善于跳出圈外，审视自己在做的事，及时发现问题，及时向人请教。

"慎思之"，这个"慎"字的意思是强调思考要周密、严谨、小心。小心什么呢？小心失败，小心危险，要安全第一，生产第二。

"明辨之"，明辨什么？辨是非、黑白、美丑、善恶、对错、阴阳等。有种说法：人生成败在于选择，选择大于努力。一件事，你选择错了，越努力，失败得就越彻底。

"笃行之"，就是坚持做，大胆做，虔诚地心无旁骛、一往无前地做。学、问、思、辨，如果不做也是一场空，要学以致用，要挥洒汗水，要开花结果，要收获现实的成功与幸福，要让这世界因你而不同！另外，如《史记》所讲："**断而敢行，鬼神避之。**"行动力强的人善于把生米煮成熟饭，这时，原有的博弈局面被打破，外部环境和路径都变化了，原本不行的，也变成行的了。

凡事要有先付出的意识

先事后得，非崇德与？

——《论语·颜渊》

事君，敬其事而后其食。

——《论语·卫灵公》

我十一二岁时，有一天在家门口的池塘边玩，村里一对父子正在拉网捕鱼，他们分别在池塘的两边，一起把网向前拽。孩子只有八九岁，拉得很吃力，他父亲招呼我给搭把手。我随口说："好啊，但一会儿你得给我点鱼才行。"那个父亲就不高兴了，说："你这孩子还没怎样，就讲条件。"他儿子也很有志气，干脆讲："我不用他帮！"这件事，我每次想起来都非常惭愧，这让我明白了一个道理：一上来就跟人讲条件，"你要是不怎样，我就不怎样"，这不好。凡事应当先付出，做在前面，然后，对方一般会给予你回报的。

这个意识放在商业上，就是服务先行，这是销售铁律。通常在赢得一个客户前，我们都需要投入大量的时间和精力，甚至一点都不少于在履行订单的过程中所要付出的。而且，越是重要的客户，这种前期的付出就越多。我的公司现在为某公司提供虚网服务，为了这个业务，我们在一分钱没收的情况下，给他们做了一年服务。

这个意识放在情感上，就是将心比心。不论是亲人之间，还是恋人之间，付出在前，总没错的。

这个意识放在工作上，就是要明白，老板的眼睛都是雪亮的，你一声不吭地把事都办好了，不用你说什么，他也会给你涨工资、发奖金的，他会担心这样的人炒他的鱿鱼。相反，还没怎么着呢，就跟老板讲条件，你再强，他也不会稀罕你的，即便他在理智上认可你的能力，情感上也不容易接受你。

这个意识放在谋略上，就是"将欲取之，必先与之"。你想从对方那里得到你要的东西,就要先给他他想要的东西,以此来"麻痹"他,赢得他的好感。

这个意识放在人生上,就是要有一种乐观主义精神,**要坚信:付出总会有回报**。付出就是赢得机遇的准备。

当然,也不能实心眼啊,对于这个付出的对象要有个起码的判断,拿不准的,必须先小人后君子,把条件讲好。另外,要分析一下自己期望的这个回报是否过分,如果大大高于你的付出,那可能就是个圈套。

靠脑袋吃饭

> 或劳心,或劳力。劳心者治人,劳力者治于人。
> ——《孟子·滕文公上》

天生我材必有用。人一生下来,生存的基本条件就是全的,有本能——能看、能听、能吃、能拉,以后还能思考、能劳动——有脑子,有双手,这些都是我们的人力资本。不分高低贵贱,除了一些残疾人,这一点上,大家是平等的。之所以慢慢变得不平等,是因为每个人对人力资本的使用方式有差别。孟子将这种差别概括为:劳心与劳力。心与力是人力资本的两大组成部分,心指脑袋,力指身体。说白了,**人的差别在于靠脑袋吃饭,还是靠身体吃饭**。

现实中,我们看到一些靠身体吃饭的工作同样非常赚钱,比如体育明星、模特、高级蓝领等。俗话说,**智养千口,力养一身**。说到底,靠脑袋吃饭要比靠身体吃饭更有前途。即便靠身体吃饭的人,其中赚钱最多的,肯定也是脑袋最好使的。**巴菲特讲,除了阅读和思考,什么也不做**。这就是靠脑袋吃饭的最高境界。

不过呢,也不能光剩个大脑袋,细胳膊细腿,手无缚鸡之力,也不行。对自己也得文明其精神,野蛮其体魄。

如果你在为生存问题而烦恼，那就想想一休哥的样子吧，还有那句甜美的女声歌词："啊，开动脑筋呀！"

对了，要说得再文雅一点，就是：靠智慧生存。

对节俭的反思

> 子曰："奢则不孙，俭则固。与其不孙也，宁固。"
> ——《论语·述而》

奢侈肯定不好，对于一般收入的人来讲，奢侈就意味着打肿脸充胖子，寅吃卯粮，月光族；对于富人来讲，奢侈可能表现为炫富，可能会刺激别人的仇富心理，埋下危险的种子。我们的文化向来是提倡节俭的，但过度节俭好吗？孔子就认为，节俭容易让人固陋。什么叫固陋呢？

比如，人际交往是有成本的，大家经常聚在一起吃吃喝喝，总不能光让人家掏钱吧。单日子不请客，双日子吃人家，时间久了，别人聚会时就不叫上你了。你没圈子，没人脉，自然就"固陋"了。

再如，好多时尚的东西，都是比较贵的。上岛咖啡30元一小杯，够买30瓶纯净水了。苹果（iPhone）手机也比一般的手机贵很多。诸如此类的消费，太多了。论节俭，这些东西都不沾，那样的话，你不可避免地就"固陋"了。

在世俗之间，这一点让人挺无奈的。我小时候，家里条件一般，父母非常节俭。记得有一次班里的课外活动，同学递给我一瓶汽水，我竟然不知道怎么启开，结果把瓶子给启破了，窘得无地自容。所以，现在我自己带孩子，只要经济条件允许，吃喝玩的这些东西，能让他们体验的，就让他们体验一下。

《史记》里还有一个著名的故事讲了这个问题。富豪陶朱公的二儿子在楚国犯了死罪，他准备派小儿子带一车黄金去贿赂楚国的重要人物，来营救二儿子。对此，大儿子感觉很没面子，认为父亲看不起自己，陶朱公的老婆也执意让大儿子去，陶朱公无奈，就让大儿子去了。

大儿子把黄金送给那位重要人物之后，那人就去忽悠楚王，要他大赦天下。大儿子听说楚王要大赦天下，认为兄弟肯定有救了，就想到那车黄金是家里多年的积蓄，来之不易，反正大赦了，就去把黄金给要了回来。那位重要人物感觉很没面子，于是又去见楚王，编了一套说辞，结果先杀了陶朱公的二儿子，才大赦天下。但若让小儿子去营救，则不会是此结果，因为小儿子生来家里就已富贵，出手一向大方，而大儿子随父母经历艰苦，不舍钱财，结果铸成大错。

很多节俭之人流于吝啬小气，讨不得别人的欢喜，难成大事。也有很多大人物对己节俭，对人慷慨，对事业大胆投入，值得我们学习。

人活着，还是得追求生活质量，既要善于理财，又要适度消费，不能一味节俭。

胆大要有度

> 子路曰："子行三军，则谁与？"
> 子曰："暴虎冯河，死而无悔者，吾不与也。必也临事而惧，好谋而成者也。"
> ——《论语·述而》

孔子曾调侃子路，说这位可爱的大弟子"好勇过我，无所取材"，意思是，这小子就一样好——胆大。

这回，师徒俩又掐上了，子路的意思很明白：老师您甭什么都看不上我，真要哪天上战场，我看您带谁去！孔子则不失时机地给他上了一课：有些人胆子大，好勇斗狠，赤手空拳敢跟老虎打，大江大河敢游过去，一点也不怕死。这样的人，我是不与他共事的。我真要上战场，一定要找那样的伙伴：他遇到事情时心里会紧张，会担心失败，于是好好谋划，谨慎从事，最终把事情办好。

两千多年后，一介儒生曾国藩带兵打仗时，跟亲信将官们经常强调的就是这句话：**临事而惧，好谋而成**。他自称也看了很多兵书，但一点古人的兵法也没用上，而是完全按儒家这一套来搞军事。宋代宰相赵普也讲过：半部《论语》治天下。可见儒家思想不只是仁义道德，还极具实战价值。

"勇"是儒家推崇的"三达德"之一，人要做事，必须勇敢，必须胆大，要敢于承担风险，敢于面对未来的模糊性和不确定性。**电视剧《亮剑》演的就是这个"勇"字：狭路相逢勇者胜，不管对手有多强大，也要敢于亮剑！**不过，勇也要有度，要"中庸"，毕竟过犹不及。什么都不怕，什么都不畏惧，那就离死不远了。西谚讲：上帝让谁死亡，就先让谁疯狂。无所畏惧的人，要么无知，要么疯狂。有胆还要有识，胆大还要心细。虽说艺高人胆大，可淹死的多是有水性的。

而且科学常识是，适当的恐惧和紧张，会增加肾上腺素的分泌，使人的思维更活跃，反应更敏捷，这对做事有一定的好处。

第一个伟大的学生

> 子曰："吾与回言终日，不违，如愚。退而省其私，亦足以发，回也不愚。"
>
> ——《论语·为政》
>
> 子曰："语之而不惰者，其回也与！"
>
> ——《论语·子罕》
>
> 子曰："回也非助我者也，于吾言无所不说。"
>
> ——《论语·先进》

> 子曰："回也视予犹父也。"
>
> ——《论语·先进》
>
> 子曰："回之为人也，择乎中庸，得一善，则拳拳服膺，而弗失之矣。"
>
> ——《中庸》
>
> 诚之者，择善而固执之者也。
>
> ——《中庸》

颜回是孔子最喜爱的学生，被后世儒家尊为"复圣"。**颜回不迁怒，不贰过**，修养境界极高，箪食瓢饮不改其乐，超然物外。而且颜回也懂得幽默，在"子畏于匡"的段子里，孔子嗔怪颜回来晚了，说："我还以为你死了呢！"颜回则打趣道："老师您还活着，我怎么敢先死啊。"谁承想，竟然一语成谶，不久，颜回真的英年早逝。白发人送黑发人，孔子痛彻心扉，悲叹："噫！天丧予，天丧予！"意思是：上天啊，你这是要我的命啊！

那么，这个最被孔子钟爱的学生，是怎样向孔子学习的呢？孔子给了我们答案，有两点：

一是**听话**。充分尊重和信任老师，对于老师所讲的话认真思考、默默领会，包容老师偶然的失误，而不是总琢磨着给老师挑毛病，把老师给干趴下。

二是**出活**。凡老师交给的事，坚决执行，毫不懈怠，"拳拳服膺，而弗失之矣"，这样考试自然得高分，做事自然出成果。

"听话、出活"，这据说是某大学学生干部的口号，也是这个学校成功的秘诀所在。

著名的励志故事《把信送给加西亚》也是讲的这四个字：总统告诉送信人，要把信带给加西亚将军，但他也不知道加西亚具体在哪儿以及其他情况。送信人则立即接过信，自己想办法弄清各种情况，克服若干困难，最终成功地把信送到了加西亚手中。

哪个老师不喜欢这样的学生？哪个领导不喜欢这样的下属？

人生贵有恒

子曰："南人有言曰：'人而无恒，不可以作巫医。'善夫！""不恒其德，或承之羞。"

——《论语·子路》

子曰："譬如为山，未成一篑，止，吾止也；譬如平地，虽覆一篑，进，吾往也。"

——《论语·子罕》

孟子曰："源泉混混，不舍昼夜，盈科而后进，放乎四海。有本者如是，是之取尔。"

——《孟子·离娄下》

孟子曰："有为者辟若掘井，掘井九轫而不及泉，犹为弃井也。"

——《孟子·尽心上》

就像人不能一天就长大，庄稼不能一天就成熟，世间所有事物的发展都有周期，都要经过一个或长或短的过程，差一点，这个事也成不了。所以，做事须有恒！古人讲这个道理的话可车载斗量，水滴石穿、绳锯木断，还有精诚所至、金石为开等。

曾国藩把"有恒"作为成功的三大品质之一。我公司则把朱熹的名言作为事业观：**有恒乃入德之门**。

上面选的这四句也都是讲"有恒"的，各有侧重。

第一句里的"**不恒其德，或承之羞**"，是《周易》"恒"卦中的爻辞，意思是：做什么事若不能坚持有恒，早晚会在上面丢脸。《礼记》中讲："**医不三世，不服其药**。"往上推三辈，都是做医生的，那开出的药才能吃。所以，无恒不能做医生。

第二句：如果一件事会半途而废，我是不去做的。有的事虽是刚刚开始，但有前进不止的决心，我愿意加入进去。

第三句：泉水不断涌出，夜以继日地向前流，遇到坑洼，就把它填满，然后继续向前流，一直流到大海。这里强调了执着、踏实、从容，还强调了"有恒"的前提是"有本"。本是什么呢？是健康、实力、目标、意志、野心，是一种永不枯竭的精神力量。

最后一句，成了某年高考的看图作文题。画面上，一个人去挖井，挖了很多地方，这里挖了二十米，那里挖了三十米，都没见水，于是认为这里根本没水。殊不知，只要再多挖几米，水就可以出来了。《尚书》讲："为山九仞，功亏一篑。"行百里者，半九十。做事情哪怕差一点，终点的红线你没撞过，前面领先再多也不行。

坚持一下，再坚持一下，这就是有恒。

尝试者赢

> 权，然后知轻重；度，然后知长短。物皆然，心为甚。
> ——《孟子·梁惠王上》

孟子想用这句话来说服齐宣王：不要觉得推行仁政有多么困难，不要因为这种想象的困难就放弃。就像东西的重量要称一下才知道，东西的长短要量一下才知道，不论做什么事情，真正做一做、尝试一番，才知道到底是怎么回事，而光凭想象是得不出客观的答案的。这里面有几个关键词：尝试、体验、现场、实践。

要敢于尝试。很多成功学的培训，都非常强调这一点。人之所以不成功，往往是因为不能克服恐惧心理，害怕失败，所以不敢尝试。喜欢漂亮女生却不敢表白，结果眼睁睁地看人家成为别人的新娘。想拿下某个订单,却不敢去拜访这个客户,结果眼睁睁地看人家和别的业务员成交。

在奥斯卡获奖影片《美丽心灵》中,面对性感的女孩,数学天才鼓励自己:"**增加尝试的次数,可提高成功的概率**。"我也总是跟自己的业务员讲,做业务成功的概率基本上是一定的,要想多成功,就得把这个拜访客户的基数扩大。

体验过程,是人生价值的重要组成。有时成败的意义远不如体验这个过程重要。

现场有神灵——这是日本著名企业家稻盛和夫的名言。亲临现场,感受现场的气氛、气场和所有感性的元素,会激发人解决问题的灵感。

实践出真知。理性、理论和思考跟客观世界都还是稍稍隔着一层的,实践才是跟客观世界互动、融为一体的,所以实践中的认知最可靠。

小学课本里有个《小马过河》的故事,也是讲的这个问题。**一辈子不尝试,可能不犯小错,却是人生的一个大错**。

乘势者胜

> 虽有智慧,不如乘势;虽有镃基,不如待时。
> ——《孟子·公孙丑上》

势,是中国大智慧,诸子百家对此都有论述,尤其以法家最为强调,讲究"抱法处势则治"。在中国文化中,"势"类似于"气",被应用于各种情境,比如书法中就非常强调"势",势可以感受,却不容易描述。

曾国藩早期有一篇重要的奏折,论述平定太平天国的战略构想,核心就是"势"。他说,古来战争,凡成功平定天下的,要么是从西向东打，要么是从北向南打，否则很少有成功的。从西向东或从北向南，都可以乘天地山川以上压下之势，以此战略，形势果然很快扭转，清军逐渐控制住战争局面，最终拿下天京。几十年后，共产党打败老蒋，同样是以此大势。兵法的最高境界是"不战而屈人之兵"，靠的也是势。有人分析，邓亚萍打球能常胜不败，首先是因为在气势上能压住对手。

可以描述的"势"分两方面：

一是机遇、时机，包括时代潮流、政策变革、市场形势。顺天者昌，逆天者亡。时势造英雄。在对的时间做对的事，这样就更容易成功。

二是后台、靠山。宰相门下七品官，朝中有人好办事。

秦相李斯年轻时做地方上的小官吏，他注意到厕所里的老鼠每天吃污秽的食物，非常瘦小，遇到人啊狗啊，就惊恐逃窜，而粮仓里的老鼠则个个肥头大耳，也少有人去惊扰。于是李斯发一通感慨："**人之贤不肖譬如鼠矣，在所自处耳**！"决定人的层次的，往往是他所待的地方。

晋代的左思有同样的感慨："郁郁涧底松，离离山上苗。以彼径寸茎，荫此百尺条。世胄蹑高位，英俊沉下僚。**地势使之然，由来非一朝**。"在这个时代里，"地势使之然"在选择工作平台时更加明显，毕业于同一所学校的学生，甲去大型公司工作，乙则去了一家不知名的小公司。三四年后，甲和乙的收入和社交活动都有了很大的差别。

牛顿说自己的成功是因为站在了巨人的肩膀上，巨人的肩膀就是"势"。现实中，几乎所有的成功者，无不是依靠某种"势"，实现了人生、事业的飞跃。循规蹈矩、按部就班、常规发展，这样很难超越平凡的生活，要善于发现势、把握势、利用势，这样才能事半功倍，脱颖而出。

要有天地人的整体观

孟子曰："天时不如地利，地利不如人和。"

——《孟子·公孙丑下》

这段话的重点固然是放在了"人和"上，强调以人为本，凡事成败的关键在于人，强调团结就是力量、人心齐泰山移。历史上很多以少胜多、小国战胜大国的战争，其成败原因归结到底，在于小国"人和"、上下齐心，而大国是一盘散沙。

这段话更大的意义则在于，它告诉我们：天时、地利、人和是决定事情成败的三要素。在不得不三选一的情况下，可能天时不如地利，地利不如人和；但在一般情况下，天时、地利、人和三者俱备，才可稳操胜券。

《三字经》讲："**三才者，天地人**。"天在上，人在中，地在下，组合起来就像八卦里的一个卦象，也许，古人对于八卦的灵感正是由此而来。这就是中国哲学的落脚点，不论是儒家的"天人合一"，还是道家的"**人法地，地法天，天法道，道法自然**"，归根结底，都是讲天地人。而中国老百姓所有宗教观念的基本元素，也无非天堂、地狱、人间。

这种天、地、人三位一体的整体观，是中华文化最宝贵的经验，大到国家，小到个人，以这种观念去指导各种各样的实践活动，都将取得不错的结果。比如创业，就要考虑一下天时——这个创业项目的市场潜力和发展趋势如何，整体的经济形势是否有利；地利——公司设在家乡好还是在一线城市好，如果是一个商铺，店面选址就更为重要；人和——团队是不是有足够的凝聚力和战斗力，人脉资源是否具备等。

大事是怎样做成的

> 无欲速，无见小利。欲速则不达，见小利则大事不成。
> ——《论语·子路》

谁都想做大事，成个大人物。可现实中，为何绝大多数的人仍然是小人物呢？客观上可能是命运使然，无奈何也。**主观上的原因，孔子认为有两个：一是求快，二是贪小利**。这都是人性的弱点，在哪个时代都一样。

我们适逢一个快餐时代，人心都很浮躁，什么都想再快一点：学习再快一点（速成班）、升官再快一点、赚钱再快一点、结婚再快一点（闪婚）、汽车再快一点、刘翔再快一点……人们不要过程，只要结果；不在乎过程，只在乎结果。于是在这个过程中，投机取巧，不择手段，不顾廉耻，走歪门邪道。

如武侠小说里讲的，练邪派功夫，可以快速收效，但必定长远不了！就像庄稼春种秋收，何时破土出苗、何时拔节、何时开花、何时结籽，都有个时间过程，超越不了。这是天地之间的法则，是天道。人做事，就当顺应天道，循序渐进，铢积寸累，盈科后进，按部就班，分清步骤，脚踏实地，一步一个脚印地向前。**驽马十驾，功在不舍**。人生、事业都不是110米跨栏，而是马拉松，"不舍"是最重要的。不要小看了这个道理。

关于贪小利，我曾用"**将军赶路，不追小兔**"来讲这个道理，追兔子只能分散精力，对于做大事是一种干扰。对于多数企业来讲，专业化是比较经济的，可所有企业却都有多元化的冲动，都觉得"捡到篮子里的都是菜"，这是需要结合企业实际来认真反思的。

另外，《史记》里记载刘邦"**不事家人生产作业**"，陈平则"**不事家生产**"，什么意思呢？就是不管家，不养家糊口。很多大人物似乎都有一种天分，就是能超越现实生活的束缚，对于赚钱养家，他能保持淡然，而专注于更自我的追求。

再有一点，就是财散人聚，财聚人散。眼睛老盯着那点钱，没人愿意跟你混，当然做不了大事。在与人合作中，切忌有贪便宜的心，贪小便宜吃大亏，钱财是人品的试金石，因为一点小利而失去朋友的信任与尊重，想再翻身就难了。

小不忍则乱大谋

> 子曰："巧言乱德，小不忍则乱大谋。"
> ——《论语·卫灵公》

巧言就是花言巧语。自己不要花言巧语，对花言巧语的人也要保持警惕。这个就不展开分析了，咱们重点分析"小不忍则乱大谋"。

这个"忍"是忍气、忍耐、忍受、坚忍。

越王勾践起初被吴王打败后投降，甘心给吴王做马夫，甚至有一次为表忠心还尝了吴王的排泄物，以此获得赦免，回到越国卧薪尝胆，最终灭了吴国。

东汉光武帝刘秀当年也是个懂得隐忍的人，大哥伯升被更始帝刘玄杀了，深夜无人时他泪湿枕席，但在公开场合悲伤不能显露，饮食言笑如平常，最终得以虎归山林。还有韩信忍受胯下之辱，等等。

忍辱负重，活下来，扛过去，然后咸鱼翻身，这几乎是所有传奇故事的固定套路，电影《肖申克的救赎》也是如此。反之，那些逞匹夫之勇的人则很难在险恶的情境下保全自己，并为未来赢得机会。

这个世界总的来讲，是以成败论英雄的，胜者王侯败者寇，人们只看结果，而不管你在过程里如何开展工作。历史由胜利者书写，所以胜利者在历史上总是那么善良、正义、崇高、伟大！

你是好人

> 子夏曰:"大德不逾闲,小德出入可也。"
> ——《论语·子张》
>
> 子曰:"君子贞而不谅。"
> ——《论语·卫灵公》

评价一个人,要看大节,不能看小节。最有名的例子是管仲,孔子师生之间对管仲有多次讨论,学生们都认为管仲早期的很多做法为人所不齿,而孔子认为管仲辅佐齐桓公,使天下太平、百姓受惠,不能按匹夫匹妇的道德标准来衡量,不拘于小节的束缚,而建立功业,这是可以被谅解的。《史记》则记载管仲是"不羞小节,而耻功名不显于天下也"。这种观念体现了儒家对人性的充分关照,体现了恕道,是近人情的。

人非圣贤,孰能无过?特别是那些有强烈进取心的人,容易张扬,容易冲动,容易犯错。饱历人生各种情境,于血雨腥风之中干干净净走过来的,有几个呢?畅销书《教父》的扉页上写着:在巨大财富的背后,都隐藏着罪恶。

几年前就有过一次关于企业家原罪问题的大讨论,很多大企业家都承认,在创业初期,自己曾做过不少错事。我的一个领导就曾讲,庄稼是从大粪上长出来的,但庄稼是干净的。这种自我安慰是必要的,不然那些原罪会成为人生的包袱。

很多宗教都利用这一点编织教义,以赢得信徒。最有名的是佛教禅宗提出的"放下屠刀,立地成佛",即便你做了再多、再大的错事,只要诚心悔过自新,照样可以成佛。于是那些拿过屠刀的厉害人物,很多都信了佛教,大把地给佛寺捐钱。儒家的这两句话,未尝不是为了安慰某个有负罪感的诸侯大夫,以争取对方的支持。

最终,这种观念逐渐深入人心,类似于庄子讲的"恶不近刑,善不近名"，历史上很多杰出人物都很洒脱，通权达变，如文天祥、戚继光、胡林翼等人，生活上或有瑕疵，但在民族大义、国家大事上，却能赢得生前身后名。

你犯了无数的错，仍然有机会做个好人。告诉自己：我是好人。

赢得信任是前提

> 子夏曰："君子信而后劳其民，未信，则以为厉己也；信而后谏，未信，则以为谤己也。"
>
> ——《论语·子张》

你的威信建立起来了，人们信赖你了，你再带领大家一起去干某个事，就会比较顺利，人们会比较听话、配合。相反，你没有威信，你的想法大家不理解、不支持、怀疑、观望，这时，你想组织人们做什么事，大家就会比较抗拒、抵触，事情就办不顺。

《韩非子》里有个著名的军事家、政治家吴起的小故事。当时他是魏国边境小城的长官，这个小城紧邻秦国的一个小兵亭，秦兵经常来祸害这边的庄稼，吴起就想把这个小兵亭给打掉，可他不能调动军队，只能组织老百姓的民兵。这时，吴起就面临一个问题：老百姓们会听他的指挥，冒着生命危险去打这个仗吗？于是，吴起让人把一根大木头扔在城北门口，并下令：谁把这根木头扛到城南门口，就奖谁一套房子外加十亩地。

因为官员长期以来失信于民，所以，老百姓们对此都嗤之以鼻，以为是拿穷人开涮。只有一个游手好闲的人，闲得难受，就真的把木头扛到了南门，然后真的得到了房子和田产。几天后，吴起又让人在东门放了一麻袋红豆，并下令扛到西门去的人也会有重赏，这次，老百姓们都来抢着扛了。这时吴起下令：明日攻秦人兵亭，先冲上去的可以保举做官并得到奖赏。结果,全城百姓一拥而上,一下子就把那个兵亭攻下了。

对此,《呻吟语》里有段名言:"**专欲难成,众怒难犯。此八字者,不独妄动人宜慎,虽以至公无私之心,行正大光明之事,亦须调剂人情,发明事理,俾大家信从,然后动有成,事可久。**"

另外,信任与否常常决定着沟通交流的效果。交浅不可言深。交情没到那种程度,你就去给对方提意见,只能引起对方的反感。有位画家请我的朋友给他的作品提提意见,我的朋友很实在,认真地指出画中几个不尽人意之处。不料,对方的脸色立即变了,以后见面竟也冷淡了。

还有个"智子疑邻"的故事,也是《韩非子》里的:大雨冲倒了富人的墙壁。富人的儿子提议抓紧把墙修好,以防被盗。邻居也来提醒富人修墙防贼。富人不以为然,结果次日果然发现被盗。于是富人夸儿子聪明,却怀疑盗贼正是邻居。

所以,**说话之前,一定要掂量下对方是什么人,自己在对方心里是什么分量**。

让为我所用的东西锋利精良

> 子曰:"工欲善其事,必先利其器。居是邦也,事其大夫之贤者,友其士之仁者。"
>
> ——《论语·卫灵公》

工欲善其事,必先利其器。要想把事做好,得有好工具。工具的价值在军事上体现得最明显:冷兵器时代马镫的出现大大提升了骑兵的战斗力,火药改变了战争的形态。中国近代史上蒙受的屈辱,究其根源,在于帝国主义的船坚炮利。

马克思则把生产工具作为衡量生产力发展水平的重要标志。从历史的经验来看，一种工具常常开启一个时代，比如蒸汽机、互联网。而人类对于好的工具的崇拜与迷恋也到了无以复加的程度。

孔子的这个思想没有停留在有形的工具上，而是更深化了一层，把人际关系和个人修养这些无形的东西也看作一种工具，并强调**一个人要有所作为，必须打造好这种无形的工具**。然而遗憾的是，后世的人们都把心思用在了这种无形的工具上，反而忽视了有形的实际工具，这成为我们文化的软肋。

不过，孔子这种整体观是非常值得我们思考的。凡是为我所用的东西，不论是有形的还是无形的，不论是物质的还是精神的，不论是直接可用的还是间接可用的，都要努力使之锋利、精良！

《尚书》讲，帝王应当"正德，利用，厚生，惟和"。这个"利用"就是"利其用"，和"利其器"是一个意思。

儒家的人才观

> 子曰："君子易事而难说也：说之不以道，不说也；及其使人也，器之。小人难事而易说也：说之虽不以道，说也；及其使人也，求备焉。"
>
> ——《论语·子路》
>
> 人人有贵于己者，弗思耳矣。
>
> ——《孟子·告子上》

孔子这段话的重点在于"使人"，简化一下是：君子使人也，器之；小人使人也，求备焉。比如笔是一种器物，它可以写字；缸是一种器物，它可以盛水。一种器物有一种器物的用处，一个人也有一个人的长处，用人之长，就是"器之"；相反，你想让这个东西既能写字，又能盛水，就是"求备"。

我的母亲平时生活非常节俭，常常将一些被我们当作垃圾丢弃的物品收拾起来，重新作废物利用，还批评我们不会"断材料"——不善于判断这个材料能派上什么样的用场。这就是孔子的思想。

孟子讲的也是这个意思：**人人都有可贵之处，只是常被忽视**。天生我材必有用。一个人总有适合他做的事，"断"好这个材料，就能派上大用场；"断"不好这个材料，就看错了这个人，也可能把事给耽误了。

曾国藩曾有一个类似的说法：**虽有良药，苟不当于病，不逮下品；虽有贤才，苟不适于用，不逮庸流。当其时，当其事，则凡材亦奏奇效。**

刘宝瑞有个著名的单口相声，讲一个县太爷专门招了三个伙计：一个慢性子，慢性子好，看孩子有耐心；一个急性子，急性子好，抬轿走得快；还有一个爱占便宜的，这更好，去买棺材，都让棺材铺买一送一。

《史记》里记载孟尝君善于养士，门下食客三千，什么样的人才都尽收麾下，其中一人善于钻狗洞偷东西，还有一人善于学公鸡打鸣，当初收下这两人时，食客们羞于与之为伍。但孟尝君在危难时刻，正是靠这两人鸡鸣狗盗的本事，才逃出生天。可见，人有时"断"什么材料，未必可以预见，其意外之效足称神奇。

总之，"断"好材料，量才器使，这就是儒家的人才观。

有首诗正扣此题，分享一下：**骏马能历险，力田不如牛。坚车能载重，渡河不如舟。舍长以就短，智者难为谋。生材贵适用，慎勿多苛求。**

追随那些了不起的人

> 君子食无求饱，居无求安，敏于事而慎于言，就有道而正焉，可谓好学也已。
>
> ——《论语·学而》

这段话的重点在于两个字：追随。追随一个"有道"的人，不论有多么辛苦，不论吃得多差、住得多糟，也要坚定地追随在他的身后。孔子认为，这样的追随者是"好学"的——好学近乎智——是真正的智者，是必然有大成就的。

比如颜渊，司马迁讲："颜渊虽笃学，附骥尾而行益显。""附骥尾"就是抓住千里马的尾巴。有则寓言：一只苍蝇想飞到千里之外，可它哪有这个本事啊，但它想了一个好办法，就做到了。什么办法呢？附骥尾。颜渊虽然很好学，修养很高，但如果不是追随孔子，没有孔子的褒扬，也难以有此盛名。

司马迁讲：一个出身底层的小人物，要想成就大的功名事业，在无贵人荐引相助的情况下，是极其难的。

所谓背靠大树好乘凉。追随杰出之人，不但可以方便地学习他、模仿他，更可以享用他创造的平台与资源，甚至有可能继承这些资源。

追随的前提是遇到。所以，也有人说，我不奢望儿子成为了不起的人，但他一定要看到了不起的人。怎样遇到那些了不起的人呢？人往高处走，高手都在高处。如果蒋介石没去日本，他会遇到孙中山吗？如果毛泽东一辈子待在韶山冲，他会遇到李大钊吗？如果没有这两个"遇到"，历史将会改写。谁都知道：在家千般好，出门处处难；金窝银窝不如自己的草窝。出去闯荡，出国、北漂，都面临着食无饱、居无安的艰辛，但那里常常离梦想更近。

怎样说话

子曰："君子欲讷于言而敏于行。"
——《论语·里仁》

相声《五官争功》里只提到了"四官"：眼睛、耳朵、鼻子、嘴巴。在这"四官"之中，要我看，嘴巴功劳最大，也最不可缺。世间有盲人，有聋人，也有被割了鼻子的人，但没有嘴巴的人还从未听说过。

当一个初生婴儿的嘴巴吸吮到母亲的乳汁时，他在这个世界便算是站住脚了。嘴巴用来吃饭，吃饭才能生存；嘴巴用来说话，说话决定生存的质量。病从口入，祸从口出，管住自己的嘴，实在是人生的头等大事。而说什么、怎么说，吃什么、怎么吃，又格外不容易把握。

韩非子是个结巴，对此感触极深，他说：话说得漂亮了，人家以为你华而不实；说得谨慎了，人家以为你嘴笨；说得多了，人家以为你废话太多；说得少了，人家以为不翔实透彻；说得推心置腹，人家以为你太不把自己当外人了；说得高深了，人家以为你吹牛；说得实在了，人家以为你没思想没素质；顺情说好话，人家以为你是阿谀奉承；说点鬼故事，人家以为你要疯了；引经据典，人家以为你掉书袋、酸腐；等等。

关于怎样说话，孔老夫子也是感慨万端、诲人不倦、不厌其烦、苦口婆心、絮絮叨叨。大致包括以下几个方面：

一是，要注意说话的内容，没把握的事不要说。

子不语怪、力、乱、神。——《论语·述而》
子曰："道听而涂说，德之弃也。"——《论语·阳货》

怪、力、乱、神这些内容，孔子是统统避而不谈的，因为它们不是生活的主流，甚至在生活中永远不会出现。他重常识、重经验、客观务实，他说的话都基于真诚的态度，知之为知之，不知为不知，有一说一，不人云亦云，不哗众取宠。而且现实中有太多重要的事需要去沟通与阐明，正经话还说不完呢，哪有时间去扯这些闲话！

在这一点上，道教与佛教就不一样，他们把宣扬"怪、力、乱、神"作为提高自身影响的手段，大加渲染。

二是，要注意说话的口音。

子所雅言：《诗》《书》、执礼，皆雅言也。——《论语·述而》

孔子念诗读书时和在正式场合说话时，是说普通话的。言外之意是，他平时也是一口山东话，咱们不妨学着用山东口音读一下《论语》，一定挺有趣的。这跟我们这些在家乡工作的人挺像的，私人场合大家都是家乡人，都说家乡话，自然亲切。偶尔也有一些"傻孩子"，在外面上学、参军，讲普通话讲惯了，回到家还变不回来，就会让人笑话。

现在绝大多数的中国人同时会讲方言与普通话，什么场合说什么话，这里面是有学问的，有时也掺杂很多权力意志在里面，比如在一些场合讲方言会显得比较强势。

三是，说话要谦虚。

子曰："孟之反不伐，奔而殿，将入门，策其马曰：'非敢后也，马不进也。'"——《论语·雍也》

这是孔子讲的一个小段子：孟之反这个人不自夸，有次打了败仗，他殿后掩护部队撤退，这当然是冒着很大危险的勇敢之举，因此，当他在大部队的后面最后返回城里时，受到国人的热烈欢迎。这时，他不好意思地用鞭子打着马，让马快一些从欢呼的人群中穿过，一边笑着向大家打招呼："我殿后不是因为勇敢，实在是这匹马跑得太慢啊。"

《论语》的魅力于此也是一个展现，寥寥数笔，孟之反这个可爱的人物跃然纸上。对于谦虚的美德，前贤称赞无数，而孔子的这个小故事告诉我们：谦虚的人是可爱的。

四是，说话要算数，说到做到，言行一致。

言顾行，行顾言。——《中庸》

古者言之不出，耻躬之不逮也。——《论语·里仁》

子曰："君子耻其言而过其行。"——《论语·宪问》

人而无信，不知其可也。大车无輗，小车无軏，其何以行之

哉？——《论语·为政》

这几句话，都是讲一个字：信。从字形上可以看出，信这个字是关于"人""言"的，就是人说话的原则。什么原则呢？言行一致，说到做到。说话时要考虑自己能不能做到，做事时要考虑自己当初是怎么说的；做不到的不要说，做到一也不要说成二。信就是诚实、诚信、信誉。

这不单纯是一个道德问题，而是一种于己有利的生存智慧。儒家的高明在于总能把道德与利益进行统一，把利人与利己进行统一。人为什么要诚实、诚信，要有信誉呢？因为没有这些，就像汽车没有轮胎，是寸步难行的。

孔子曾讲过："信则人任焉。"一个人言而有信，人家才会放心把工作、担子托付给你。做企业也一样，诚信是企业品牌的基础。《伊索寓言》里有个著名的故事《狼来了》，说明一旦失信于人，也就丧失了获得帮助的机会，生存的安全性就不稳固了。

《韩非子》里有个故事"曾子杀猪"：这个曾子就是孔子的得意学生，有一次他老婆要去逛街，孩子大哭。一般这种情况下，我的老婆会哄孩子说一会儿带好吃的回来。可曾子的老婆却哄孩子说：宝宝只要听话，妈妈回来后就给你杀猪炖肉。结果等她回来时，曾子真就把猪杀了，并且给老婆讲了一通大道理："母欺子，子而不信其母，非所以成教也。"

还有一个"桐叶封弟"的故事。在这个故事里，儒家的祖师爷周公教导年幼的周成王要"天子无戏言"。可是现实中为什么有那么多不诚信的人呢，那么多信口开河、满嘴跑火车、说谎不脸红的人呢？甚至，一些职业也被贴上了说谎的标签，比如政客，还有律师。

好莱坞喜剧之王金·凯利在《大话王》中饰演一个被施了咒语的律师，他在24小时内不能说谎，结果生活、工作一团糟，简直就没法活了。这些情况，需要我们擦亮慧眼。我们管不了别人，只能要求自己。

骗人之心不可有，防人之心不可无。

五是，有时说话与做事不必一致，要通权达变。

言必信，行必果，硁硁然小人哉！——《论语·子路》

大人者，言不必信，行不必果，惟义所在。——《孟子·离娄下》

儒家极讲原则，但绝不教条，该变通时就要变通。言而有信当然是大原则，但也要分场合、分对象。《论语》里记载，有一次孔子在蒲被当地人围攻，最终在孔子无奈地向对方作出一些盟誓、承诺后，才得以脱险。

脱险后，孔子马上就背弃了那些承诺。弟子不解，孔子说："要盟也，神不听。"意思是那个因被要挟而作的盟誓，天神不会当回事的，我们自然也不必遵守。在《孔子家语》里，孔子则明确指出，做人应当"信而能反"，在诚信与不诚信之间，要善于权变。

儒家对于权变有很多强调，比如孔子强调中庸，要"执其两端，用其中于民"，而孟子竟然进一步强调，这个"中"也不是绝对的，也要权变，"执中无权，犹执一也"。如果一味地中庸，反而就不是中庸了。而权变的原则就是孟子强调的"义"，要符合正义，动机须是善意的。所谓善意的谎言，就是这个意思。

再举个例子。有一次行军中将士水喝完了，口渴难耐，士气低落。这时，曹操传令加快行军，因为探哨来报，前面几十里处有一片梅林。梅子甘甜多汁，将士们听后立即口舌生津，有精神了。这个"望梅止渴"的故事下文如何呢？几十里后没有梅林，曹操要怎样解释呢？我想，不必曹操解释，大家也会理解他的良苦用心。因为，这是符合"义"的。

另外，兵法上专讲，"兵者，诡道也""兵不厌诈"，对敌人玩的就是欺骗，看谁能骗过谁。史书上记载了很多因对敌人讲仁义礼信而失败的案例，当事者不知权变，愚蠢之至，贻笑天下。

六是，少说话，说话要慢。

> 君子欲讷于言而敏于行。——《论语·里仁》
> 子曰："仁者，其言也讱。"——《论语·颜渊》

孔子的这话反映了他一贯的主张：少说、慎言、务实、多做。很多学者都作如此解释。

我认为，这个"欲"字应当是理解的重点：一个人对于自己的欲望、想法，不要轻易表露，而要机敏地行动和落实。

"讷"与"讱"，都是强调说话要慢。一般当我们对所说的话比较有信心、有把握时，语速会比较慢，声音比较从容。同样是说"我爱你"，在比较有把握的情况下，你会深情而缓慢地说出来；相反，你没有信心，不清楚对方的反应，则可能紧张地怯生生地一闪而过地说出。当对方接受你的表白，你开心不已，这时你可能更会把语速放慢拖长到一字一顿："我——爱——你！"

很多情况下，我们因为紧张、气愤等负面的情绪影响而语速加快，最终使局面变得对自己不利。那些能一贯保持较慢语速的人，通常是善于控制情绪的人或者地位更高的人。

《史记》中记载了石奋、卫绾、周仁、张叔，这几个人没有突出的政绩，却都位极人臣，靠的就是言行恭谨忠厚，为皇帝所喜爱，一般人认为他们近乎佞臣，可太史公却认为他们真正做到了"君子欲讷于言而敏于行"，是"笃行君子"。

七是，说话要经过深思熟虑，言之有物，说到点子上。

> 子曰："夫人不言，言必有中。"——《论语·先进》
> 发而皆中节。——《中庸》
> 子曰："君子易事而难说也：说之不以道，不说也。"——《论语·子路》

要么不说，要说就要说到点子上。而且要客观、得体，不信口开河、不言过其实、不唐突冒犯、不哗众取宠、不危言耸听、不唯唯诺诺。**曾国藩讲，凡说话不担斤两者，其下必不服**。要慎言，说话要动脑筋，要思考，做不到这些，就不说。

八是，说话要分清对象、场合，掌握分寸。

子曰："可与言而不与之言，失人；不可与言而与之言，失言。知者不失人，亦不失言。"——《论语·卫灵公》

孔子所强调的"慎言"是积极地表达，而不是消极地沉默。孔子周游列国，去向国君们推销自己的政治思想，孟子也是积极地拜访国君们，向其阐述自己的主张，他们都在积极地表达。说到底，语言是一种工具，是一把双刃剑——用得好，可以得到朋友，得到资源，得到支持；用得不好，则反之。两者之间的差别，其实就是智者与凡人的差别。

孔子曰："侍于君子有三愆：言未及之而言谓之躁，言及之而不言谓之隐，未见颜色而言谓之瞽。"——《论语·季氏》

伺候领导，给领导提建议，有三宗错：

主动提建议，但讲不到点子上，这是浮躁。

能讲到点子上，但不讲，这是隐瞒。

给领导提建议、汇报思想时，也不看领导忙不忙、烦不烦，领导正气不打一处来，你却往枪口上撞，这是不长眼。

恶讦以为直者。——《论语·阳货》

朋友之间的坦率要有分寸，如果你指出的问题是他忽视的，指出来他是可以改善的，这时你的坦率是积极的。但如果你指出的那个问题就是他的一个"短儿"、一个"隐痛"，你这个"坦率"就成了揭人家的伤疤，就成了"讦"，就把朋友伤害了。

时然后言，人不厌其言。——《论语·宪问》

说话要考虑时机，这就像麦收时节的一场雨，麦子收割回来了，雨倾盆而下，庄稼人都高兴——连着下两天才好呢，有利于播种晚田。可要是雨下得再早一点，就把麦子都拍地里了，就得减产。同样一番话，在不同的时机讲，效果往往大不一样。

事君数，斯辱矣；朋友数，斯疏矣。——《论语·里仁》

给领导做参谋、提建议、出谋划策，切忌太急。我就经常犯这个"太急"的毛病，满腔热情，为把一件事做好，恨不得把自己的智慧与忠心都贡献出来，可领导却不以为然、我行我素。这时我就又气恼又失落，甚至带了情绪，给领导也添堵。

其实呢，自己的意见未必好，这个世界离了谁都照样运转，千万别太把自己当回事。所谓文死谏，绝对是愚忠，孔子从来没有提倡过。朋友之间也一样，凡事尽心了，接下来要顺其自然；你一激烈，就容易伤人伤己，好心却不得好报。

中人以上，可以语上也；中人以下，不可以语上也。——《论语·雍也》

见什么人说什么话——见人说人话，见鬼说鬼话。其实这不难的，我们每天对孩子、对老人、对同事、对领导、对客户说话的口吻与用词都是能及时调整的。

我的领导介绍他接待上访群众的经验，有句话我印象很深：你要是跟上访的老百姓讲什么《上访条例》，他一辈子都不会再跟你讲一句话的。这种针对不同对象的语言切换，其难点在于对对方内在修养与水平的判断，上、中、下不是写在脸上的。**对牛要谈草，不能弹琴**。老子也讲，下士闻道大笑之。你讲得深刻一点，对方根本不会认为他自己不懂，而只会感觉你在乱讲、你傻，并嘲笑你。还要有一个与对方亲密度的判断，交浅不可言深。

孟子曰:"说大人，则藐之，勿视其巍巍然。"——《孟子·尽心下》

年轻人都有体会，与领导沟通时会紧张，面对其他重要人物，比如初次拜见女友的父母时也会很紧张。孟子应当也有过类似的体验吧，他想到了克服的办法，就是"藐之"，要在心底把对方看低了——他有权、有钱，也许只是幸运而已，而且咱比他年轻，有道是"后生可畏""丈夫未盖棺，进取谁能料"，以后咱未必比他差。

九是，说话要简洁明白。

子曰:"辞达而已矣。"——《论语·卫灵公》

把意思讲明白了就行，不要啰唆，不要过分修辞。

唐代孙过庭论书法：古质而今妍。古代的书法是简单质朴的，越发展就越花哨。文章也是越来越铺张，讲究形式重于内容实质。比如明清的八股文，现在的官样文章里，这样的官话、套话铺天盖地。

我刚参加工作时的第一位领导，写了一辈子材料，被起了个外号，就是"排比句"。轮到我自己写材料时，才发现这一点也不好笑。官样文章是必需的，它有自己沿袭已久的模式、规矩、套路，它与这种相对稳定的官僚体制是相同的基因。你可以有创新，可以显露个性，但大体上还要保持"官样"。

不过，多数情况下，还是要强调简洁。尤其嘴碎的人应当意识到自己的唠叨，而稍加克制。有"雄辩症"的人则应提醒自己，话说多了漏洞多，会更显愚蠢。惭愧的是，我是有这种"雄辩症"倾向的，有次受邀参加当地一个文化圈子的活动，中间人家客气，请我发言，我竟然大言不惭地讲了将近半小时，事后反省，大为后悔，警告自己：不是自己的场子，切勿多说。

十是，要慎言。

子贡曰:"君子一言以为知，一言以为不知，言不可不慎也。"

——《论语·子张》

子曰:"有德者必有言,有言者不必有德。"——《论语·宪问》

《论语》里还讲,**一言而兴邦,一言而丧邦**。一句话可以决定国家的命运,这样的话,不是平凡如我辈者所能讲的,但一句话或一番话可以影响自己的命运,这是常有的事。

我的一位领导当年还是个不起眼的小秘书,按机关里论资排辈还是坐最后一排冷板凳的。赶上一回大领导临时决定去下面视察,大秘书都不在,只好把他给带上了。视察中,大领导要求把相关情况迅速整理成一份小材料,他花了十多分钟就完成了,领导大悦。事后不久,他就被破格提拔了。这一份小材料,不过几句话,但由此领导就认定他聪明能干、堪当重任。

契诃夫在一篇小说中讲一个小公务员,因为一点小问题而担心领导的看法,结果耿耿于怀、惴惴不安,最后忧虑而死。对这个小公务员,我们怒其不争、哀其不幸,但谁身上没有这个小公务员的影子呢?我们常常因为某人的一句话,就给他下定论——这人好或坏,行或不行。同样,我们因为自己讲的一句话,也会被人下定论,被下了定论就很难在这个人眼里"翻身"。

慎言,尤其要慎评价——包括评价别人,也包括评价自己。评价别人的利害,大家都清楚,一般有克制的意识;评价自己的利害,却常常忽视。吹嘘固然不值得提倡,但谦虚也要看清对象、掌握分寸,特别是你真诚地敞开心扉,向某人袒露自己的弱点与困惑后,某天你会发现,你的这个弱点会逐渐被人们夸大,从而使自己失去一些机会。

十一是,要懂一点语言哲学。

子曰:"予欲无言。"

子贡曰:"子如不言,则小子何述焉?"

子曰:"天何言哉?四时行焉,百物生焉,天何言哉?"——《论语·阳货》

天不言，以行与事示之而已矣。——《孟子·万章上》

这两段话，反映了儒家对于语言哲学的思考。孔子可能只是发牢骚：我打算从此不说话了。弟子子贡立即讨好地响应：您要是不说话，我们怎么学习啊？子贡的回答正好启发了孔子，于是他把问题引上了哲学的层面：上天说过什么话吗？四季流转，万物生发，天却是静默无言的。

孟子进一步讲：上天没有语言，上天是用"行动"和"事迹"来表现天意的。老子讲："道可道，非常道。"道是不能用语言来描述的。**佛教禅宗则认为"言语道断"，最高明的思想是用语言和文字无法表达的**，是"羚羊挂角，无迹可求"的，所以干脆"不立文字"。

现代心理学也承认，人类经验中那些处于明确、简单的意识层次上的经验，用语言可以表达；而那些飘忽不定、朦胧模糊、来去无踪的下意识、无意识的经验，则只可意会，不能言传。

总之，我们应当进一步意识到语言的局限，要善于学习和运用超越语言的表达方式。这并不神秘，比如我们经常用到表情、肢体语言，在文案中加入视频、图片及图表等形式，这都有利于信息更有效地传达。

再如，现在流行的拓展训练、体验式培训，通过一些活动项目，让参加者自己体会其中蕴含的人生智慧，这是典型的"不言之教"。我们常说"言传不如身教""社会是一所大学"，所强调的也都是"不言之教"。由此可以说，不说话是说话的最高境界。

怎样听人说话

巧言令色，鲜矣仁！

——《论语·学而》

倾听的意义首先在于它是一种讨好的姿态，并足以赢得对方的好感，从而达到沟通的目的，而不用管对方到底说了什么。对方到底说了什么呢？倾听者是有本能的取舍和过滤的，那些有共鸣的或者刺耳的内容，立即就听进去了，其他的内容则是这个耳朵进那个耳朵出。

关于怎样听人说话，以下这些观点，对我们应当有所启发。

一是，别听什么就信什么。

始吾于人也，听其言而信其行；今吾于人也，听其言而观其行。——《论语·公冶长》

年轻时，别人说什么，我们信什么，然而岁月最终让我们明白，有人在对我们说谎。我是近两年才意识到这一点的，我为自己的"晚熟"而惭愧，不过，看到季羡林讲自己是积九十年的人生经验，才意识到这个世界有坏人，于是心里就平衡了，因为有了更"晚熟"的。

人类的说谎是很值得研究的课题，这些谎言有善意的，也有恶意的，还有无意的。谎言总是配合着表演，听不出的谎言，也未必能让眼睛看穿，但一直演下去却并不容易，所以，我们应当耐心地审视一段时间。

二是，说话与做人有时是两张皮。

子曰："君子不以言举人，不以人废言。"——《论语·卫灵公》

有的人文章写得漂亮，有思想，有见地，但实践上未必强，想得到、说得到，未必做得到，所谓"思想的巨人，行动的矮子"，所谓"纸上谈兵""百无一用是书生"，就是这种人。"纸上谈兵"这个看似轻巧的成语背后，是40万赵国大军战败被坑杀。以言举人的这个教训多惨痛！

有的人向你发誓表忠心，却未必真跟你一条心，没准哪天还会背后给你捅刀子。

有的人或位卑言轻，或品行不端，但他的思想和言论未必不可取。

比如英国的培根被公认为人品卑劣，但不影响他是世界级的思想家，他的智慧滋养了世界文明。法国的拉罗什富科也是一个浪子，但他的《道德箴言录》风靡全球。明末的颜习斋生前不过是一个乡村医生，但后世照样把他尊为与顾炎武、黄宗羲、王夫之比肩的大思想家，民国大总统徐世昌曾提出要用颜氏思想来救中国。而且，颜习斋很重要的思想都是在他非常年轻的时候形成的。

三是，别人的评论不足为凭。

孟子曰："有不虞之誉，有求全之毁。"——《孟子·离娄上》

人心隔肚皮，做事两不知。即便睡一张床的人，也都有各自的隐私。在这个人情日益冷漠的年代里，人们无心去了解别人，而且各自戴着不同的面具，当要去评论一个人时，往往想象大于事实。

然而，哪个人前不说人，谁人背后无人说。远到明星的绯闻、高官的秘事，近到身边的张三、李四的芝麻小事，大家都津津乐道，乐此不疲。三个人，A和B在一起说C，B和C在一起说A。但真相是什么，其实谁也不知道。有的赞扬言过其实，有的贬损不过是鸡蛋里挑骨头。

我们应当提醒自己：一是勿妄加评论；二是不要道听途说，以讹传讹；三是走自己的路，让别人说去吧；四是，话痨都是小人物。

孟子曰："人之易其言也，无责耳矣。"——《孟子·离娄上》

人为何喜欢吹牛？因为吹牛不上税。总是信口开河、大放厥词、一点准根也没有的人，必然是最底层的小人物，因为他肩上一点担子也没有，不用考虑什么影响和责任。责任最大的人是谁？是天子、皇帝。所以他最需要慎言。天子无戏言，一句玩笑可能亡国。慎言久了，就成了金口玉言，再久了，就得变哑巴了。做个大人物不容易。所以，话痨肯定都是小人物。俗话讲，叫唤的家雀没有肉。

五是，太能说的人多数不厚道。

巧言令色，鲜矣仁！——《论语·学而》

刚毅、木讷，近仁。——《论语·子路》

子曰："巧言、令色、足恭，左丘明耻之，丘亦耻之。"——《论语·公冶长》

做人说话得实在。为人严肃、沉稳，说话慎重，甚至带一点憨厚笨拙，这样的人多数不坏。而那些跟你说话时一套一套的，怎么能让你舒服他就怎么说，甜言蜜语、极力讨好、大献殷勤的，这样的人很少是真正仁义厚道的。他这样讨好你，多数只为利益而已。

领导

| 领导者的第一大问题 |
| 政治的秘密 |
| 正名 |
| 教育培训 |
| 不越位 |
| 做人三层次 |
| 精神领袖 |
| 容忍个性强的下属 |
| 领导者的框架 |
| 领导者的四种武器 |
| 领导者的终极智慧 |

领导者的第一大问题

政者，正也。子帅以正，孰敢不正？

——《论语·颜渊》

其身正，不令而行；其身不正，虽令不从。

——《论语·子路》

举直错诸枉，能使枉者直。

——《论语·颜渊》

有大人者，正己而物正者也。

——《孟子·尽心上》

上有好者，下必有甚焉者矣。

——《孟子·滕文公上》

自元代以来，"四书"就是科举考试的教材。科举是干什么的？是为国选官的。所以"四书"的主要内容是教人为政做官的，所谓"半部《论语》治天下"，正是强调的这一点。今天社会形态发生了巨大变化，这些为政做官的思想，可以借鉴到各种群体和组织机构的管理中来，对于怎样当好领导者有很多启发。

所谓各种群体和组织机构，是大至国家、社会，中至机关、企业，小至家庭或者学校里的一个班级。每个人都可能承担一个领导者的角色，比如家长。那么作为一个领导者，要想领导好这个群体，要着力的第一大问题是什么呢？孔孟认为，是领导者自身要正。**用习近平总书记的话讲就是：打铁还需自身硬！**

领导者不正，上梁不正下梁歪，还能指望下级正吗？

如果下面的人都不正，而领导者坚定地保持着正，会慢慢把不正的转变为正的。

人们都在效法领导者的做法，就像草一样，风往哪边刮，草就往哪边倒。领导者喜好什么，人们往往会追随、跟进，甚至表现得更加狂热。正所谓"**楚王好细腰，宫中多饿死**"。所以，这个"正"，领导者要做在众人之前，并坚定地维护这种形象，永远也不要懈怠。

那么，这个"正"是什么呢？其实就是按照领导者和这个群体共同倡导的价值观和行为规范做事。小学课本里有一则列宁与卫兵的故事，列宁遵守规定，这就是"正"。列宁都遵守规定了，谁还敢不遵守？我的朋友经营了一家小公司，每天不胜其累，我劝他把工作都授权出去，自己可以适当地放松。他说，员工都在辛苦忙碌，自己如果放松了，对员工的影响不好。

朱熹一辈子只做了40多天的中央官，其间就上了一道奏折。他先讲国家现在有问题，再讲国家之所以出问题是因为皇帝身边是一群小人，最后又讲，根本的问题是皇帝有问题。皇帝强忍怒火，把他打发到地方去任职了事。朱熹的逻辑有错吗？

我们面对的各个层面的问题，根子都是在领导者的"不正"上。还说腐败，某市市委书记腐败了，你还指望下面的官员都清廉吗？你还怎么去批评把广场上的花搬回家的老百姓？再比如家庭教育，身教重于言传。一个坑蒙拐骗、吃喝嫖赌的父亲，纵使大道理讲出一套又一套，他能养出一个正直善良的孩子吗？

自身正，这是所有领导者要牢记的第一大要义。

政治的秘密

> 仲弓为季氏宰，问政。
> 子曰："先有司，赦小过，举贤才。"
> 曰："焉知贤才而举之？"
> 子曰："举尔所知。尔所不知，人其舍诸？"
> ——《论语·子路》

政治不是局限于官场的。亚里士多德讲，人是政治动物。毛主席讲，凡有人群的地方就有左中右。这段话有三点值得注意：

一是文本方面，这段话反映了《论语》的一个特点。

《论语》其实是一本对话纲要，有的段落记录得详细一些，有的地方就只是记了几个小标题：先有司、赦小过、举贤才。这种小标题式的东西，类似于机关里材料匠们写材料时凡事都分一、二、三。进一步讲，这种"极简主义"的手法，在中国历史、戏剧、诗歌、美术等文字和艺术表现形式上都是一大特色。

二是提出建设一个组织机构（俗称"搭班子"）的三个要点：

设立部门分工、包容错误、招揽人才。古人注释这一段很精到：**不先有司，则君行臣职矣；不赦小过，则下无全人矣；不举贤才，则百职废矣**。不明确好部门分工，那什么活儿不都得老板干吗；不包容错误，谁还能伸手做事；活儿是人干的，没有得力之人，什么想法、计划也都得落空，要让优秀人才去领导各个部门开展工作。

三是政治的秘密。

什么是政治？据说曾有政治家和幕僚讨论过这个问题，幕僚引经据典讲了一大通，阎锡山笑道：没这么复杂，**政治就是让对手下来咱们上去！怎么上去？这就是政治**。到底怎么上去呢？很简单，让决策者知道你、认可你。因为决策者是要"举尔所知"的。

这就是政治的秘密。

正名

> 子路曰："卫君待子而为政，子将奚先？"
> 子曰："必也正名乎！……名不正，则言不顺；言不顺，则事不成。"
>
> ——《论语·子路》

古人关于"正名"之意颇多分歧，我支持东汉马融的说法："正百事之名。"孔子讲，为政，要先对各项工作都作好明确的岗位描述，建立明确的规范和等级秩序，为政先立法。对此，子路认为：这是不是有点"迂"啊，**搞这么烦琐有用吗？上来就干，岂不是更有效率？**于是，孔子进一步强调：没有法、没有规范，那么做事就没有好坏的标准，就没法评判，事情也就没法做了。

"名不正，则言不顺"，在今天一般被理解为任事者须名实相符、责权一致，才能放开手脚、发号施令，才能顺利地开展各项工作。所以，站在领导者的角度，要能够用人不疑、疑人不用，确定用谁，就应当充分授权，并且授予其明确的名分、头衔、官职。官场里经常有这样的情况：某局局长之位空缺，副局长代行局长之责。在这种情况下能把工作开展好的恐怕很少，一是下属不服，二是这位副局长自己干着也没劲。

另外，"正名"还是古今婚姻中的一个大问题。名分，常常是很多可怜女子幽怨一生的心结。

教育培训

> 子曰："不教而杀谓之虐。"
>
> ——《论语·尧曰》

子曰:"以不教民战,是谓弃之。"

——《论语·子路》

儒家经常被称为儒教,儒教有两层含义:一是宗教,二是教化。孔子的意义首先在于他是一位伟大的教师,两千多年来的传统就是,小孩子入学前,要向孔子的牌位行礼。

孔子构建了一个完整的教化、教育体系,包括教育的主题(文、行、忠、信,礼、乐、射、御、书、数)、教材(六经)、教育的形式(《论语》记载了很多教学的场面,可谓示范),以及因材施教等教学方法,等等。这使儒家相对于道家以及佛教和其他思想流派,在思想传播上具有了不可比拟的优势,并最终成为中国传统文化的主流。

儒家对教育的强调,反映在各个层面。在国家层面,孔子认为,在具备一定人口数量和经济发展水平的基础上,对于人民要"教之",要发展文化教育事业。在具体的管理层面,孔子则讲了本文上引这两段话。这两段话在今天的社会管理和企业管理中,都有非常突出的意义。

我们当地一家企业在这点上做得就很好,他们专门给员工发了一本名为《雷区》的小册子,明确地强调哪些行为是企业绝对禁止的,在"雷区"周围挂起一圈耀眼的提示灯。

将要去打仗的人,却没受过军事训练,肯定是白白送死当炮灰。有人讲,**没有经过培训的业务员是企业最大的成本**,因为他们不得要领,效率低下,甚至得罪客户,这样既浪费企业的资源,员工自身又难有好的收益。

其实,何止业务员如此,企业内部所有的人员莫不如此,不教而战,要是能打好仗,也是蒙的呗。所以,西方管理学者提出,要建设学习型组织。在具体实践中,一些优秀的企业把"学习型组织"的理念进行因地制宜的改造,推行"教学型组织",把教育培训贯彻到企业的各个层面,取得了积极成效。

不越位

> 子曰："不在其位，不谋其政。"
> ——《论语·泰伯》
>
> 曾子曰："君子思不出其位。"
> ——《论语·宪问》
>
> 人病舍其田而芸人之田。
> ——《孟子·尽心下》
>
> 君子素其位而行，不愿乎其外。
> ——《中庸》

"不在其位，不谋其政"，这似乎与现代民主政治是矛盾的，在野党不在其位，但天天比执政党操心。另外，儒家不是强调"以天下为己任""天下兴亡，匹夫有责"吗？

其实不矛盾，家事国事天下事，事事关心，这是儒家在人生层面倡导的理想情怀。而"思不出其位"讲的是处事层面的行为准则，是一种稳健务实的工作作风。

不在其位，而谋其政，就如孟子所形容的，自己家的田地杂草丛生，他不管，却跑到别人的田地里去除草。这用句粗话讲，叫作"皇帝不急太监急"。这不仅是讨人嫌的，甚至是要命的。《韩非子》里有个故事，一个管帽子的官员，因为怕国君着凉，就随手给睡着的国君披了件衣服，后来，就被杀了。因为，这个活儿应当由专门管衣服的官来做，这个官员"越其职，当杀"。

所谓"当局者迷，旁观者清"，其实只适用于少数情况。多数情况下，只有当局者才真正了解实情，把握玄机。很多做法在局外人看来似乎不尽合理，而当局者已尽最大努力。所以，不要以为在位的人都是傻瓜，需要你去给他们指点。有时，他们想听一下你的意见，不过是作出一个谦虚的姿态。

据说，任正非对于初进华为的员工有一个说法：**小建议，大奖励；大建议，只鼓励**。因为，大建议不是你一个新兵蛋子担得起的。

一个组织怎样才能最有效率？很简单，各安其位，各负其责，各精其道，各自努力，在整体上就会最有效率。如果职能重合，或者都各自想着别人的事，越俎代庖、越位管理，就会产生大量的矛盾和内耗。很多老板都犯这个毛病，本属于下属的工作，可他总放心不下，有时干脆就自己代劳，最后自己累死了，下属也没成长起来，诸葛亮似乎就有这个问题。

俗话讲，自家各扫门前雪，莫管他人瓦上霜。这看似消极，可稍稍思考就会发现，谁若热心地跑到别人的屋顶上去扫雪，那真就疯大了。穷则独善其身，思不出其位。素位而行，管好自己吧。

做人三层次

> 子路问君子。
> 子曰："修己以敬。"
> 曰："如斯而已乎？"
> 曰："修己以安人。"
> 曰："如斯而已乎？"
> 曰："修己以安百姓。"
> ——《论语·宪问》

"修己安人"被公认为儒家思想的主题，它体现了儒家"内圣外王"的思维方式，也开创了"修身、齐家、治国、平天下"的思想框架。这样重要的课题，我们还是要作一个简单的诠释。我理解，这段话讲了成功做人的三个层次。

第一层次，修己以敬。

敬什么？敬人、敬事、敬天地。就是恭敬地对待交往的各种人，认真地对待工作和生活中的各种问题，对天地自然保持一份谦卑。这样自然可以形成良好的人际关系，避免被人伤害，同时在工作和生活上也都会比较顺利。独善其身，自己活好，生活质量不错，虽不能造福于社会，但肯定不会给社会添麻烦。

人生中的道理太多了，这本书里我也写了很多，要都装在心里，你可能觉得烦。那么，好吧，就只记住这个"敬"字吧，每天在心底念叨几遍，人生就会不同！而没有这个意识，做人可能就会是失败的。

第二层次，修己以安人。

安人就是使人安，安居、安心、安乐、安全、平安，就是造福于家族、亲戚、朋友、乡邻、同事。咱们身边的一些能人，包括官员、企业家，都是如此。这些人在古代相当于乡绅之类，他们掌握较多的资源，有经济条件，积极捐资助教、扶助老弱、修桥铺路、解决就业，可谓安人。

第三层次，修己以安百姓。

安百姓，就是造福于国家、社会。很多国家层面的官员、企业家，包括学者都可以接近这种状态。学者的意义在于提供思想、倡导风气，这对于国家、社会的发展无疑也是具有现实意义的。

很明显，做人层次的高低与人生成就、成功程度正相关。而成就、成功都有命运的因素，不能完全由自己把握，人能把握的是什么？是修己，修炼自己、提升自己、完善自己，这是安人、安百姓的基础，没有这个基础，上面的一切就都是空中楼阁，是靠不住的、长久不了的。

精神领袖

> 子曰:"无为而治者,其舜也与?夫何为哉?恭己正南面而已矣。"
>
> ——《论语·卫灵公》

老子在《道德经》里有十多处讲"无为",形成了以"无为"治理国家的完整的思想体系,他强调减少政府干预、休养生息。凭借这种思想,汉朝开创了"文景之治"的盛世局面,以后历朝历代的治国方略都从中汲取了营养,甚至于开启了今天通行世界的自由市场经济。

然而从孔子这段话,我们看到,"无为而治"不是道家的专利,而且,在我看来,儒家的"无为而治"讲得更具有操作性。比如,孔子强调的**"为政以德""礼乐教化"**,以及**"先有司、赦小过、举贤才"**等,如果这样的一个国家治理架构能建立起来,这个国家机器就可能实现自动运行、自我优化,国君自然就可以"恭己正南面而已",只要不出什么大错,在王位上一坐就天下大治。

现在世界上仍然有很多君主立宪的国家,如英国、日本、泰国,这些国家的君主实际的统治权已经不同以往,但仍然代表着至高无上的皇权,并在事实上达到了"无为而治"的境界。二战后,美国人曾想把日本天皇作为战犯来审判并废除,但研究其国民心理的学者认为,天皇是日本人的精神领袖,保留天皇,有利于对日本战后局面的控制。其实古今中外那些达到无为而治的帝王们,所扮演的都正是这样一种精神领袖的角色。

精神领袖不限于国家层面,在企业及各种组织里都可能存在。精神领袖不是一下子就生出来的,必然要经历一个漫长的从"有为"到"无为"的过程,带领众人"先之""劳之""无倦",艰苦卓绝地奋斗,从而树立起巨大的权威,形成巨大的人格魅力,经历无数的试错、挑战、思考、总结、生发,形成强大有效的思想体系来指引发展,最终才可能无为而治。

对于国家层面以下的精神领袖，人们常常借用基督教的称谓：教父。

容忍个性强的下属

> 将大有为之君，必有所不召之臣；欲有谋焉，则就之。
> ——《孟子·公孙丑下》

孟子讲这段话的情境挺有意思的。孟子正准备去面见齐王，这时齐王派使者来说：齐王病了，想请孟子明天过去。孟子的脾气一下子上来了，说自己也病了，明天去不了。结果第二天，孟子却出门去参加一个白事。不承想，齐王派医生来看孟子。家里人只好搪塞，说孟子病好了，他去朝见齐王了，可能是在道上了，同时，赶紧派人去找到孟子，让他别回家了，快去齐王那里。

一个朋友因此就批评孟子做得过分，于是孟子就跟朋友讲了这段话，并指出商汤之于伊尹、齐桓公之于管仲，都是亲自上门请，而且不是一次就能请来的。这足见孟子的自负。不过，这样一解释，应当给齐王一个台阶下：我能容忍孟子的做法，就是"将大有为之君"。孟子没词有想到的是，这句情急之下的托词，发展成一种"以德抗位"的价值观，在后世救了无数人的命。

元、清两朝都是少数民族执政，大量汉人的精英分子非常抵触，坚决不为执政者服务。元世祖忽必烈曾征召名士刘因入朝做官，刘因以身体有病为辞拒不受命，而忽必烈不但不发怒，反而称赞道："古有所谓不召之臣，其斯人之徒欤！"清初，很多明朝遗老学问好、声望高，有的被绑到北京，朝廷强制要求其做官，他们仍然坚决不妥协，如此对抗，竟能免杀身之祸，也是得益于孟子这段话。

今天的领导者们，应当学会容忍那些个性强的下属，要有礼贤下士的胸怀和涵养，在必要时，要放下身段，做出一些姿态来。当然，这个让你容忍的下属应当是人品和能力都为大家所折服的，不然，你的容忍会被认为是软弱可欺，那就乱套了。

领导者的框架

> 道千乘之国，敬事而信，节用而爱人，使民以时。
> ——《论语·学而》

这本是给国君的建议，是一个治国的框架方案。企业和其他组织的领导者也应当建立这样一个框架。

"敬事"就是敬业。**得把这个事业当回事啊，得认真、慎重、全力以赴**。要么不做，要么做好，没有中间路线。绝大多数企业，看似很多人一起努力在做，但根本上还是老板一个人在做，老板一甩手，这个企业必死无疑。你自己的企业，你都不上心了，哪个员工还会跟在你后面费劲啊？所以，历史上，哪个朝代要亡国，肯定是先从皇帝荒废朝政开始的。所以，领导者要"敬"字当先！

"信"就是说到做到。老板与员工之间都存在着某种契约，信守这个契约是非常重要的。最底线的一个契约是：我给你开多少工资，你给我干多少活。我给你的工资低吗？你觉得低可以不来；你来了，就是认可这个契约，就得尽心干。而我则保证工资一分不少，提成一毛不差，发薪时间一天不晚。你再不好好干，就是你的问题了，我罚你、开除你，理直气壮。这就是领导者坚持"信"的意义，只有"信"才能硬气！

"节用"分为两方面：

一是省着点用钱。

要做好成本控制，不要看到一些行业如何烧钱就头脑发热。那些都是特例，不适合你的，放心吧，你看那些央视的"标王"死了多少就知道了，**量入为出是天之道**。不但要省着花，还要注意积攒，**健康的企业手里应当攒些现金**。松下幸之助有个著名的"水坝理论"，就是强调企业要有现金储备，才可以应付各种不可预见的经营局面，进退自如。

二是省着点用人。

对员工不要太苛刻，不要弄得跟资本家榨取工人血汗似的。也不要对自己太苛刻，身体是革命的本钱，本钱没了什么也干不了。

"爱人"就是对员工要有爱心。要"**己欲立而立人，己欲达而达人**"，要鼓励员工成长，帮助员工成功。**就像曾国藩所说的，要用父兄对子弟的心来对待下面的人**。

"使民以时"，本是强调国君征兵役、劳役时，不要与农忙时节冲突。对企业来讲，可以理解为要有合理的工作时间，加班要适度，要给员工生活的空间。另外，这句话也强调做事情要把握好时机、看准时机，要鼓励员工们全力以赴、一鼓作气；时机不到时，就不要总是一根弦绷着了，要张弛有度。

领导者的四种武器

> 知及之，仁不能守之，虽得之，必失之。知及之，仁能守之，不庄以莅之，则民不敬；知及之，仁能守之，庄以莅之，动之不以礼，未善也。
>
> ——《论语·卫灵公》

这段话提出了领导者的四种武器：知（智）、仁、庄、礼。这是儒家的统驭术，与法家所强调的"法""术""势"是异曲同工的。

知，就是才能，这是领导者的第一种武器，没有这个，创业者不可能成功，做官的也爬不到某个位置上去。有才才有位，但仅有才，这个领导是当不稳当的，还要仁。

仁者，人也。仁，就是团结人。对上忠诚、对下宽厚、对平级恭敬，这样就能把各种人都团结在自己身边，让他们都支持自己，而不是跟自己对着干、给自己下脚绊。这样你的地位才可能稳固。然而，领导者最终是要带领众人一起做成一些事情的，在这个过程中，只讲一团和气是不行的，还要庄。

庄，就是权威。要能镇得住人、压得住茬，你一瞪眼，得让下面人心里发颤。怎么做到呢？最起码的是举止庄重、言行得体。你坐没坐相、站没站相，员工怎么可能看得起你？

然后就是公生明、廉生威。对谁都没偏没向，自己的手也干净，在谁那儿也没有短儿，这样自然理直气壮、让人服气。这些还不够。知、仁、庄都还是对领导者笼统的要求，凡做事定然千头万绪，不能只凭一种笼统的素养临机决断，还要有一套细化的做事规范。

礼，就是规范。自己的言行要有规范，指挥员工做事要按规范，对员工进行奖惩也要按规范。这些规范其实也是某种契约，遵守契约，一般会皆大欢喜，就算有人受了损失，他也不能有什么怨言。

领导者的终极智慧

子曰："尊五美，屏四恶，斯可以从政矣。"

子张曰："何谓五美？"

子曰："君子惠而不费，劳而不怨，欲而不贪，泰而不骄，威而不猛。"

……子张曰："何谓四恶？"

子曰："不教而杀谓之虐；不戒视成谓之暴；慢令致期谓

之贼；犹之与人也，出纳之吝，谓之有司。"

——《论语·尧曰》

何以称此"五美四恶"为终极智慧呢？因为这是《论语》最后一章压卷的，是对尧、舜、禹及孔子为政思想的总结。

但遗憾的是，原文中对于"五美"有直接的解读，我斗胆想，那段解读有违《论语》一贯的简约风格，应当不是孔子的原意。在我看来，这"五美"已经很明白了：

"惠而不费"，就是领导者要有财散人聚的意识，要善用奖励、激励的手段，要关爱员工；但要有原则、有规矩，不可滥赏、滥施仁爱，不该奖的你奖了，那就会助长坏的风气。

"劳而不怨"，这句话重点不是讲劳作，而是强调严于律己、宽以待人的态度。作为领导者，或者有领导意识的人，当然要比别人付出更多的劳动，要更勤奋、更敬业，而你的员工和同僚则相对要松懈一些，这是正常的。你不能心理不平衡，不能抱怨、指责，而要团结他们。

"欲而不贪"，就是**领导者要有野心、有斗志，积极开拓、创新**，这是必需的；但不能过分贪婪，**要懂得节制，要有风险意识**。著名的"围棋十诀"，第一条就是：不得贪胜。

"泰而不骄"，就是大气而不傲气。领导者站位要高，要有远见，要有大格局、大气魄、大胸怀，要从容淡定。但这些都是内在的力量，不要刻意显露，否则就容易流于骄傲之气。**曾国藩讲，天下古今之才人皆以一傲字致败**。上帝欲使人灭亡，必先令其疯狂。人一旦忘乎所以、不知道自己姓什么了，好日子肯定很快就到头了。

"威而不猛"，就是领导者要保持自己的权威。靠什么？两样：一是能力和业绩，让人服气；二是严格落实惩罚措施，让人害怕，而不是靠咋咋呼呼地唬人，惩罚员工时也必须有法可依，不可过分、失当。

"四恶"就是领导者常犯的四种错误，体现在以下四个方面的执行不到位：

一是培训，要强调什么错误绝对不能犯。

二是指导，要随时、及时进行。

三是督查，要随时检查工作进度等情况。

四是奖惩，要严格执行、及时执行。

所谓"领导"，就是带领众人之意，领导智慧说到底是与下属相处的智慧，无非上述这些。

财富

| 财富之外 |
| 赚钱是为了更好地活着 |
| 义利之辩 |
| 财散人聚 |
| 摒弃对富人的偏见 |
| 生财有大道 |
| 怎样面对贫穷或富有 |

财富之外

> 子曰:"富而可求也,虽执鞭之士,吾亦为之。如不可求,从吾所好。"
> ——《论语·述而》
>
> 子曰:"饭疏食饮水,曲肱而枕之,乐亦在其中矣。不义而富且贵,于我如浮云。"
> ——《论语·述而》
>
> 暮春者,春服既成,冠者五六人,童子六七人,浴乎沂,风乎舞雩,咏而归。
> ——《论语·先进》

有一次别人问我现在的理想是什么。我鼓了鼓勇气说:"升官发财。"这是真想法啊,可说出来心里虚虚的。在这一点上,孔子表现不俗,他毫不避讳自己对财富的渴望。他讲,要是能发财致富,让我做个马夫,我也干。这是咱们劳动人民的心声啊!《尚书》讲,人有五福,其中富是排在第二位的。所以,追求财富,天经地义,没必要心虚。

曾有学者把世界上那些无比迷恋读书的人们称为"读书教"。按这个思路讲,世界上最大的宗教定然是"拜金教",最大的神是"财神",最大的信仰则是"拜金主义"。"拜金主义"这个词之所以现在少有人提及,是因为大家都已经皈依了它。

今天的英雄主要是财富英雄,他们是"拜金教"里的"教父""圣贤"。然而，就像任何宗教里你拜的那个神未必眷顾你一样，你渴望财富，愿意为它做任何事，也未必能富。怎么办呢？或者，你为它起早贪黑、忍辱负重、出生入死，最终真的富了。然后，怎么办呢？出路都是一样的，都是"从吾所好"。

孔子好什么？好学，好古，好诲人不倦。于是他就去教书做学问了。教书做学问可富不起来，怎么办？安贫乐道！在并不富裕的生活里到处都可以发现快乐。躺在地上，头枕胳膊，看天空云淡风轻，这是快乐。夏天到河里洗个澡，也是快乐。而更主要的快乐在于，每天做自己喜欢的事，并且是有长远意义的事。这需要很多钱吗？不需要！

也许你要说，你喜好豪车、豪宅，并渴望拥有获取这些东西时所产生的心理满足感。那么，你应当看到这个世界上最富有的那些人，并非都在享受这些东西。他们在做什么呢？比如比尔·盖茨和巴菲特，他们一方面在继续各自的工作，另一方面在做慈善，这是他们的"所好"。

孔子的"所好"与盖茨的"所好"，其本质上是一致的，都是立足于人生的意义。财富只能解决生存层面的问题，人生的意义远不止于此。如果人生没有活出一种意义，富贵难道不是过眼烟云吗？

赚钱是为了更好地活着

仁者以财发身，不仁者以身发财。

——《大学》

吃饭是为了活着，而活着不是为了吃饭。同样，人活着不是为了赚钱，赚钱是为了更好地活着。但很多人钱赚了不少，身体却搭进去了，最后，钱在银行，人在天堂。

我老家的俗话说：赚再多的钱，也只是花浮头上的。"浮头上"是我们的方言，意思是最顶上的。比如你挣的钱有一麻袋，你真正花的不过是麻袋口的那些,下面那绝大部分,都是房子、股票、存款,若干年后它们有一个共同的名字——"遗产"。

"身"不仅是"身体"的意思,还是"修身"的"身"。杜维明教授讲过一个笑话:有人讲,"佛教修心,儒家修身",这样把身心分开,是不是说儒家要人们都做运动员啊?儒家讲的"身",一般是指身体和心灵的整体,修身就是要实现身心的和谐,提升内在的德性和力量。**修身的最高境界是"在亲民,在止于至善"**,就是造福人类。同样,以财发身的最高境界也是如此。

曾国藩讲:"拼命报国,侧身修行。" 每个人在追求财富的过程中,其实都有一个并行的主题,就是修行、修身,只是当事者未必明确地意识到。因为谁赚钱也不是一帆风顺的,都有七灾八难,都要让身心经历磨炼,修行在不经意间让人不断成长。

明确这个修行的意识是必要的。钱是身外之物。有了这样的意识,在面对赚钱的过程中所遇到的各种困扰时,你会想到,这只是对自己的磨炼,从而更加镇定;在实现赚钱的目标时,你会想到,这些钱是可以用来做更多事的,是用来提升自己的,从而更加冷静。

义利之辩

君子喻于义,小人喻于利。
——《论语·里仁》

富与贵,是人之所欲也;不以其道得之,不处也。
——《论语·里仁》

不义而富且贵,于我如浮云。
——《论语·述而》

仁义而已矣,何必曰利?
——《孟子·梁惠王上》

> 行一不义，杀一不辜而得天下，皆不为也。
> ——《孟子·公孙丑上》

儒家从未反对过追求财富，甚至孔子还讲过，在一个政治清明的社会里，你却穷困不堪，除非有不可抗的原因，否则是可耻的。儒家只是强调，"君子爱财，取之有道"，就是不违背道义、道德，钱要干净。孟子甚至讲，如果违背道义，即便让我当帝王，我也不干！

人们在追求财富的过程里，必然要面对激烈的竞争，兔子急了会咬人，狗急了会跳墙，人急了会不择手段，抛弃道义就不足为怪了。以至于，人们慢慢对富人形成了"为富不仁"的印象。再加上这句著名的"君子喻于义，小人喻于利"，最终使中国人对钱有了一种纠结心理——心里爱，但不敢表现，怕被人看作小人。

这种文化背景，使明清以前的商人的地位一直很低，工商业发展也受到了抑制，深受儒家思想影响的日本也是如此。所以，当明治维新后日本开始大力发展近代工业时，其近代工业之父涩泽荣一就专门写了一本书《论语与算盘》，希望改变人们对于追求财富的偏见，并且提出"士魂商才"的理念，认为儒家思想不但不会否定工商业的发展，相反对于发展实业还有着重要的指导意义。

其实，早在西汉，董仲舒在注解"君子喻于义，小人喻于利"时，就指出，这里的君子指的是官员，小人指的是老百姓，这段话没有价值评判，而是强调官员的责任。他援引了一段史实：春秋时，鲁国宰相公仪休看到妻子种菜织布，非但不为其贤惠高兴，反倒大发雷霆，把菜地毁了，把织机砸了。为什么呢？**公仪休说，当官的不能跟老百姓抢饭吃**！这就是"君子喻于义"的本义所在。

官员是有固定工资的，你只管干好工作就可以了，如果还在钱财上动心眼，肯定就有问题了。国家也一样，有固定的税收，国家的职责是确保公平、自由、稳定，用孟子的话讲，也就是"仁义而已"，而不是开办企业赚老百姓的钱。

老百姓则不然，必须要赚钱啊，不然就没法生存。只是在赚钱的过程中，咱们要见利思义，不能没有道德的约束。而且，儒家指出："放于利而行，多怨。"如果一个人一味地钻到钱眼里，除了钱之外什么都不顾及了，定然招致众人的怨恨，而不能形成稳固的事业基础，这样的收益如同兔子尾巴，是长不了的。

财散人聚

> 财聚则民散，财散则民聚。
>
> ——《大学》

简而言之，四个字：财散人聚。

2007年，阿里巴巴在香港上市，几乎所有中文媒体在报道这件事时，都会大讲马云如何"财散人聚"，如何把大部分股权分享给团队和员工，而自己只保留非常小的比例。这可以看作古老的儒家思想在现代企业运营中发挥力量的一次鲜活展示。

这里面有很多重要的问题值得探讨。

第一，儒家是承认利益驱动的。老百姓是谁给钱就跟谁走的，"有奶就是娘"这话不好听，但事实如此啊。孔子还讲过，"惠则足以使人"，给他好处就可以使用他，有钱能使鬼推磨！"财散人聚"不单纯适用于老板对员工这样的上对下的关系，也包括平行的关系，如朋友、同事、亲戚、客户。还包括下对上的关系，比如对领导。我当然不赞成行贿，只是要提醒自己在处理这些关系时，在道德和情感的基础上，手要大方些、活便些。

第二，分利的问题。当我们赚到每一笔钱时，应当充分考虑在这个过程中出力的每个人，要一个不落地都能够按出力大小恰如其分地给予红利分享，这样才可能有以后的合作。这是实实在在的钱生钱的过程。

如果我们把分利提到获利之前，一般效果会更好。

第三，股份制其实是把"财散人聚"的理念给制度化了。每个发展中的企业，都会面临这个制度选择，发展到一定程度时，几乎是必须的。但如何既使人聚，又能少散财，是每个老板纠结的地方。财散了，人没聚，怎么办？

第四，这句话的原意是从国家层面讲的，所提倡的是藏富于民，"废山泽之禁，弛关市之税，以惠百姓"，这一直是儒家向执政者所极力呼吁的。

第五，有人就有财。有人在，何愁没钱呢？所以，曾国藩总结一辈子做官、带兵的经验后得出一个结论：**得人为唯一可恃之事**。

很多白手起家的创业者从小生活简朴，丝缕维艰，"爱财如命"，尤其要痛下决心，树立起"财散人聚"的观念，不然就如绝大多数的创业者那样，若干年后，要么关门，要么仍是个夫妻店，要么充其量成个土财主。

摒弃对富人的偏见

> 由君子观之，则人之所以求富贵利达者，其妻妾不羞也，而不相泣者，几希矣！
> ——《孟子·离娄下》
>
> 阳虎曰："为富不仁矣，为仁不富矣。"
> ——《孟子·滕文公上》

对富人的偏见，往往来自几个方面：

一是，富人掌握着更多的资源，有更多的机会，让人羡慕、忌妒、恨。

二是，人们对富人有太多的期待，一旦落空，就会心生怨恨。

涩泽荣一在书里就提到，自己每天收到很多陌生人的来信，他们讲述各自的遭遇，最后都是希望得到资助，而他不可能给所有人以满意的答复。我偶尔与大老板交往，不由自主地就会想：如果他给我一些支持该多好。但为此，我又会狠狠地警告自己，这样想不但什么也得不到，而且会失去这个可能成为朋友的人。

三是，少数富人的炫富、为富不仁的行为。

还有，就是儒家对富人的偏见，在后世形成了一种习惯性心理。儒家多数是"志于道"者，是穷的，他们可能确实看到了富人不仁的劣迹，但也难免对财富有吃不着葡萄说葡萄酸的心理，得不到就贬低，是典型的精神胜利法。

同时，儒家都是文化人，掌握着话语权，很多人还掌握着政治权力，对富人具有政治优势，于是，由敌视发展为打击，打击得理直气壮。中国古代有"四民"，即士、农、工、商，商一直是垫底的。

孟子讲过一个小故事：一个齐国人貌似很有钱，不但有妻子，还有一妾，每天早出晚归，喝得醉醺醺的，自称是出入各种宴会。有一天，妻妾尾随其后，发现他哪里是出入宴会，而是去吃人家的丧饭、祭酒。孟子由此摆出一个观点，就是本篇开头这段话，意思是：富人背后都有为人不齿的事。

然而，从另一个角度讲，这个故事也反映出，富人背后都有不为人知的辛酸。谁没有尊严啊？谁不想走正道？谁不想占据世俗道德的制高点？谁不想立牌坊啊？可现实是残酷的。努力是必须的，吃苦是必须的，智慧和思考也是必须的，然而这还远远不够。有个身家上亿的朋友讲：事业要发展，脸皮就要有弹性！就是要忍辱嘛，要放下尊严。

有时，我们感觉一个朋友一旦有钱了，就变得怠慢你了，可你只看到他的钱多了，没有看到他面对的人和事也更多了，他不可能还像当年那样跟你一泡一整天了。而且你们彼此之间思考的问题、观念也都在拉开距离，对此，彼此都应当坦然面对才好。

为成为富人而奋斗的人们摒弃对富人的偏见，富人则以"为富不仁"自警，如此才利于建设一个和谐向上的社会。

生财有大道

> 生财有大道：生之者众，食之者寡，为之者疾，用之者舒，则财恒足矣。
>
> ——《大学》

这段话是讲国家财政的：要鼓励生产，精简政府人员，政府行为对生产的干扰要降到最低，财政支出上要严格控制，这样就能长保国家财政的充裕。

在今天，这个理论也没有问题。

美国出现次贷危机时，有专家就批评其病根在于美国经济把重点都放在了金融等服务型产业上，而忽视了农业、工业等生产型产业的发展。

"为之者疾"，就是政府鼓捣什么事得利索点，别太兴师动众了。如办奥运会，伦敦那一届，离开幕只有两天了，人家这个城市就还像没事似的，这就是值得学习的。

咱还是从个人或企业理财来讲，开头这段话同样是生财之大道：赚钱的地方多，用钱的地方少，挣钱快，花钱慢——那样的话，钱当然总是充足的啊。这似乎是废话，其实，最简单的才是最接近真理的。

商业模式都是越简单就越赚钱。比如中国电信赚钱就很简单啊，它把基础通信设施建起来，你用它的线路打电话，它就坐着收钱了，这多简单啊。银行赚钱同样很简单，用低利息把钱都吸进来，再用高利息把钱贷出去，空手吃利息差。

沃尔玛也一样，所有的商品低买高卖。麦当劳就这几样简单食品，用汉堡包来保本，用饮料来赚钱。一个营业厅、一个加油站、一家商场、一个门店赚钱有限，没关系，连锁！"生之者众"，规模化，就可以了嘛。股神巴菲特也没有什么独门绝技，就是盯住那些价格低于公司价值的股票，专家们美其名曰"价值理论"，其实就是"捡便宜"。

扩大规模，提高效率，降低成本。天下所有赚钱的"道"，无非如此。

怎样面对贫穷或富有

> 子贡曰："贫而无谄，富而无骄，何如？"
> 子曰："可也。未若贫而乐，富而好礼者也。"
> ——《论语·学而》
>
> 子曰："士志于道，而耻恶衣恶食者，未足与议也。"
> ——《论语·里仁》
>
> 子曰："贤哉，回也！一箪食，一瓢饮，在陋巷。人不堪其忧，回也不改其乐。贤哉，回也！"
> ——《论语·雍也》
>
> 子曰："贫而无怨难，富而无骄易。"
> ——《论语·宪问》

归根结底，人的生存状态分两种：贫、富。贫富问题向来是所有社会问题与人生问题的根本。历代王朝的倾覆莫不是因为贫者无立锥之地，没有饭吃——饿死也是死，造反也是死，索性造反，那样死得也不算窝囊。

反过来讲，如果老百姓日子过得去，谁会铤而走险啊？古语云：天下熙熙，皆为利来；天下攘攘，皆为利往。在今天的市场经济环境下，金钱是资源配置的筹码，普天之下，亿万黎民，三教九流，三百六十行，日出而作，日落不息，大家拼的无非是多挣点钱，变贫为富。那么，我们应该怎样面对自己此刻或贫或富的生存状态呢？

先说怎样面对贫穷，主要有以下四点：

一是，贫而无谄。

我贫穷，但穷得有骨气，人格独立，对富人不巴结、不谄媚、不迎合、不讨好。你有个金山，与我无关，我要饭也要不到你门上。

二是，贫而乐道。

这个"乐道"，不是坐而论道，而是"志于道"、笃行道。我贫穷，但不为贫穷而沮丧，不向生活妥协，而是坚持理想和信念，不懈奋斗。

三是，不改其乐。

快乐与物质无关，而源于心境和精神。在贫穷的生活里，善于发现乐趣，拥有乐观向上的心态。

四是，无怨。

俗话讲，贫贱夫妻百事哀。贫穷绝不是好事，滋味也不好受。但抱怨有什么用呢？**怨天尤人只能浪费时间，消磨斗志**。仇富也不能让自己富有。不如埋头苦干，沉默前行。

怎样面对富有呢？要达到下面两层境界：

第一层，富而无骄。

要懂得谦虚低调，以持盈保泰。人们之所以仇富，是因为很多暴发户的炫耀、跋扈刺激了大众的神经。这样的富人，早晚会付出代价的，打土豪斗地主的事情其实离我们并不遥远。"**君子有大道，必忠信以得之，骄泰以失之**。"财富来之不易，我们要好自为之。

第二层，富而好礼。

好什么礼呢？《孔子家语》里有个故事，讲南宫敬叔因为富有，把鲁国的国君鲁定公给得罪了，于是逃到卫国，卫国的国君却想把他遣返回国，南宫敬叔只好给卫国国君拉了一车宝贝去。孔子于是评价道："富而不好礼，殃也，敬叔以富丧矣，而又弗改，吾惧其将有后患也。"他要倒霉了啊。

南宫敬叔跑来向孔子请教，孔子就给他指出了一条生路。什么生路呢？"循礼施散"，就是按照礼的要求，把钱捐出去、散出去。散给穷人吗？当然，这是必须的，买个好名声嘛。但绝不仅仅是只给穷人啊！从古至今，以富得罪于统治者的事不胜枚举。有句话叫作富可敌国，言下之意就是对统治者构成威胁。所以，富而好礼是保命的手段。

在这个故事里，还有一个信息：这位富豪南宫敬叔是孔子的好朋友。当年孔子去周王朝会见老子时，南宫敬叔是一起同行的，算是赞助商吧。如果你正"贫而乐道"，于此当有所启发。

家庭

| 婚姻是一个大学堂 |
| 做个顾家的男人 |
| 最持久的快乐 |
| 兄弟情 |
| 家庭教育与爱的中庸 |

婚姻是一个大学堂

> 君子之道，造端乎夫妇。及其至也，察乎天地。
>
> ——《中庸》

君子之道，开始于夫妇。那么，一个人没有结婚，是不是就无法真正理解和践行君子之道呢？是不是就像我们当地一句俗话所讲——80岁不结婚也是个孩子？我想，确实是这样的。

我们的先民透过婚姻现象去思考自然规律，《周易》提出"天地之大德曰生"，生存、生育、发展是自然界昭示出的最高道德，这也应是源自婚姻的启示。

儒家所谓的君子之道，主要强调两方面：一是内在的自我修养，二是外在的处理好各种人际关系。

就修养来讲，婚姻让我们真正成熟起来，对人生有更深刻的理解，对自我则有彻底的改造。为什么呢？因为没结婚时，他是一人吃饱全家不饿，而且谁也碍不着，自由逍遥；结了婚，组建了家庭，则是家家有本难念的经，经济上要提高，情感上要巩固，关系上要协调，生理上要健康，心理上要坚强，既要百炼成钢，又要准备好"何意百炼钢，化为绕指柔"。

就关系来讲，夫妻的关系最复杂，本来八竿子打不着的两个人，不可思议地就睡在了一张床上，而且睡一辈子，死了还得长眠在一个坟墓里。在这个漫长的过程里，少不了审美疲劳，难免再爱上几个人渣，更少不了爱恨情仇、悲欢离合、酸甜苦辣、忠诚与背叛、斗争与妥协、激情与冷漠。皇帝不好，我辞官回家；朋友不好，我绝交；父亲不好，咱本来一年也见不了几回；兄弟不好，可以少来往；妻子不好，我离婚——可离婚后孩子怎么办？打断骨头连着筋。

元代大书法家赵孟頫想纳妾，他的妻子管道升写了一首诗送给他，一下就把他的这个念头打消了。"你侬我侬，忒煞情多；情多处，热如火。把一块泥，捻一个你，塑一个我。将咱两个，一齐打破，用水调和。再捻一个你，再塑一个我。我泥中有尔，尔泥中有我。我与尔生同一个衾，死同一个椁。"

自古以来，很多婚姻都是"政治"婚姻，夫妻关系的背后还有各自代表的家族之间的关系，甚至是国家之间的关系。在家庭内部，又有婆媳关系、妯娌关系、姑嫂关系等，这些关系之上则承载着孝、悌、忠、信、礼、义、廉等传统价值观。

要是把这一切都处理好，我看就相当于读到博士后了。

所以，婚姻是一个大学堂。同学们，好好学习，天天向上！

做个顾家的男人

> 君子不以天下俭其亲。
> ——《孟子·公孙丑下》

这段话是讲孝道的：任何情况下都不应在父母身上吝啬时间和金钱。从汉朝至清朝的"丁忧"制度生动地体现了这个思想——父母去世，再重要的官员也得把天下大事放下，回家守孝三年。

不过，这段话今天似乎值得拓展一下，亲也应当包括父母之外的亲人——妻子、儿女。好男人既要有事业，又应当顾家。事业与家庭是人生的两大主题，都经营好，才是完美的人生。

家和万事兴。其乐融融的家庭如同温暖的港湾，回到家里，在亲情和关爱之中，可以缓解一天的疲惫，让你精神饱满地重新回到事业的战场。在事业面临挑战时，家人是坚实的后盾，他们帮你分析对策，给你支持鼓励，让你坚定信心。有时候，家人还是你事业上最得力的帮手，最可信、最卖力。

而这样的家庭局面不是凭空而来的，是需要投入时间、精力和爱来维系的。陪老婆逛半天商场，对你可能是个苦差事，但她会因此高兴一个星期，她干家务更来劲，照顾孩子更用心，心情好身体就好，无形中还省了医药预算，所以，你的半天时间太值了。

反之，你只顾着忙事业，冷落了老婆，她可能有若干负面的表现，如发脾气、懒于做家务、训斥孩子，等等。冷落了孩子，孩子可能有若干负面的表现，如亲情淡漠、叛逆、学习成绩下滑，等等。

总之，男人若不顾家，家里的祥和之气就会寡淡，氛围就差，家作为港湾放松身心、调剂精神的作用就会减弱。一旦后院失火，你就会抱怨：干什么事业啊，有什么用啊！多数人做事业的动机是朴素的，就是为了挣钱，让这个家过上好日子，只是一忙起来，就把家给忘了。多数人六十来岁就退休了，重新回归家庭后，才发现家庭比事业更重要，往往还会意识到，把孩子培养成才，比自己挣钱更重要。

最持久的快乐

> 天下之士悦之，人之所欲也，而不足以解忧；好色，人之所欲，妻帝之二女，而不足以解忧；富，人之所欲，富有天下，而不足以解忧；贵，人之所欲，贵为天子，而不足以解忧。人悦之、好色、富贵，无足以解忧者，惟顺于父母可以解忧。

——《孟子·万章上》

名、利、权、情是人之所欲，人一生拼搏奋斗，为之付出全部，得到时，却与快乐无关。这是人生的悖论，挺不可思议的。

人都好虚荣，希望出名、被人称誉，但真出了名，那种满足感却只有片刻而已，烦恼和压力紧随其后。如刘翔，谁有他的名气大啊，万众瞩目，怎么办呢？带着伤病，硬着头皮也要往上冲啊，谁让他是刘翔呢？可在奥运跑道上跌倒的那一刻，同样万众瞩目，那会是怎样的痛苦？

金钱与权力可以让人兴奋，让人充满成就感。但首富和总统都有自杀的。硬币不可能只有一面。没有所谓的上帝的宠儿，上天在给你金钱和权力的同时，定然捆绑销售给你不喜欢的东西。

怎样的快乐是持久的呢？亲情带来的快乐是持久的。

一是儿女之于父母，就像歌里唱的，"投进妈妈的怀抱，幸福享不了"，在父母面前，儿女心情最放松，心灵最安宁。人之所以不快乐，主要是因为患得患失，一旦得到名、色、富贵后，立即会担心失去，来不及快乐，就变得不安了。而父母永远不会抛弃你，他们只会无条件地支持你、爱你。

二是父母给予儿女的关爱更是一种本能。孩子都是自家的好。孩子的一举一动、一笑一颦，都会给父母带来很大的快乐。拿我来讲，每天从幼儿园接送聪明乖巧的二女儿，是我一天中最惬意的时光。

所谓天伦之乐，就是指通过自然亲情感受到的快乐，这是最持久的快乐。

兄弟情

仁人之于弟也，不藏怒焉，不宿怨焉，亲爱之而已矣。
——《孟子·万章上》

曾国藩也讲过类似的话：隔辈人之间可能有代沟，尊长礼法也更加讲究，沟通时就得把握分寸；而兄弟之间则应当坦率，有一说一，不藏着掖着，你生他的气就告诉他，你对他不理解就告诉他，以兄弟之间的亲情为基础，顺其自然地相处。

古今中外，有无数兄弟情深的故事，打动了无数人的心。以下略举几例：

曾国藩与曾国荃，真正是"打仗亲兄弟"，曾国藩的家书很大一部分都是写给九弟曾国荃的，他们互通信息、分享经验、彼此提醒和批评砥砺。曾国藩甚至亲自编出写奏折的教材，帮助已经成为封疆大吏的曾国荃提高文书水平。年少时，曾国荃也曾是叛逆青年，寓居在京城大哥家读书备科举，却与曾国藩夫妇处不到一块儿，最后跑回了家。但在往后的岁月之中，兄弟携手，苦心励志，完成了大业。

苏轼与苏辙，都是诗文的天才，同朝为官，在艺术与政见上都是知己。苏轼那首著名的《水调歌头》里，"但愿人长久，千里共婵娟"就是写给弟弟苏辙的。苏轼黑白分明、率性为官，经常得罪朝中权贵，屡被打击、贬谪，苏辙也常被牵累，但毫无怨言。

苏轼因乌台诗案而下狱，苏辙奏请以官爵为兄赎罪，结果官职被降了好几级。晚年兄弟二人一个被贬到海南岛，一个则被贬到了与之隔海相望的雷州，"中秋谁与共孤光？把盏凄然北望"，兄弟离别的伤感让人痛惜。

画家凡·高一生颠沛流离，晚年还患了较严重的精神病，画作无人认可、一文不值，只有弟弟提奥对他不离不弃，帮了他一辈子。凡·高死后六个月，提奥也随之去世。

还有两部奥斯卡最佳影片《雨人》和《燃情岁月》，都是讲打断骨头连着筋、血浓于水的兄弟亲情，非常感人。

值得注意的是，儒家是强调兄弟之间的秩序的，悌是仅次于孝的，兄让弟，弟敬兄，在家族中嫡长优先，这种主从安排有利于减少兄弟之间的利益纷争。

家庭教育与爱的中庸

> 古者易子而教之。
>
> ——《孟子·离娄上》

易子而教，就是彼此交换孩子来教育，你教我儿子，我教你儿子。我在网上看郭德纲提到自己的师承，他的师父是侯耀文，师爷是郭启如。我一下就明白了，侯耀文的爸爸侯宝林用的就是易子而教的办法，他自己是相声泰斗，可却让儿子拜自己的老搭档为师，取人之长，主动吸收外部资源，从遗传学上讲，这是非常先进的。

其实，大多数人都在不同程度地这样做，很多父母或爷爷奶奶完全有能力也有时间自己教孩子，但还是会把孩子送到幼儿园。为什么呢？因为在幼儿园里孩子更听话、更爱学习、更独立，方方面面的表现都比在家里要好，俨然一个小大人。这又是为什么呢？因为父母和爷爷奶奶对孩子都有溺爱倾向，孩子自然就表现得任性、散漫，可到了幼儿园老师面前，多少就有些紧张感，适度的紧张感，会让孩子表现得更出色。

中国传统的家庭教育都强调严格，很少强调爱。因为我们的圣贤知道爱是天然的——庄稼看着人家的好，孩子都是自家的好——哪个家长也不会吝惜对于自家孩子的夸赞，孩子的一丁点聪明之举都不会逃脱母亲的"法眼"，这时去强调爱，其实是多此一举的。严格是对溺爱的调剂，客观上实现了爱的中庸。

严格体现在很多方面，这里我只强调三点：

一是，**父母对自己严格**。

为人父母了，就不能像单身时一样随心所欲，要给孩子做一个好榜样；要以身教为体、言传为用。上梁不正，还想下梁不歪，太难了吧？

二是，**孩子犯错会受到批评，要让他们承担责任**。

在家里，虽然不能"棍棒底下出孝子"，但当孩子犯错时，家长要批评教育；在学校，老师要对孩子有所约束，当他们犯错时要对其进行相应的惩罚。让小孩子对家长、对老师有几分怕，这是必须的。站在人生的角度，人知道害怕，有一个"慎"的意识，绝对是好事。

三是，让孩子多干活。

孩子力所能及的活尽量要让他自己完成，不能以写作业之类的话为词托词。多干活，眼里才能有活，才能勤快、主动，人生最重要的品质是从这上面培养出来的。

家庭教育的模式取决于家长的人生观、世界观，很难一概而论。我们理想中的那个教育目标是否正确，也是要进行认真反思的。

修养

| 四个约定 |
| 人为何有错不改 |
| 平常心即是道 |
| 没有过不去的火焰山 |
| 中国人修养的最高境界 |
| 克己复礼 |
| 修身概述 |
| 随遇而安 |
| 在反省中提升 |
| 做官的两大基本品质 |
| 骄傲与谦虚 |
| 三戒 |
| 要培养厚重的气质 |
| 为人处世的框架 |
| 怎样搞定人 |
| 五大功夫与天地境界 |
| 颜回的修炼 |
| 谈名声 |
| 颜回的高明 |
| 养心 |
| 道法自然 |
| 五字心法 |
| 跳出患得患失的怪圈 |
| 难矣哉 |

中国人修养的最高境界

> 喜怒哀乐之未发,谓之中;发而皆中节,谓之和。中也者,天下之大本也;和也者,天下之达道也。致中和,天地位焉,万物育焉。
>
> ——《中庸》
>
> 子曰:"中庸之为德也,其至矣乎!民鲜久矣。"
>
> ——《论语·雍也》
>
> 子贡问:"师与商也孰贤?"
> 子曰:"师也过,商也不及。"
> 曰:"然则师愈与?"
> 子曰:"过犹不及。"
>
> ——《论语·先进》

不知从何时开始,"中庸"成了贬义词,类似于中规中矩、圆滑、不出头不担事、谁也不得罪,还有平庸。估计这是在"五四"之后吧,因为,在之前的两千多年中,中庸向来被认为是中国人修养的最高境界。简单地讲,**中庸就是正好、恰当、合适**。就像形容美人,增一分则太肥,减一分则太瘦,不胖不瘦才好。这话说来轻巧,做起来却不容易。

人天性中就有过分的倾向。如赚钱,在若干年前我们都设想过:"等我赚到多少多少钱时,我就不这么玩命干了。"可当那个目标实现时,你反而更玩命了。得了八百妄想一千,得了一千还想要个金山。在钱财上，很少有人能适可而止、能正好，所以很多人为财而死。

物极必反，很多美好的品质因为过分而变得不美好。比如节俭过了就是吝啬，宽容过了就是纵容，仁爱过了就是溺爱，勇敢过了就是鲁莽，聪明过了就是狡诈，礼貌过了就是谄媚，等等。所以孔子认为，凡事过分了跟有欠缺一样都是不足取的。日本的德川家康则认为，凡事过分了还不如有所欠缺。

凡事皆有度，具体的度要自己拿捏。这个拿捏的本领则取决于人的修养离中庸的境界差多远。虽然现在反中庸，但长期以来对中庸的奉行，已经慢慢影响了中国人的国民性。周作人认为，这种中庸的国民性，不一定使我们做很大，但一定长久。

修身概述

自天子以至于庶人，壹是皆以修身为本。
——《大学》

子路问君子。
子曰："修己以敬。"
曰："如斯而已乎？"
曰："修己以安人。"
曰："如斯而已乎？"
曰："修己以安百姓。"
——《论语·宪问》

有斐君子，如切如磋，如琢如磨。
——《大学》

古之人，得志，泽加于民；不得志，修身见于世。穷则独善其身，达则兼善天下。
——《孟子·尽心上》

拙著《吃透曾国藩》的序言就是：修身是"中国式励志"的主题。修身是中国传统文化中最核心的价值之一。这里，我把它大事化小，简单讲几点：

"修"就是修理、修剪，就像园丁修剪绿植，使杂乱变有序，使孱弱变繁茂。"身"首先是指身体，要把身体"修"得健康、挺拔，修出精、气、神来。"身"还指自我、内心，包括意志、情感、智慧，这更主要。修理身体是有限的，身体就那么大的块，身上就那么多零件；修理内心是无限的，因为心无限，人性的弱点永远克服不完，大脑的潜质也开发不完，没有最好，只有更好。

修身的过程就像雕琢玉石，先用电锯割，大刀阔斧地修理，弄出个粗坯来，然后把工艺逐步往精细上走。**用朱熹的话讲，修身的过程就像炖肉，先用猛火煮，再用慢火温**。所谓猛火煮，就如曾国藩那样，立个修身十二课作为修炼计划，严格执行，长期坚持。所谓慢火温，就是在人生的岁月长河里不断反省、体悟、提升。所谓"如切如磋，如琢如磨"，这也反映出修身的初学之快和提升之慢。

修身的意义在于两方面：

一是，**正人得先正己**，你要去管理别人，"安人""安百姓"，就必须先把自己修炼好，才能办得到。

二是，即便你不去管别人，只管自己，要想把这辈子顺顺当当活下来，不好好修炼也是做不到的。起码你要"**修己以敬**"，树立一个敬的态度，也就是庄重、严肃、认真、谨慎、恭敬地对待天地自然、对待他人、对待事业。

在反省中提升

吾日三省吾身：为人谋而不忠乎？与朋友交而不信乎？传

不习乎？

——《论语·学而》

子曰："德之不修，学之不讲，闻义不能徙，不善不能改，是吾忧也。"

——《论语·述而》

曾子每天反省三方面的事务：工作、待人、学业。这三方面的事务分别对应三方面的品质：忠诚、谨言、惜时。

"为人谋而不忠乎？"为谁谋呢？当然是为雇主。每个人都有雇主：对于员工来讲，雇主是老板；对于官员来讲，雇主是国家和人民；对于老板来讲，雇主是股东和顾客。我们每天都在为雇主而工作，是不是做到了忠心耿耿、尽心竭力呢？我看真正做到的人极少，多数人都是怀私心、干私活、办私事、假公济私。站在雇主的角度，我们多么希望被雇者能有这样的反省啊！可我们自己反省了吗？

"与朋友交而不信乎？"可以理解为在各种人际交往中，说话是否足够严谨、言而有信，而不是信口开河、道听途说、吹牛扯谎。多数人会经常为说错话而自责，就属于这种反省。

"传不习乎？"老师传给我的这些学识，如果不经常地练习和实践，就会荒废掉。怎样才能不荒废呢？至少有一点，就是不浪费时间，要把工作、生活之余的时间都利用好。王阳明的《传习录》即由此句命名，书中讲的都是师生之间切磋学问的内容。

孔子反省的内容更侧重内在，包括克己、学习、做有意义的事、改正缺点几个方面。他忧虑自己的内容包括：那些欲望和不好的念头还总是冒出来；所作所为与所学的人生道理总还是不能契合；总还是把时间浪费在一些没有意义的事情上；自己的毛病很清楚，却不能痛下决心来改正。

我在做完每一件事情之后都会有一番反省总结，为此妻子讥笑我为"张总结"。我认为，**反省的过程就像是牛的反刍，苦的再尝尝它的**

苦，甜的再尝尝它的甜，这样体验更深切，也可以更好地吸收其中的营养。

反省不是一劳永逸的，就那三样事，曾子年复一年、日复一日，天天省三遍，说明问题一直在重复出现。但在循环往复、如琢如磨的反省过程中，人在不断地提升！

骄傲与谦虚

君子有大道，必忠信以得之，骄泰以失之。
——《大学》

愚而好自用，贱而好自专。
——《中庸》

孟子曰："附之以韩魏之家，如其自视欿然，则过人远矣。"
——《孟子·尽心上》

君子无众寡，无小大，无敢慢，斯不亦泰而不骄乎？
——《论语·尧曰》

前三句话指出关于谦虚或骄傲的四个方面：

一是从生存上讲，**骄傲有风险，谦虚才安全**。

关云长因为骄傲，大意失荆州，败走麦城，身首异处。历史上很多权贵的覆灭，归根结底都出在这个问题上。"骄泰以失之""满招损，谦受益"，这些道理谁都明白，可谁也克服不了，这是为什么呢？大概有几方面原因吧：

首先，人都需要他人的认同、尊敬，进而有炫耀的倾向；其次，强调对他人的优势，包括财富、权力、知识等方面的优势，会让人有一种心理快感；再次，温水煮青蛙，人变骄傲的过程与自身实力的提升及他人的包容程度是同时发展的，多数人会谅解一个强者适度的骄傲，多数人的谄媚也会助长这种骄傲。总之，一个人总是骄傲而不自知，祸患却潜伏着，某天它就会冷不丁跳起来，并将他击倒。

二是从智慧上讲，**骄傲是无知，谦虚才聪明**。自以为是的人，听不进别人的意见，常常是因为没有开放包容的胸怀和真正宏观的视野，认识不到自我的局限性，也不知道人类知识的局限。有两个著名体育品牌的广告语在这一点上可以给我们启发，一个是"没有不可能"，另一个是"一切皆有可能"。谦虚地听取别人的意见，不仅拥有了解决问题的机会，更是赢得朋友的机会。

三是从风度上讲，**骄傲是浅薄的，谦虚是优雅的**。你出身豪门或跻身权贵，却能低调地处事为人，你的魅力就会更加显现出来。

四是从情感上讲，**骄傲是令人讨厌的，谦虚是可爱的**。很多人的谦虚经常以幽默出之，比如前文提到的"孟之反不伐"：大军败退，孟之反勇敢承担殿后的任务，最后才回城，他却谦虚地讲，不是自己勇敢，而是因为马跑得慢。

第四句话讲落实。不论大事小情，不论面对的人是怎样的身份地位、人数多少，都不轻慢，都认真、小心地对待。这是谦虚在实践中的体现。曾国藩特别推崇这句话，认为击中自己的要害，于是**把自己的书房命名为"无慢室"**。

要培养厚重的气质

> 君子不重则不威。
>
> ——《论语·学而》
>
> 君子所贵乎道者三：动容貌，斯远暴慢矣；正颜色，斯近信矣；出辞气，斯远鄙倍矣。
>
> ——《论语·泰伯》
>
> 子夏曰："君子有三变：望之俨然，即之也温，听其言

也厉。"

——《论语·子张》

君子正其衣冠,尊其瞻视,俨然人望而畏之,斯不亦威而不猛乎?

——《论语·尧曰》

古人讲修身,对于气质格外重视。先秦时的《礼经》中对人的穿衣打扮、言行举止,立下了大量的规矩;魏晋时的《世说新语》里专有章节讲人的"容止",也就是表情、举止;到了宋代程朱理学,则特别强调学者要能变化气质。那么,怎样的气质是儒家所推崇的呢?我认为,主要就是厚重。

我选的这几句都是讲"厚重"的。

第一句讲,人不厚重,就不威严。

第二句讲,**人严肃、庄重、严谨,能避免被人轻慢,能增加人的信任感**。

第三句讲,一个厚重之人看上去是严肃的,接触起来是温和的,说出来的话都是严谨、客观的。

第四句讲,一个**厚重之人衣着大方得体,表情严肃,有一身不可侵犯的正气,让人敬畏**。

曾国藩本是文官,临危受命去带兵打仗,刚开始弟弟们就给他指出一个问题:他不够威严。一个带兵的统帅,不威严,是大毛病。于是他就在这方面下了大功夫,同时也因为经历了无数次血雨腥风的磨砺,**后来,他盯谁一眼,那人即便是杀人如麻的骁将也会不寒而栗**。

另外,**曾国藩评价自己的祖父,最让人佩服的就是厚重。他在家书里好几次训诫儿子"举止要重"**。

厚重,这对于年轻人来说挺难的。因为,人越是年纪小,越是活泼好动、言行轻率。而言行轻率就是不成熟。我有一位少年得志的领导,对此深以为然,特意请人写了幅字挂在办公室来提醒自己:**持重安静**。

厚重是一种内在力量外化出来的气质。任凭风吹雨打，我自闲庭信步，这是厚重；泰山崩于前而色不变，麋鹿兴于左而目不瞬，这是厚重；成竹在胸、从容镇定，含而不露，而威风自显，这是厚重。《呻吟语》里讲，面色不浮，是大修养。这个"面色不浮"，应当是长期保持严肃、喜怒不形于色而形成的一种气质，这就是厚重。

我忽然发现一个有趣的问题："四书"中几乎没有提到笑。甚至，孔子有一次专门与人谈另一位大贤"不笑"的问题。"四书"充其量只讲到"温"，温就是温和，应当是略带笑意的表情吧，仅此而已。**儒家似乎是不笑的哲学**。

所以，在外国人看来，中国人似乎都是比较古板的。不过，厚重的气质，西方人照样是欣赏的，他们会感觉很酷！

畅销书《正能量》主要讲了一个现代心理学的发现：人做出笑的表情，会带动心情变得愉悦。同样的道理，**我相信：人做出严肃的表情，努力培养厚重的气质，会让心理变得更加成熟，做事会更加稳健**。

怎样搞定人

夫子温、良、恭、俭、让以得之。

——《论语·学而》

人们一般把这句话理解为一种儒雅的谦谦君子之风，类似于西方人的绅士风度：温和、善良、庄重、节俭、谦让。

我理解这句话，重点则在于"得之"。得到什么呢？当然这里有语境，有上下文，但我们可以提升到更普遍的层次上来审视它。我们想得到的、孜孜以求的，不外乎名、利、权、情，而得到这些的根本则在于得到某些人的认可。有本畅销书的书名是《销售就是搞定人》，其实不论我们想得到什么，都是要"搞定"人。**怎样"搞定"人呢？儒家认为**

要通过温、良、恭、俭、让。

比如，为利，我们销售东西，就得搞定客户。

温，就是温和、亲切，这是必须的；还有一层意思是不温不火，既不能热情过度、急于求成——这样会给客户压力，又不能过分消极、冷落了客户。

良，就是优良，你得把产品的好处展示出来。

恭，就是重视对方，要让客户感受到自己被重视、被认真对待，要用你的热忱打动客户。

俭，就是节制，你不要想法太大，想一口吃个胖子，一下子就从客户这里赚取多少；也不要搞得太复杂，越简单越好。

让，就是让步，多数情况下你不能一口价，必须有所妥协，很多客户都有讨价还价的习惯，你得让他顺过这个劲来。

把这些内化为自己的修养，然后去搞定人，就会非常自然、得心应手。人们被搞定，却不明白其中的原因，而只是觉得你有魅力。

最后，强调一下这个"让"字。几乎每个孩子都曾被大人用"孔融让梨"的故事来教育过：做人要懂得谦让。然而不论在校园里，还是在社会上，我们每天面对的却是竞争，是争夺。怎么办？对此，郭德纲有一段人生体悟：**我争者人必争，极力争未必得；我让者人必让，极力让未必失。**

《道德经》里也特别强调这个思想。这里面包含着人生大智慧。

谦让、退让，有利于形成和谐的人际氛围，为自己赢得声誉，所谓厚德载物，如此，一旦条件成熟，就会取得多赢的而且稳固的成果。历史上这样的事件是很多的，比如《后汉书》里的邓皇后，没当皇后时她处处把皇后举在前面，当她众望所归被推举为皇后时，仍然真诚辞让，越辞让，越被皇帝和大家认可。

颜回的修炼

> 不迁怒，不贰过。
>
> ——《论语·雍也》

有人问孔子对哪个弟子最满意。孔子说，是颜回，因为颜回做到了"不迁怒，不贰过"——**遇到生气、受气之事不迁怒于人，不把气撒在别人身上；偶尔也犯错，但同样的错误绝不犯两次**。这说来简单，却戳到人性之弱点，几乎没人做得到。

多数人遇到烦心事，就会看谁都不顺眼，这时，对关系疏远之人，还能稍加克制，对亲密的家人或下属，常会情不自禁地宣泄出来。其实，这就像一个孩子在外面受了委屈，回家扑在妈妈怀里哭一样。**迁怒于人，反映出人内心的脆弱和不成熟，以及缺乏掌控情绪的能力**。

当你把工作中的委屈带回家，要跟妻子撒气时，如果想一下自己这是要把妻子当妈了，应当就会苦笑打住吧。或者，领导在气头上，你恰好撞上，被数落了一通，这时你也应当想，他这是把你当成亲密之人才这样。

错误总是有第一次，就有第二次，然后有第三次。**人做错事都上瘾**。所以，要想"不贰过"，那就应当力求一次错也不要犯；**一旦犯了一次错，务必给自己足够的惩罚，让自己付出足够的代价，才能记住这个疼**。

关于犯错，我印象最深的一件事，是我做谷歌的广告联盟时被K，"被K"就是被删除联盟账号。大致的情况就是谷歌给小型网站一个赚钱的渠道，站长违一点规，就容易有较多的收入，于是我就有侥幸心理，结果就被K了。而**此事之所以让我印象深刻，是因为它是永远K掉，我的这个网站再没有机会赚这个钱了，没有改过的机会**。人生中，很多错，都是没有改过机会的，一下子就完蛋，任凭你说自己年少无知、一时好奇、不知利害，怎么开脱自己，都没用。

"不迁怒"慢慢会发展为没有怒，"不贰过"慢慢会发展为不犯错，这是什么？这就是超凡入圣的修炼过程，是颜回不可企及之处，是颜回的魅力所在。宋代学者们复兴儒学时，把颜回推崇到仅次于孔子的地位，提倡"寻孔颜乐处"。孔子和颜回乐什么呢？除了安贫乐道、好学求仁，最主要的应当就是这种"不迁怒，不贰过"的修炼。

颜回的高明

> 曾子曰："以能问于不能，以多问于寡；有若无，实若虚，犯而不校。昔者吾友尝从事于斯矣。"
>
> ——《论语·泰伯》

曾子讲：自己能力强，却仍经常向能力平常的人请教；自己有学识，却经常向没怎么上过学的人请教；有本领却像没本领一样，学问充实却像虚空一样；被人冒犯了，也不耿耿于怀。当年我的一位朋友是有这样的修养的。曾子没有明说这个朋友是谁，但大家一般都认为是颜回。

《飞碟探索》杂志的一位领导在楼顶露台上打太极，忽然背后一块玻璃莫名其妙地碎了。怎么回事呢？这位领导是个较真的人，在接下来的日子里他请教了公安专家、飞碟专家、天文专家，他们给出各种各样的答案，此事俨然成了一个世纪难题，最后他找到玻璃安装工，把工人们逗笑了——这个问题太常见了。玻璃里有杂质，杂质与玻璃的热胀冷缩不一致，所以玻璃就碎了。这件事说明了一个朴素的道理：劳动人民有智慧。

不要自以为本领多大、多博学，那些一线的做着具体工作的人，总有一些让你服气的东西。因为什么呢？用稻盛和夫的话讲：现场有神灵。

当你遇到某个问题时，你应当先向离这个问题最近的人请教，而不用管他是文盲，还是一个怎样不起眼的小人物。所谓"不耻下问"，实在高明。

"有若无，实若虚"，就是真人不露相，露相非真人。这不是谦虚与否的问题，而是修养境界的问题，更是生存智慧的问题。逞露自己才智高于别人，只会招来妒忌和反感，要么被孤立，要么被攻击。

"犯而不校"最难。人的自尊心常常比生命都重，因为鸡毛蒜皮的小事而大打出手，最后把命都搭上的事，在日常生活中太多了。这值得吗？工作中、生活中，忍一下、让一下，常常是最经济、最划算的。

寒山问拾得："世间有谤我、欺我、辱我、笑我、轻我、贱我、恶我、骗我，如何处治乎？"

拾得曰："只是忍他、让他、由他、避他、耐他、敬他、不要理他，再待几年你且看他。"

而且，你要有一个意识，那些人之所以"犯"你，不是因为你没还之以颜色，而是你看起来还不够强大。所以，你需努力啊！

道法自然

> 知者乐水，仁者乐山。
>
> ——《论语·雍也》

谁不喜欢徜徉于山水自然之间啊？所有的黄金周，大家都急不可待地从城市涌向野外，从钢筋水泥、繁杂事务之间逃到大自然的怀抱里。古人更是如此，**欧阳修讲，醉翁之意不在酒，在乎山水之间也**。我们能背得上来的古代诗文多数是描写山水自然的。

网上流传一个段子讲，李白要是生在今天，肯定很多诗就写不成了，因为没钱买景点的门票。我们所知晓的古代名画，也多是山水画，如《富春山居图》。外国人更是如此,高尔夫等亲近大自然的户外运动都备受喜爱。

置身于山水自然之间,除了审美的愉悦、身心的放松之外,还能获取更深刻的体验和启示。大自然的博大、丰富、深邃,会将人的精神引向更高的层面。黄庭坚有篇笔记提到:"**余寓居开元寺之怡偲堂,坐见江山,每于此中作草,似得江山之助。**"意思是说,因为亲近大自然,自己在书法创作时似乎汲取了一种提升的力量。"孔子登东山而小鲁,登泰山而小天下。"很多宗教人物在山林之间修炼悟道,都体现出这样的意义。

老子讲:"道法自然。"大自然里蕴藏着大道、大智慧。很多世俗的难解之题,人们求之于山水之间,往往可以找到答案。当然,也不见得非得去花钱买门票,看看山道上黑压压的人群;看看郊外的庄稼地,仰望星空,倾听天籁,闻闻青草的味道……这些都是更本真的自然。

跳出患得患失的怪圈

> 子曰:"君子坦荡荡,小人长戚戚。"
> ——《论语·述而》
>
> 其未得之也,患得之;既得之,患失之。苟患失之,无所不至矣!
> ——《论语·阳货》

范仲淹在《岳阳楼记》中讲:"居庙堂之高则忧其民,处江湖之远则忧其君,是进亦忧,退亦忧。"他天天忧,可人家是忧国忧民,咱们忧的则是名、利、权、情上的得失。没得到的,做梦都惦记着——这样的梦我不知做了多少了,惭愧啊——费尽心思要得到;得到了的,又提心吊胆,怕被别人偷去、抢去。

有些人就是这样一边焦虑着，一边不择手段，什么丑恶之事都做得出来。比如秦二世为了保住皇位，不惜把自己的20多个兄弟姐妹全部杀死。可他想不到，短短两年后，他不但皇位没保住，而且命也没了。

平凡如我辈，怎样跳出这个患得患失的怪圈呢？我想大致有以下几点要注意：

一是用儒家的人生观。前面提到过，儒家的人生观就是积极的"宿命论"——尽人事，听天命。凡事我尽力而为，成或不成则听天由命，由它去吧。这会让人心灵平静。

二是不做亏心事，不怕半夜鬼敲门。孟子讲："仰不愧于天，俯不怍于人。"谁都对得起，无不可与人道之事，光明磊落，自然心底坦然。

三是做善事。所有的宗教，所有站得住脚的人生哲学，无不劝人为善。做善事、利他、助人，这是快乐之本，这样做不论是否真能得到善报，起码心里会觉得踏实。

四是知错必改。我们应当有勇气直面过错，承担责任。不然，那些犯下的过错永远是心灵的包袱，会使我们一直内疚、不安。

乔布斯的高论：记住自己随时都会死去。这是他所知道的防止患得患失的最好方法。

四个约定

> 子绝四：毋意、毋必、毋固、毋我。
> ——《论语·子罕》

汪洋在担任国务院副总理时曾在一次会议上引用这段话，他认为这八个字充满了辩证法的思想，适合作为领导干部的座右铭，尤其适合作为一把手的座右铭。他讲：

毋意，**就是讲事实，不凭空猜测**。

毋必，就是遇事不专断、不任性，可行则行，不可行则不行。

毋固，就是做事要灵活，不要死板。

毋我，**就是凡事不以自我为中心**，不自以为是，与周边的人群策群力、共同合作。

与这"四毋"类似的是，美洲的玛雅文明流传下来一套"心灵密码"：勿妄加评论，勿妄加揣测，勿受他人影响，凡事尽力而为。玛雅人认为，把它作为与自我的四个约定，每天提醒自己，心灵就会得到提升。

印度的宗教大师曾在世界上发起过一个"小誓言运动"，通过推广几句类似这样简单的话，让它们深入人心，来改变人、改善社会。

我对这"四毋"的理解，是基于人际交往的角度的：

"**毋意**"，**就是不要臆测**，"**勿妄加揣测**"。世间本无事，庸人自扰之。很多烦恼都因揣测别人的心思而起：领导怎么看待我啊？朋友是不是讨厌我了？下属是不是厌倦我了？其实，谁人背后无人说，哪个背后不说人？别人怎么想的，咱管不了，咱管好自己就行了，对错自有公论。与人相处，自然、放松最重要，把自己放松了，别人也就放松了；越是关注别人的感觉，越紧张，越容易出问题。

"**毋必**"，**就是树立一个开放的思想**，正视宇宙间存在的无限可能，没有必然，没有绝对。今天还是晴空万里，明天没准就地震了。那些我们理解不了、接受不了的东西未必是错的，也未必不存在。还有，就是要正视失败，凡事不是非要如何如何才行的，坦然接受失败，也是人生的一种境界。

"**毋固**"，**就是不要太固执、墨守成规**。要听取别人的意见，要敢于创新。道家所谓"无执故无失"，是坚持，还是放下，很难讲哪种选择更高明。

最后再说说"毋我"。儒家的偶像**大舜能够"舍己从人"**，佛教则**强调"无我"**，参透这一点，就不会再有挫败感。"毋我"的另一层含义是无私，马云有段话非常精彩：一个领导者如果总是想着"我、我、我",那他的事业肯定干不大;他必须要想着"我们",要想着别人,这样才能形成稳固的团队,梦想才不会沦为空想。

人为何有错不改

> 过则勿惮改。
>
> ——《论语·学而》
>
> 子曰:"过而不改,是谓过矣。"
>
> ——《论语·卫灵公》
>
> 子夏曰:"小人之过也必文。"
>
> ——《论语·子张》
>
> 子贡曰:"君子之过也,如日月之食焉;过也,人皆见之;更也,人皆仰之。"
>
> ——《论语·子张》
>
> 且古之君子,过则改之;今之君子,过则顺之。古之君子,其过也,如日月之食,民皆见之;及其更也,民皆仰之。今之君子,岂徒顺之?又从为之辞。
>
> ——《孟子·公孙丑下》

谁都会犯错,但知错要改,改了就是好同志,照样受人尊敬。可很多人偏偏知错不改,要么姑息自己,要么文过饰非。"打工皇帝"唐骏学历造假,一开始极力辩解,然后又沉默,过了两年,终于公开承认并道歉,足见承认错误之难。

人成长的过程,其实就是一个不断面对错误、不断犯错,然后不断纠正的过程。这个修正自身问题的过程,就是修身。所以,犯错难免,改错应该,都很正常。可人有时为何有错不改呢?应当有以下几种情况:

一是，不把错误当错误，不把缺点当缺点，不以为耻，反以为荣。比如婚外恋的问题，在东西方道德传统里，大家都认为是错的，可现在很多人却以此炫耀。再如邋遢，有的人认为这是狂放不羁，是张扬个性。

二是，理不胜情，明知是错的，但克制不了自己，无法自拔。

三是，不知错。真理有时掌握在少数人手中，大家都认为错的，未必就是真的错。坚持这样观点的人，怎么说呢，要么是个人物，要么就是傻得可爱。

四是，承认错误或改正错误的成本太高，索性不认错、不改正。过错是分级的，相应的代价也有高低，有的代价可能是生命或者一生的幸福，在这种情况下，少有人有勇气承担。

五是，虚荣。人越是官职大、年纪大、德誉好，身份越尊贵，越不容易承认错误。而且，很多权贵甚至把犯错作为彰显特权的方式。

过错有主动与被动之分。上述这些都是讲被动的错。主动的叫试错，比如科学实验，错无数次，对一次就成功了。也有对无数次，错一次就失败的，这就是人生。

平常心即是道

> 子曰："衣敝缊袍，与衣狐貉者立，而不耻者，其由也与？'不忮不求，何用不臧？'"子路终身诵之。
> ——《论语·子罕》

不忮不求，就是不嫉妒、不巴结。我是一平头百姓，没钱、没权、没势力、没地位，也穿不起名牌，但站在权贵面前，站在大官、大款面前，我能泰然自若、从容淡定、不卑不亢。靠什么呢？靠的就是一颗"不忮不求"的平常心。

妙融法师的一条微博让我印象深刻：一幅图片上一个少年与一头豹子平静地依偎在一起，下面配着文字："**不带着期望与疑惧，就能自在地与一切相处**。"唐代高僧马祖道一讲："平常心即是道。"子路有这样一颗平常心，所以宋儒程颢称赞他："子路亦百世之师。"不过说实话，我做不到这点，站在一些暴发户面前时，常常会有自卑感，甚至生出谄媚之心。我每每因此而自责，却不能长出息。

我想这是一种病。有个英国作家讲，这是一种全球通病，病的名字就是势利。势利就是用一小部分价值来衡量全部价值。财富与权势本来只是一个人全部价值中的一部分，在此之外，智慧、道德、技能、体质等其他重要的价值还有很多，但都被人们给"势利"掉了。电影《简·爱》里有段经典对白，打动过无数人。贫穷并且不美丽的家庭女教师简·爱，对她爱慕的高富帅讲：**我们的精神是平等的，就如你我走过坟墓，平等地站在上帝面前**。

没有过不去的火焰山

> 子曰："岁寒，然后知松柏之后凋也。"
> ——《论语·子罕》

古人类似的话有很多，如"疾风知劲草，烈火见真金""时穷节乃现，患难显真情""士穷见节义，世乱知忠臣"。经历困难和考验，才能发现谁是真正的强者或朋友。都生活在法治社会，顺顺当当，常规工作，大家都稀松平常，看不出差距来。

这就像考试，尽是些1+1=2的题，大家肯定都是满分，只有试题有一定的难度，才能试出个三六九等来。所以，由外部环境造成的全局性困难，如金融危机、互联网泡沫，所有竞争者都置身其中，这时，正是强者的机会。你难，他也难，但你扛下来了，他没扛下来，你就成功了。外部困难帮你搞定了竞争对手。

人一生中会面临无数困难，严格地讲，没有哪一样困难是只有你自己才面对的，你遇到的难事，古今中外很多人都面对过，总有人能处理得比较好。比如各种慢性疾病，网上都有病友的论坛，在一片绝望的抱怨里，总会有人在讲自己治愈的心得。别人能治，你为何不能治？所以，理论上讲，困难总是能被战胜的。

再大的困难，人身处其中之时，觉得度日如年，真难熬啊！可一旦闯过去回首再看时，会感觉不过如此。人生有定数——八十一难你差一难没有经历，就成不了佛——而且这个定数是所有的"难"都是能过得去的。没有过不去的火焰山！

快乐的时光太短暂，过起来太快，快得留不下一点记忆，有什么意思呢？生活就得是酸甜苦辣都尝尝。

不经历风雨，怎么见彩虹？宝剑锋从磨砺出，梅花香自苦寒来。这些耳熟能详的大道理，我们在面对困难考验时，每天默念几遍吧！

克己复礼

> 颜渊问仁。
> 子曰："克己复礼为仁。一日克己复礼，天下归仁焉。为仁由己，而由人乎哉？"
> 颜渊曰："请问其目。"
> 子曰："非礼勿视，非礼勿听，非礼勿言，非礼勿动。"
> ——《论语·颜渊》

《论语》里，很多弟子都向孔子"问仁"，请教怎样理解"仁"，孔子分别作了不同的回答，虽大体一致，但层次有高低之分。他对颜渊的回答是最高层次的："克己复礼，天下归仁。"这是儒家"大同社会"的精神纲领。

"大同"是《礼记》中描绘出的一个天下为公的理想社会的蓝图，类似于马克思提出的"共产主义"。**在这个理想社会中，所有人都自觉地克制欲望及各种人性的弱点，使自己的视、听、言、动都遵行礼，即道德和法律**，这样的社会将是最和谐、最完满的，是人类社会发展的目标和方向。

对"礼"的强调，不仅儒家，任何民族的先民都非常重视，这是构建人类社会的秩序所必需的。

印度的《摩奴法典》、犹太人的《犹太法典》（又称《塔木德》），都跟儒家的《礼经》一样，对日常生活中的一系列视、听、言、动作出了规定。基督教的《圣经》等，其主要的内容也无外乎对"礼"的强调。

独善其身吧！**克己，克制，节制，自胜之谓强！**

随遇而安

子谓颜渊曰："用之则行，舍之则藏，惟我与尔有是夫！"

——《论语·述而》

我则异于是，无可无不可。

——《论语·微子》

可以速而速，可以久而久，可以处而处，可以仕而仕，孔子也。

——《孟子·万章》

穷则独善其身，达则兼善天下。

——《孟子·尽心上》

这就是达观啊，与道家的处世态度似乎是一致的，只是儒家强调的是顺应人生中的各种处境,顺应命运的安排,因地制宜,因时而动,及时调整自己的方向,保持主动的姿态。比如官场中人都要面对进退流转,常常是比较被动的。你有能力,可组织上就是不重用你,怎么办?用之则行,舍之则藏。用我,我就发挥,就兼善天下,做出个样子来;不用我,我就藏起来,可以格物致知,可以修身齐家,可以著书立说。

台上有台上的事儿,台下有台下的活儿。榜上无名,脚下有路。当年孔子做官不过数月而已,其他时间他都在学习、教书、著书,照样"不朽"。朱熹做官的时间加起来也不过几年时间,他同样"不朽"。何况今天成功的道路如此多元化。

道家讲,祸福相倚。你迫切想得到的东西,却偏得不到,于是烦恼,于是退而求其次。若干年后,你可能会发现,正是那次得不到真正地成就了你。

世间的很多问题,都是仁者见仁、智者见智的,没有绝对的好与坏,也没有绝对的对与错。相信命运,珍惜当下,随遇而安,顺势而动,这样的人生会少一些挣扎和苦闷,可能也更容易成功。

做官的两大基本品质

> 子张问政。子曰:"居之无倦,行之以忠。"
> ——《论语·颜渊》
>
> 子路问政。子曰:"先之,劳之。"请益,曰:"无倦。"
> ——《论语·子路》

这是做官的两大品质,这个"官"不仅包括政府的官员,也包括企业中的骨干。

乍一看,"居之无倦",就是勤;"行之以忠",就是忠于国家,就是廉。"勤"和"廉"是曾国藩晚年教育下属的二字箴言,做到这两个字，定然能是个不错的官。

细一想，这两个词又不是"勤"和"廉"所能概括和替代的。

"居之无倦"还强调了一层意义，就是不厌倦，能够保持长久的热情与兴趣，能耐烦，能有恒。

曾国藩讲，居官以耐烦为第一要义。做官就是解决各种麻烦的，每天面对各种各样的问题，没完没了，你若是厌倦了，也就没法干了。很多工作都是如此。

婚姻有七年之痒，很多婚姻之所以维持着，是因为习惯；之所以破碎，是因为厌倦，走着走着就散了。职业也一样，人往往一种工作做到六七年时，都会有厌倦感，有放弃的冲动，过了这个心理期就会好一点，会更加习惯。

在我看来，人有什么成就，真不在于有多么勤奋——太勤奋了，累坏了也不好——反而是靠这种"无倦"的精神状态。

"行之以忠"强调忠诚于君主，或忠诚于国家，忠诚于人民。

清廉是忠诚的底线。这个底线还可以这样讲，就是要对得起君主，对得起国家，对得起人民。在这个底线之上，忠诚就是全身心地投入工作，发挥才智，挥洒血汗，造福于民。

而对于一个企业员工来讲，只有这样，才能赢得领导与同事的信任与尊重，才能开创美好的明天。

三戒

> 孔子曰："君子有三戒：少之时，血气未定，戒之在色；及其壮也，血气方刚，戒之在斗；及其老也，血气既衰，戒之在得。"
>
> ——《论语·季氏》

孔子貌似是了解中医的，他在这段话里大谈血气，把生理问题与心理问题结合起来探讨，实在是非常超前。人的观念常常随着年龄的变化而改变，这一方面是阅历使然，另一方面也是由于身体状态的变化。20岁的少女身材佳容貌好，所以心高气傲；60岁的妇人淡定安静，是因为生理方面的干扰少了。

美色、斗争、贪得，都对气血消耗很大，很多人生问题也都出在这上面。**少年戒色**。很多少年皇帝常常死在纵欲上。科学常识是，过早的性行为对少男少女都没有好处。儿童性教育和少年性行为关系到他们的身体健康和成长，是需要全社会来认真思考和积极解决的。

壮年戒斗。斗争是成人世界的游戏主题，人类祖先把它从丛林之中的动物世界里带入到人类社会。国与国之间、民族与民族之间、人与人之间充斥着矛盾、冲突和斗争。各国史书所记载的几乎都是战争史。

然而，这注定是一场零和游戏，有胜的就有败的，有赢的就有输的，从整体上看，什么也没有发展和增益，只有消耗。今天，战争仍然一刻不停地在地球上的某个区域里继续着，可打了半天，对人类有促进作用吗？甚至那些胜利者，看看他付出的代价，还觉得荣耀吗？

老年戒得。多数老年人比较节俭，这是值得年轻人学习的。不过也有一些老人似乎更贪婪，他们用积累财富的行为来强调自己的存在和价值，而根本不考虑自己是否还有能力把钱花完。

佛教有"八戒"：一戒杀生，二戒偷盗，三戒淫邪，四戒妄语，五戒饮酒，六戒着香华，七戒坐卧高广大床，八戒非时食。唐玄奘以此给前天蓬元帅起了法号。

为人处世的框架

> 孔子曰："君子有九思：视思明，听思聪，色思温，貌思恭，言思忠，事思敬，疑思问，忿思难，见得思义。"
>
> ——《论语·季氏》

儒家讲修身，全是笨办法、死功夫、一板一眼。要做君子、成圣贤，就得关注细节、端正态度、谨慎言行、控制情绪、克制欲望，如此动心忍性、点滴积累，才有可能实现。这个过程很累、很难，但如曾国藩嘱咐曾国荃的，在此"九思"上，要"日致其功，勉强行之"，这样就能习惯成自然，久之遂成德器。

"视思明"，看要看得明白。近处的要明察秋毫，不放过任何细节；远处的要有望远镜，要有远见。凡事要看得准、看得开，要能透过现象看到本质。

"听思聪"，听要听得清楚。跟前的声音要听见、听清，要充分领会，要听出言外之意和背后隐情；外界的信息要随时收集，不能两耳不闻窗外事，要及时了解重要信息，及时应对。

"色思温"与"貌思恭"，强调人的神态与心态要力求保持平和，不温不火，从容淡定，如一潭秋水，波澜不惊，清澈却见不到底，即使置身紧急的情况下也不能慌乱，不能大惊失色，也不要怒发冲冠抑或愁容满面。总之，一个成熟之人，不能像小孩子似的，一惊一乍。据说刘备是喜怒不形于色的，好莱坞影星史泰龙因为面瘫而不能笑，**宋代大儒程颢在学生眼里则是三十年未尝见其怒色**，李嘉诚也未在下属面前发过脾气。

"言思忠"，忠就是忠实、诚实、客观。**要说实在话，说心里话，说真话**，说客观的有把握的话。讲真话吃亏，怎么办？那就沉默，或者变通，把真话说得跟假话似的是大智慧。至少，不要主动讲假话。

"事思敬"，敬就是专注、认真。毛主席说，世界上最怕"认真"二字。你敬人，则人敬你；你敬事，则事成就你。

"疑思问"，鼻子底下有张嘴，不是光吃饭的，有困难时，先给亲友团打个电话问问，请教请教。我遇到问题，一般先"问"百度，搜索一下，你遇到的问题，总会有人也遇到过，并且发到了网上；再进一步，还可以加QQ群、在微博里找、直接在线向人求教。偶尔也会有自己的问题在网上找不到答案的情况，这时你会特有成就感，感觉自己似乎走到了全人类的前面。

"忿思难"，怒火冲到脑门子时，要忍一下，想象一下爆发出来的后果你是否承担得起。但我有过体验，当时就怒不可遏，根本不想后果。

"见得思义"，君子爱财，取之有道。不义之财不可取。这里的"义"，指的是合乎道德和法律，同时也应当包括反思一下自己是否有资格。比如，面对一笔收入，我会反思自己是否付出了相应的努力，不然心里总觉得不踏实。

九思是一套为人处世的框架，做人做事之道，不外于此。

五大功夫与天地境界

> 子张问仁于孔子。
> 孔子曰："能行五者于天下，为仁矣。"请问之。
> 曰："恭、宽、信、敏、惠。恭则不侮，宽则得众，信则人任焉，敏则有功，惠则足以使人。"
> ——《论语·阳货》
>
> 宽则得众，信则民任焉，敏则有功，公则说。
> ——《论语·尧曰》

恭、宽、信、敏、惠，这是我十七八岁初读《论语》时印象最深的五个字，对于初入社会的青年，这五个字尤为可贵。

"恭则不侮"，被人侮辱往往是自找的。比如QQ聊天，你上来就跟人家放肆，人家骂你难听的话就是正常的。生活中你跟人家开玩笑，就得预备人家拿你寻开心。还有一些恶人是以侮辱人为乐的，你若庄重、严肃，对他们敬而远之，他们应当也不会上赶着来找你事的。

"宽则得众"，严以律己，宽以待人。包容别人的缺点，包容别人对自己的冒犯，包容别人的失误，体谅他才能赢得他的好感。海纳百川，有容乃大。宰相肚里能撑船。所谓胸怀，就在于能宽、能容。

不过，春秋时期的大政治家子产认为，唯有德者能以宽服民，其次莫如猛。火烈，民望而畏之，所以很少有让火烧死的；水懦弱，民狎而玩之，结果被水淹死的就比较多。你宽容，反而会害了他。孔子进一步总结为"**宽以济猛，猛以济宽，政是以和**"。所以，在管理上，严应当是主流，只是在思想意识上，要有宽的精神。

"信则人任焉"，信就是信用，说到做到。孔子有个形象的比喻，**说人要是没有信用，就像车没有轮子，无法行走**。你要是说话办事一点根都没有，谁敢把事交给你办啊？谁敢用你啊？

"敏则有功"，敏就是干练、行动力强。有人讲，人才=文才+口才+干才。什么事都是干出来的。

"惠则足以使人"，这是点睛之笔，是很实用的人生智慧。**要想让别人为你办事，你得先给他好处，你得做在前面**。临时抱佛脚也是管用的，只是效果差一点。这几天，我看《汉书·王莽传》，王莽就深谙此道，千金散尽，把各种人都摆平了，为己所用。

恭、宽、信、敏、惠，后面再加一个"公"，这主要是官员或领导者要注意的，公则悦，秉持公心而不图私利，公平、公正、公开，大家心里就都敞亮，不容易有怨言。

"天下为公"是儒家的核心思想之一。儒家还讲："天无私覆，地无私载，日月无私照。"公是天地境界，是儒家所强调的仁（即利他）的终极表现，这本书里就不展开了。

谈名声

子曰："君子疾没世而名不称焉。"

——《论语·卫灵公》

子曰:"君子病无能焉,不病人之不己知也。"

——《论语·卫灵公》

声闻过情,君子耻之。

——《孟子·离娄下》

这三句话反映了儒家对于名声的两个基本态度:

第一,人得追求名声,活一辈子也没留下什么名,将是非常遗憾的。俗话讲,雁过留声,豹死留皮,人死留名。什么叫人死留名呢?其实就是《左传》讲的"三不朽",就是稼轩词中讲的"**了却君王天下事,赢得生前身后名**",就是一首现代诗讲的"有的人死了,他还活着",这是人生价值的最高体现。

当然,活着出名更好啊。"十年窗下无人问,一举成名天下知""莫愁前路无知己,天下谁人不识君",这些都是古代文人儒生的人生理想。以我的体验,在陌生的城市被陌生人喊出自己的名字时,自己是颇有几分欣喜的。

第二,要名副其实,不能徒有虚名、欺世盗名。追求名声的前提是有真本事、真能耐,要实至而名归。

人类对名与利的追求,是出于本能吧。差别在于,**利是物质层面的占有,名是精神层面的占有**。儒家轻利、轻物质,可人生总要有个奔头、有点激励吧,所以不能连对名的追求也给毙掉。佛家与道家对名与利都超脱了,这固然潇洒,但人生也便陷入了虚无。

现实中很多人对名的追求,是为了实现更大的利。有名就有利。产品有名气、有品牌,就可以卖得好。人有名气,成了名人,往往就有了很多特权,有了身价——哪怕是臭名。而且,臭名是更易传播的。所谓"好事不出门,坏事传千里",网上很多人虽然利用了这一点而走红,但这对于商业营销应当有所警示吧。

培根讲过一句话:名声就像河流,漂在上面的其实都是轻浮之物。那些成名之人,很多不过是幸运,或者善于包装、炒作。大众对于专业领域的东西，其鉴赏水平是非常低的，对于什么是好、什么是坏，都是人云亦云。因此，**名声一旦获得，就可长保**。如在电视传媒下出来的那些"大师"们，多是如此。而那些真正有实力的人，却沉潜在"沉默的大多数"里，他们偶尔会发一下千古之叹："世无英雄，遂使竖子成名。"

养心

孟子曰："养心莫善于寡欲。"

——《孟子·尽心下》

苟得其养，无物不长；苟失其养，无物不消。

——《孟子·告子上》

存其心，养其性，所以事天也。

——《孟子·尽心上》

我善养吾浩然之气。

——《孟子·公孙丑上》

齐国国都附近有座小山叫牛山，曾经草木丰茂，但后来因为过度砍伐和放牧而变成一座秃山。孟子由这个"环保"事件进一步指出，人本性里的仁爱之心如果受到过度戕害，也会凋零。他认为，凡事物加之以养，都可以成长，反之则会消亡，并且就养心、养气、养性都作了深入的讨论。这个"养"的思想对于我们养孩子、养家、养企业、养生、养宠物都是有深刻启发的。这里，我们单讲养心。

儒家心、性之类的概念都有哲学上的意义。不过，我们在理解时，还是简单一点好。在我看来，**养心就是保持心理健康，让内心强大**。

如今，养生是热门，不过多侧重身体健康，而忽视心理健康，养身而不养心。身体的健康是直观的，骨骼、肌肉、脏腑、神经，在现代医学设备的检测下，好坏一目了然；而心理的则不能。身体的不健康是普遍的，一个单位上百号人去体检，体检报告上只有"体健"二字的，肯定是极少数，多数人都是亚健康。心理上的亚健康其实同样普遍，病态、变态、病入膏肓而不自知的大有人在。曾经有本畅销书叫《我们都有病》，就是讲这个的。总之，身体要养，心也要养。

养心，我认为主要有两个问题：

一是养成什么样。我想，**健康的心至少有四个特点：乐观、仁爱、坚强、恬静**。要心底一片阳光、春意盎然；要善良，充满爱；要坚定、柔韧、上进、顽强；要自在、澄澈、安详、从容。

二是怎样养。养心有很多方式，但**孟子认为，最管用的是"寡欲"，控制欲望、减少欲望**。所有宗教都有禁欲主义的倾向，基督教的神父和佛教的和尚都是不能结婚的，为的是把全部的心献给上帝或佛。宋代的儒家则提出"存天理，灭人欲"。老子讲："不见可欲，使民心不乱。"**心病都是欲望惹的祸**。

欲壑难填，总渴望能力之外的东西，怎能乐观得起来？总想着满足自己的欲望，怎能有心思去关爱别人？什么都想要，总在纠结、烦乱，就像印度教里说的，"那颗心就像被蝎子蜇了的喝醉的猴子"，能不累吗？反之，控制好欲望，就能不做亏心事，如此表里如一、光明磊落、坦坦荡荡、理直气壮，身心就健康，气度就从容！

故宫里，乾隆皇帝居住办公的地方就叫养心殿，养心是真正的皇室传统、宫廷御方，而且不是什么高消费，咱们何乐而不为？

五字心法

> 知止而后有定，定而后能静，静而后能安，安而后能虑，虑而后能得。
>
> ——《大学》

古人解读这句话时，多数只关注了"定、静、安、虑、得"，宋儒参照佛教的坐禅，把这五字心法弄成了儒家的禅道，也静坐，也冥想，这种儒释融合是没有问题的。但我想，他们是跑偏了，他们忽视了"知止"。**"止"是目标或方向**。人一旦明确了自己的目标与方向，精神就会专注于此，纷纷扰扰的思绪就会平静下来，心就慢慢踏实、安稳，每天一点点向那个目标前进。

知止，是明确目标。

定，是锁定目标。

静，是平心静气。

安，是安心工作。

虑，是解决问题。

得，是实现目标。

知止、定、静、安、虑、得，这才是一个完整的过程，这种心理的变化发展，是真正的儒家的禅。

儒家的禅不是静坐，而是行动。人心因无聊而躁动不安，起烦恼。而一个有理想有目标的人，沉浸在奔忙奋斗之中，他的心其实才是最安静的。

不过，"定、静、安、虑、得"这五字心法确实管用，拿我写书来讲，常常坐在计算机前，心绪烦乱，一点思路也没有，这时慢慢默念几遍这五个字，心就会慢慢沉静下来。

另外，著名学者余英时把这段话理解为"中国文化的一般表现"。现代西方社会的物质进步伴随着精神堕落，人们普遍焦虑、失落，产生疏离感，他认为引入"定、静、安、止"的观念将会对这种情况有所改善。我想，如果改善西方人管用的话，那咱们还是用来先把自己治好吧。

难矣哉

> 群居终日，言不及义，好行小慧，难矣哉。
> ——《论语·卫灵公》

一大群朋友成天在一起无所事事，所谈论的话题没有一点工作、事业、学习之类严肃的内容，还都爱耍点小聪明，这样的人怎么会有出息呢？

现在的有些大学生就可以对号入座吧。我家就在一所大学边上，每天晚上我出去散步，身边经常走过三五成群的大学生，他们谈话的只言片语会传入我的耳朵：要么是骂骂咧咧，让我常有上去抽他们耳光的冲动；要么就是在讨论魔兽啊、杀啊、血啊这些网游的话，那种认真劲儿仿佛是在讲人生大事。

我反对以出生年代给人画线，反对说几零后如何如何，但有一些数据还是能够说明一些问题的。据说目前中国领取失业保险的人中一成以上是90后！而且，我的一个员工也曾向我咨询怎样联系劳动部门办理这方面的手续。这是典型的小聪明啊。

学者吴思讲："县官好比驿丞。"驿丞说白了就是现在的接待办主任，每天用很大的精力周旋在无数的酒场饭局之间。而很多小头小脑的还都以此为荣，乐此不疲。酒场中也能接收很多有价值的信息，增进感情，释放压力，但多数情况是跟不相干的人说着不相干的话，浪费精力和时间，时间久了，身心两虚。当然，很多情况下，当事人是身不由己的，吃这碗饭，就得这样。

这里有一个问题，就是怎样处理群体与个人的关系。人离不开群体，在群体中人才有安全感，会得到很多信息，有利于自己的提升和发展，而且很多事情必须靠群体共同完成，所以，今天强调群育，强调团队精神。但重要的是，在群体之外，在众人背后，必须有独自下苦功的事情。在群体与自我这两个空间情境里，要善于变换和调整自己的状态，并且在时间、精力上要善于平衡。

学习

| 功夫不到家不行 |
| 学习与思考不可偏废 |
| 第一个伟大的老师 |
| 知己 |
| 文化传承者 |
| 终身学习 |
| 好学是最大的智慧 |
| 交流的意义 |
| 背后的力量 |
| 治学之道 |
| 慎独修炼 |
| 人生的长线 |
| 学者的生活 |
| 迎合别人不如迎合自己 |
| 古来圣贤皆寂寞 |
| 学以致用 |
| 向后穿越 |
| 读书无用论 |
| 谈异端 |
| 音乐的功能 |
| 虚荣心是个大怪物 |
| 独立思考 |
| 自我教育，赢在未来 |
| 立乎其大 |
| 把迷失的心灵找回来 |
| 学会了 |
| 包打天下的小尺子 |
| 弘道者 |

第一个伟大的老师

> 自有生民以来，未有孔子也。
>
> ——《孟子·公孙丑上》

我发现，很多名人以及我身边的成功人士都有老师情结，要么做过老师，要么想做老师。我认为这里面有必然性的东西。官员和企业家都是领导者，而领导者在其组织、群体中，很大程度上是扮演一个老师的角色：他要传道，要教育大家建立怎样的价值观，形成怎样的思维模式；要授业，要告诉大家目标和实现目标的方法与途径；要解惑，要指点大家怎样面对困难，怎样解决问题，怎样保持乐观与热情。

正因为领导者与老师之间具有这些共性，所以历代以来的领导者都从孔子这位老师身上学习适合自己的东西。后人认为孔子具有多重身份，最合适的是：第一个伟大的老师。他是老师这份职业的祖师爷，是"万圣先师"。老师这份职业也因此不同寻常，与天、地、君、亲比肩而受尊崇。

老师的工作就是教学。孔子是怎样教学的呢？《论语》中有以下几处记述：

一是，**有教无类。他什么人都教，对学生没有歧视，不分三六九等**。他说："自行束脩以上，吾未尝无诲焉。"意思是说，只要是拎着块肉来送给我的，我都教。为何要给他拎块肉呢？这似乎很滑稽。《礼记》里对此有说明——这是学生对老师基本的礼貌。如果连这个礼貌也没有，你去教他，未免就显得不太合适了，反而让他不待见，这个学生自然也学不了什么。若为容易得，便作等闲看。同样一个东西，花钱买来的，比白捡的更让人珍惜。

二是，教学相长。他说："不愤不启，不悱不发。举一隅不以三隅反，则不复也。"意思是说，这个学生如果没有因为急于了解某个问题而抓狂，没有因为急于表达某个思想却理不顺而焦虑，那就不用启发他，因为他根本就不想，你启发他也是对牛弹琴。

孔子还有一句话，"不曰'如之何，如之何'者，吾末如之何也已矣"，也是这个意思：不知道问"为什么"的学生，我没法教。另外，这个学生你教给他A，他就明白个A，教给他B，他就明白个B，却不能举一反三，不知道主动联想与思考，这样的学生教着也没有意思。

其实，孔子就是强调教与学之间要有双向的互动，而不是单向的填鸭。而且，孔子还讲过，"三人行，必有我师焉"，这个"三人"中当然也包括学生，说明老师也可以从学生身上学到东西，在教学过程中也会得到学习与提升。这就是《礼记》所谓的"教学相长"。

补充一点。"举一反三"是非常重要的学习素养。指南针标出了南，你得立即反应出东、西、北在哪。今天我们读古代经典，尤其要具备这种素养，要能超越原著的文本限制，与现实的工作和生活充分结合，这样才能有更加丰富而深刻的收益。这也是我这本书所致力的方向。

三是，因材施教。有两个学生来向孔子请教同一个问题，孔子却给出两个截然相反的意见。另一个学生很不解，孔子解释：这两个学生性格相反，一个急脾气，一个慢性子。同样一件事，前者就得让他再稳当点，后者则要鼓励他大胆些。这个重要的教学原则，是孔子具体问题具体分析的务实精神。

四是，素质教育。孔子当年教学都教什么呢？《论语》写得很明确："子以四教：文、行、忠、信。"这"四教"，我们可以把后面的两个合并，然后通俗地讲就是：文化课、做事课、做人课。具体的教学内容则是"六艺"（礼、乐、射、御、书、数）与"六经"（《易》《诗》《礼》《书》《春秋》《乐》），做事的智慧与做人的道理则贯串其间。所以，孔子的教育是真正的素质教育。

五是，诲人不倦。孔子曾自谦："默而识之，学而不厌，诲人不倦，何有于我哉？"其实，这恰是他作为一个伟大教师的写照：冷静地观察与思考，充满热情地学习，不知疲倦地教学。这样的老师，自然会赢得学生无比的爱戴。他死后，他的学生有的在他的墓前守护了三年，有的则守护了六年，并且为他建庙祭祀，光大他的精神与思想，进而发展成一大学派，最终成为中华文化的主流。

文化传承者

> 子曰："述而不作，信而好古，窃比于我老彭。"
> ——《论语·述而》

这句话就像一个细胞胚胎，它包藏着孔子的价值密码。

前面我们讲过，孔子是中国历史上第一个伟大的老师。老师的价值是什么？用唐代韩愈的话讲，三条：**传道、授业、解惑**。第一位的是传道，就是传承传统文化及核心价值。所以，孔子最主要的价值在于，他在中华文化传承中发挥了承前启后的巨大作用。在他之后，传承文化道统成为后世无数杰出知识分子自任的使命，用宋代张载的话讲是，"为往圣继绝学"，才使得五千年中华文明薪火相传、连绵不绝，傲立于世界民族之林。

孔子这句话的大致意思是：我教授学生古代的经典，对其进行阐发和解读，也做一些编辑整理工作；我热爱和服膺古代文化，喜欢对其进行思考和求证；我觉得自己没有必要再刻意开创自己的学说，我在心底就是想做一个老彭那样的文化传承者。

有一次孔子被匡人围困，身陷绝境之际，他仰天长叹："天之将丧斯文也，后死者不得与于斯文也。天之未丧斯文也，匡人其如予何？"意思是说，上天要传承"斯文"，就得让我活着！这种慷慨激昂的表达，显示出孔子强烈的使命感。

这种使命感最初可能只是源于一种兴趣爱好：天性就"好古"，继之以好学，再继之以笃行，基于一种仁民爱物的情怀与责任，最终成为一生的价值追求。

当年看《聊斋志异》，感觉它的故事与文字之精彩真是无与伦比，当时我便想到孔子的这句话。在古人这样极致的文字（经常是一句顶一万句）面前，我们写出来的东西只配进垃圾堆，不如述而不作。**虽然科技在进步，但人性未变**，几千年来，前人在人文方面的很多成果都是现代人未能达到的。比如孔子、老子、王羲之、李白、苏东坡，再比如《史记》《红楼梦》，等等，这些极致都值得现代人去感受和体验，它们的传承则是一个重要的课题。

好学是最大的智慧

> 子曰："好学近乎知。"
>
> ——《中庸》

人的天分有差别，有的人可能愚笨一点，但只要他好学，那他就是有智慧的人。

孔子是好学的典范，他讲："**十室之邑，必有忠信如丘者焉，不如丘之好学也**。"意思是说，即使在只有十来户人家的小村子里，也定然有忠厚老实的农民，品性比我孔丘还好，但他定然不如我孔丘好学。他还说自己："我非生而知之者，好古，敏以求之者也。"意思是，我不是天生就有多么博学、多么聪明，而是对于传统的文化与智慧由衷地喜爱，并且认真学习、孜孜以求。

他好学到怎样的程度呢？同样用他自己的话讲，是"学而不厌"，是"发愤忘食"，是"**三月不知肉味**"。他一遍又一遍地学习《易经》，以至于"**韦编三绝**"，当时的书都是竹简用绳串起来的形式，因为翻看过多，这个绳断了若干次。

好学，是基于一种求知欲，这种欲望是人类的本能，它可能最初出于好奇心，进而发展为一种占有知识的权力意志。一个有着旺盛求知欲的人，对知识与智能保持着一种饥饿感，这样的人不聪明都难。所以，求知欲问题一直是哲学和心理学、教育学的重要课题。

孔子讲："吾未见好德如好色者也。" 当求知欲撞到欲望，后者往往都要占上风，结果出了很多问题。所以，宋代儒家要"存天理，灭人欲"，**强调的无非是要把人从后天的欲望里解放出来，转向理性和求知**。

另外，"好学"在孔子看来，还是一种崇高的价值，在《论语》里除了颜回，他没有以"好学"称赞过其他任何学生。

背后的力量

> 君子之所不可及者，其唯人之所不见乎。
>
> ——《中庸》

这段话我们可以做以下几方面的理解：

一是，**背后下苦功**。要想人前显贵，必先人后受罪。台上一分钟，台下十年功。那些成功者在光鲜的背后，都经历了常人难以承受的磨炼。同事之间干着相似的工作，一天到晚看不出什么差异来，但若干年后就拉开距离了。为什么？因为，背后各自下的功夫不一样。你下班后喝酒、打牌、睡觉，人家下班后读书、进修、加班，一天两天看不出差异来，时间长了，你跟人家就比不了了。

二是，**要耐得住寂寞**。《易经》中的乾卦分六爻，象征人生发展的六个阶段，初爻是潜龙勿用。再大的人物，也得有这样的阶段，此时他像一条沉在水底的龙，暗自积蓄力量而不为人知。板凳要坐十年冷，十年窗下无人问，没人理你，没人认可你，你着急也没用，要淡定处之。这个寂寞期一方面是规律使然，你得被动接受；另一方面也是成功人生必需的积淀，"**伏久者，飞必高**"。利用好这段寂寞期，潜心学习、修炼，以后才可能有大作为。香港歌王谭咏麟就告诫娱乐圈的晚辈：轮不到你的时候，你怎么争着抢着，也上不去；轮到你的时候，你不想上，别人也会把你推上去。

三是，**永远都不要急于表现自己**，不要让人看透看穿，要有自己的底牌。我们眼中的大人物常常显露的只是他的冰山一角，这样的人是让人敬畏的。

四是，**慎独**。这是这句话的本意所在。**在独处之时，无人监督，如果能管住自己，不为所欲为，一如既往，才是真君子、大丈夫！**

慎独修炼

> 诚于中，形于外，故君子必慎其独也。
> ——《大学》
> 莫见乎隐，莫显乎微，故君子慎其独也。
> ——《中庸》

曾国藩晚年留给儿子四句著名的训诫，其中一条是"**慎独则心安**"，就是当自己独处，无人监督之时，要小心谨慎地管好自己，不要放任自己，这样会让自己心灵安宁。

关于慎独，我认为其主要意义有两点：

慎独的第一个意义是控制欲念。无人监督的除了独处的行为，还有心底的欲念，后者是更本质的东西。有个古人修身的小故事，讲一个人当心里掠过恶念时，就往盆里放一颗黑豆，并自责一番；升起善念时，就往盆里放一颗黄豆。开始时，黑豆多，黄豆没有几颗。随着坚持的时间增长，黑豆便逐渐减少，几至于无。

慎独的第二个意义是诚。官员要都能人前人后一个样，都是主席台上那副大公无私、疾恶如仇的样子，政治就清明了。人们要都能保持太阳地里的状态，社会就和谐了。有时我们会想，那些倒台的官员，满嘴仁义道德，说得崇高伟大，做的事却卑鄙无耻。

可是，我们扪心自问：我们不是这样的人吗？我们不虚伪吗？我们的所作所为、所思所想都敢拿出来跟所有人讲吗？我们不累吗？强调慎独，就是强调诚，要做一个表里如一、胸怀坦荡、光明磊落的人，这样的好处，别的不说，起码能多活几年吧。

学者的生活

> 学而时习之，不亦说乎？有朋自远方来，不亦乐乎？人不知而不愠，不亦君子乎？
>
> ——《论语·学而》

这是《论语》开篇第一段，脍炙人口，意味深长。它描述了学者的生活。所谓学者，就是热爱学习的人。

学习知识并且经常在实践中用到，这是很快乐的事。比如我们学习完这段话，正好晚上在饭局中被某人轻视和误解，这时你想到"人不知而不愠"，不仅会消解烦恼，没准还会笑出声来。

当我们通过学习、实践，出了一点成果时，可能就名声在外了，就会有人慕名找上门来与你交流或者合作，"**德不孤，必有邻**"，这是多么荣幸的事啊。若干年来，我在家乡的小城里默默经营着模具网，有一天，深圳的一家平面媒体竟专程乘飞机来找我谈网站合作的事，并且最终达成合作。这正是"有朋自远方来，不亦乐乎"。

然而，远在天边的朋友如此认可你，身边的人却未必拿你当回事。中国人有种奇怪的心理，总以为"外来的和尚会念经"，而自己家的"和尚"天天在眼前逛来逛去的，能有什么出奇的啊。《汉书·扬雄传》就讲："**凡人贱近而贵远**，亲见扬子云禄位容貌不能动人，故轻其书。"

在熟人眼里，扬雄不过是一个小官，其貌不扬，他写的书能好到哪里去？这种心理往大了推演，要么崇洋媚外，认为外国的月亮比中国圆；要么以古非今，儒家似乎就有此缺点，动辄就是尧舜如何好，现在则什么都不好。认识到了这些，我们还有什么好烦恼的呢？

古来圣贤皆寂寞

子曰："莫我知也夫！"
子贡曰："何为其莫知子也？"
子曰："不怨天，不尤人，下学而上达。知我者其天乎！"
——《论语·宪问》

《诗》云："忧心悄悄，愠于群小。"孔子也。
——《孟子·尽心下》

君子之所为，众人固不识也。
——《孟子·告子下》

孔子讲"人不知而不愠"，未尝不是自我安慰。美国心理学家马斯洛的需求层次理论认为，被人理解和认可是人类的基本需求，这个需求不被满足，没有谁会开心的。

然而，几乎所有优秀之人都面临这个问题：不被理解。

《史记》里记载，陈胜本是在地主家做长工的，有次他郑重其事地跟同伴讲：哪天咱们谁要富贵了，可不能忘了兄弟！那哥们儿竟然被逗乐了：醒醒吧，兄弟！咱就是给人家扛活种地的，哪里会有什么富贵啊？于是陈胜气呼呼地讲了一句流传百世的话："嗟乎！燕雀安知鸿鹄之志哉！"

陈胜的感慨充满着少年英雄的豪迈。而孔子的"知我者其天乎"则尽是高处不胜寒的悲凉——难道只有上天才是我的知音吗？

李白讲，古来圣贤皆寂寞。关于寂寞，有句网络流行语，"哥吃的不是面，是寂寞"。然而寂寞却不是吃面这般简单，在人群中，寂寞感很容易让你变成另类。人们敌视另类。"忧心悄悄，愠于群小"，讲出了孔子的孤立处境。

怎么办呢？有两点应当考虑：

一是要以理制情。要认识到优秀就意味着思想和行为超越了平常人的程度。一个长得像鸡的鹤对身边的鸡讲，我要飞。鸡当然会以为它在吹牛。而对它来讲，这是非常正常的事。我的一位领导就讲，他发现当年那些吹吹乎乎的人，过了若干年后，其中很多人真就干大了。好多老板，都有类似"大炮"（吹牛）之类的外号。如果你不被人理解，可能正说明你变得更加优秀了。

二是要自信。不怨天，不尤人，埋头学习，艰苦实践，内心强大，精神自由，开放从容，下学而上达，独与天地精神相往来，相信终将有属于自己的一片蔚蓝天空。

向后穿越

温故而知新，可以为师矣。

——《论语·为政》

这是选入初中课本里的话，几乎所有中国人都知道。九年义务教育是真正的全民教育，中小学课本是史上最畅销的书，真需要精之又精地来编订。

温故的意义主要在于加强记忆。很多读过的书，放下的时间稍长一点，就忘得一干二净了，不温习一下，就白读了。

再深究一下，这句话竟然潜藏着民族的性格。中华民族重历史、重传统、重经验。这看似消极保守，其中却有大智慧。我们国家是四大文明古国之一，但其他的文明都没有传承下来，只有我们传承下来了。我们国家的文明，包括政治、社会、文化，从孔子、孟子的时代基本就稳定下来了，清朝的政治制度基本上是沿袭汉朝的，而汉朝的制度则吸收了《尚书》《礼记》记载的先秦制度的精华，这种稳定性、连续性、长久的生命力，都得益于这种"温故"的性格。

中国人重视修史、读史。儒家的"五经"里《尚书》《春秋》就是史书，《礼记》中的很多内容也属于史书的内容，从《史记》开始，每次改朝换代之后，新的统治者都组织学者为上一个朝代修史，攒到一块就成了二十四史。所谓以史为鉴，"前事不忘，后事之师"，我们要解决今天面临的问题，几乎都可以从历史上找到参照和启发。培根讲，读史使人明智。曾国藩讲："经济之学，诸史咸备。"史学是经世济人、治理国家、开创事业的学问，在今天，就相当于案例学习。

一个企业或者任何形式和规模的群体组织，要建立自己的传统，希望有长久的传承，上述这些应有所借鉴。

就个人来讲，在学习上，读一本若干年前读过的好书，像与故人的重逢，既有别样的温暖，又有新的感动。在工作上，经常总结一下过往的经验，才能更清楚下一步怎么走。

谈异端

> 攻乎异端，斯害也已。
>
> ——《论语·为政》

男怕入错行，女怕嫁错郎。决定人生成败的，往往并不在于你如何努力，而在于最初的一个选择——选择怎样的职业、配偶，怎样的信仰、方向。儒家讲，人生要"择善固执"，即选择对的东西并坚持到底。然而，有句歌词唱得好："什么是对？什么是错？谁能告诉我？"究竟是对还是错，往往得选择之后才能知晓。

这里，咱们主要聊一下在信仰上这个错的选择，即攻乎异端。

任何宗教与哲学，都有一定的排他性，站在儒家学者的立场上，儒家之外的思想就是异端。比如孟子就激烈地批评杨朱和墨子的思想，骂人家是无父无君的禽兽。宋代的理学家则主要抨击佛教背弃人伦、光吃不做。然而，当年的这些所谓"异端"，今天都已成为中华传统文化的重要组成元素。可见，对于什么是异端，很难下定论。

有些东西被人们看作"异端"，是因为它超前于世俗人的理解，比如一些早期的科学发现和社会思想，当事者是人类真正的先知，却承受误解甚至迫害。这样的事实，使人们更加难以对那些真正具有危害性的异端进行界定。

妖言惑众，异端邪说往往有很强的欺骗性和诱惑力，这是人性里很难理解的部分。《聊斋志异》里讲了一个故事，说有个叫金世成的浪荡子忽然做了和尚，行为非常怪异，喜欢吃污秽物，并自称是佛。这样的一个人，竟然有成千上万人对他顶礼膜拜，大把捐钱给他建庙，他要让谁吃污秽物，无敢违者。斯特龙伯格在《西方现代思想史》中提到，19世纪初，伦敦一个不识字的以算命为生的老太婆宣布基督将再次降临，竟然在很短的时间内就有了数十万信徒。

今天，类似的故事在世界各地继续着，很多当事人都付出了惨痛的代价，甚至生命。我们还是举一些温和的例子。20多年前国内流行特异功能，有些百姓如疯似癫。十多年前传销兴起，至今或变换形式，或转入地下。

一天晚上，我在街边散步，看到一个小店里几个人对着小黑板在上课，是直销培训，我进去跟讲课的人聊了一会儿，颇受震动。他超级自信，上来就批评我落伍了，然后讲他从事的这个工作是人类最有前途的工作。当异端邪说与现代商业结合在一起，实在是威力惊人。而值得注意的是，多数的异端邪说套取了宗教的很多东西。

怎样避免异端之害呢？无非就是尊重常识。

虚荣心是个大怪物

> 知之为知之，不知为不知，是知也。
>
> ——《论语·为政》

别人向你请教问题，你若不知道的话，就明确告诉对方自己不知道。这是多简单的事啊，可少有人能真正做到。为什么呢？因为虚荣心在作怪。

虚荣心总是在作怪，所以我说，虚荣心是个大怪物。

什么是虚荣心呢？就是相对于自己眼中的自己，人们更关注别人眼中的自己。我们希望别人眼中的那个自己是强大的、优越的、完美的。为了实现这个目标，我们宁可委屈自己本身的感受。

在物资匮乏的年代里，有人为了显示自己食物充足、强于他人，宁可打肿脸充胖子。如果是真胖子，那就一定得把肉露出来。

西楚霸王打下咸阳后，立即要回老家，因为要是不让家乡人看到自己的威风，就如"锦衣夜行"——大黑天穿着漂亮衣服给谁看啊？还有什么意义啊？

虚荣心这个"大怪物"不受国籍限制，似乎韩国人、日本人尤甚。日本有一个故事很有名，说有一家人平时在邻居面前炫耀豪宅豪车，披金挂银，气派非凡，可忽然有一段时间从人们眼前消失了，后来，人们发现他们一家人都死在了家里。因为他们没钱了，排场充不起来了。

虚荣心这个大怪物无处不在。降伏这个"大怪物"并不容易，为此儒家强调"诚"，就是不欺人，也不自欺，这是一个重要的修养。

人无完人，每个人都有自己的局限和短板。钱锺书外文优秀，可据说数学很糟糕。大诗人普希金则干脆在所有的数学算式后面都写上零作为得数。承认自己不是完人，这是天经地义的事。说自己不知道，一点也不丢人。

另外，有个说法挺有道理的，可能对付这个"大怪物"会管用：你在20岁的时候会特别在意别人的看法；40岁时就能放开一点了，有点无所谓了；60岁时会发现根本没人在意你。

自我教育，赢在未来

> 孔子曰："生而知之者，上也；学而知之者，次也；困而学之，又其次也。困而不学，民斯为下矣！"
> ——《论语·季氏》

这段话里的"上也""次也""又其次也"，不是高低之分，而是指先后次序。一个婴儿降生，首先要靠生而知之的本能，才能生存；继而通过家庭与学校教育，系统地掌握生存和发展所必需的知识；继而在社会实践中，面对各种问题和困难，随机地展开学习和思考，寻找解决的办法，并内化为自己的经验，这就是"困而学之"——不重视这种学习方式的人是不会有出息的。

我把这段话提炼一下，即：生而知之的是本能，学而知之的是知

识，困而知之的是智慧。

从古至今，很多大人物都是没上过学，或者上了很少的学，或者上学成绩很差。刘邦、项羽，还有朱元璋等都是文盲。经商当学胡雪岩，胡雪岩从小就当学徒。日本的"经营之神"松下幸之助也一样，十来岁就当学徒。我们身边的很多富裕的人，都没怎么上过学。但他们却取得了成功，靠的就是"困而学之"，并且都学得了大智慧。这种学习，其实是卓有成效的实用主义的自我教育，更自发主动，学习者最终掌握的知识则少而精、实用有效。

我们可以把这个问题进一步展开。从比尔·盖茨到中央电视台的"星光大道"节目，我们可以看到，无数学校教育、科班教育之外的人在各个领域崛起。甚至除了那些所谓的科研、学术机构之外，绝大多数的精英分子都在做着与他所受的学校教育不相关的事情。这些人的成功，都是得益于这种实用主义的自我教育。

在互联网时代里，困而学之、自我教育都已经变得异常容易，这一点，我深有体会。我所学的专业跟互联网无关，也没有上过类似的培训班，却能运营几个有点规模的网站。靠什么？就靠遇到问题随时在网上搜索解决方案，并参照解决。

尽管都是专业性很强的问题，但只有你想不到的，几乎没有网上找不到的。而且你还可以通过威客、博客、微博、论坛、社区等很多渠道找到相关的高手，在线向他们请教。你还可以在线听全世界所有顶尖人物的视频课程，甚至得到他们的远程指导。

把迷失的心灵找回来

> 学问之道无他，求其放心而已矣。
>
> ——《孟子·告子上》

孟子曾说，咱家的鸡呀狗呀，要是撒出去了，到天黑了还没有回来，怎么办？当然得出去把它们找回来。我小时就经常帮着妈妈做这件事。那么，咱这颗心撒出去了，是不是到时也要把它找回来呢？

孟子认为，人刚生下来时，都有一颗纯真的本原之心，他称其为"良心"。良心里包含了仁、义、礼、智的发端，可谓先天自足。人只要秉持这颗良心，就算守住了正道，就算无愧于做人一场。但是多数人在成长过程中，面对各种欲望、困惑，把良心迷失了。而找回这颗迷失的心，便成为每个人一生的学问。

佛教禅宗也是持这样的观念："菩提本无树，明镜亦非台，本来无一物，何处惹尘埃？""我心即佛，佛即我心"，也都是讲本原之心的完美。所有的修行都是回归到这颗"本原之心"。这两股相似的思想，后来汇集成儒家的一大显学——陆王心学。

现实中，我们的心灵时刻被各种欲望和情绪所困扰，不胜其烦、不胜其累。有时我们会在焦头烂额的忙碌中，突然停下来问自己：我这是在做什么呢？我们偶尔会凝视着镜子中的自己问：这是我吗？我们每天在拼啊、抢啊、争啊、奔啊，而生命在飞快地流逝，到头来，却难免怀疑自己做的一切是否真实。

这种怀疑是必要的，它让我们跳出眼前的维度来审视生命的真谛，从而发现生命更多的维度，进入更高的人生境界。据说，俄国大文豪托尔斯泰一度陷入精神危机，最终从《孟子》的这句话中得到启发，从而找回心灵的恬静、清明。

包打天下的小尺子

大匠诲人必以规矩，学者亦必以规矩。

——《孟子·告子上》

孟子曰："规矩，方员之至也；圣人，人伦之至也。"

——《孟子·离娄上》

不学礼，无以立。

——《论语·季氏》

我可能只拿一把小尺子来教你，但你学会后，就可以丈量地球到月球的距离。这就是规矩的意义。规矩的原意就是尺子，学过几何的都知道，画圆用圆规，画方则要用三角板来确定直角边，三角板就是矩。

任何事情都有这样一把小"尺子"，用好它，就可以包打天下。比如书法，元代大书法家赵孟頫有一句名言："**结字因时相传，用笔千古不易。**"字的形体结构千变万化，但用笔之法却是不变的。掌握了用笔之法，书法有成绩就是个时间问题了。

巴菲特一生遵行价值投资，就是专买价格被低估的股票，他自己把这种做法比作捡烟头，坚持捡，就成了神。麦当劳将简单的店面、食品、流程进行标准化，使之成为一种稳定的模式，然后无限地克隆，就开遍了全世界。成功的人生也应当如此，将一套简单实用的规矩，坚持不断地复制，不断重复，或者不断放大，就可以了。

那么有没有现成的成功人生的"规矩"呢？**儒家认为，孔子、孟子这些圣贤的人生实践就是人生的规矩，而"四书""五经"的意义也在于此，它提供了一套系统的指导规范、一套做人做事的参照体系。**当然，在现代多元的社会里，儒家的这套人生的"规矩"已不是必选项了，你也可以选择用别的。

用什么规矩不是绝对的，但没有规矩绝对不行。

从规矩中，我们可以很自然地引出儒家最重要的价值之一——礼。**礼是一切规矩的总称**，不论是人生的、社会的、企业的，甚至是自然界的。企业招进新员工，第一件事要干什么？要告诉他几点上班、几点下班，还有一些最基本的规章，这就是礼。礼就像数学里的公理、定理，如果不明确、不强调，无论干什么事，都会杂乱无章。

功夫不到家不行

> 孟子曰："五谷者，种之美者也；苟为不熟，不如荑稗。夫仁，亦在乎熟之而已矣。"
> ——《孟子·告子上》

玉米要是没成熟，那就只有个棒子轴，肯定没法吃的；成熟了的，则可以有多种吃法，味美有营养。苹果没熟时，又硬又酸又涩；熟了的，则又脆又甜又好看。凡事皆如此，再好的东西，不到成熟之时，一文不值。

很多时候，一瓶子不满半瓶子晃当还不如空瓶子呢。我们身边不少自诩为文人者，看了几本书，写了几篇文章，就自我陶醉，咬文嚼字，举止做作，让人酸倒牙、看不起。反不如真正的大老粗，或豪放，或质朴，亲切动人。这不是看书惹的祸，而是功夫不到家，真正吃透了，涵泳品味内化入心，人的气质在自然而然地产生变化，就会儒雅、平和、圆融、淡定。当然，这个功夫没有个二三十年是达不到的。

书法也一样，每个初学书法的人，总要有刻苦磨炼的过程，还不如自己没学时信手挥就的好看。这反映了一个规律：当我们学习和实行一套更高明的做法时，必然要经历一段困难的过渡期，改变总伴随着阵痛。

我接触的很多小企业，随着企业发展壮大，以往的粗放式管理不好使了，于是就打算引进ERP。毫无疑问，ERP是先进的，但业界有句话：不用ERP是等死，用了ERP是找死。为什么是找死呢？就是因为对一个习惯了粗放式管理的企业来说，让它适应这种全新的管理流程会非常吃力。很多企业在这上面花了不少钱，最后却都回到了老路上；而真正坚持下来的企业，管理上则达到了新的水平。

还拿书法来说。我练了快20年了，每隔些天就攒出一摞练习用过的宣纸，这纸买时是一元来钱一张，我写上字之后，却连收废品的都不要了。但我一直充满信心，坚持不懈地练字。有次冲朋友开玩笑讲，我的字早晚有一天能卖2000元一平尺，而且排除了通货膨胀的因素。

学不可以已。行百里者半九十。坚持再坚持，直到有一天，你会忽然发现自己真的已经成熟了。我的书法也会成熟的！

学习与思考不可偏废

> 学而不思则罔，思而不学则殆。
>
> ——《论语·为政》
>
> 子曰："吾尝终日不食，终夜不寝，以思，无益，不如学也。"
>
> ——《论语·卫灵公》

网上有一些"励志大师"的演讲，他们都自称每月读七八本书。我对此就很怀疑，我也算爱读书之人，平均一个月也就读一两本小书，大部头的书有的要看大半年，《资治通鉴》看了快一年了还没看完。我想，即便他们真能看那么快，其效果定然如鲁迅所讲："倘只看书，便变成了书橱。"**读书贪多求快，就难有充足的思考，收益肯定大不了。**

怎样思考呢？有个说法：先把书读厚了，然后再把书读薄了。要把读书的过程当作与作者的对话，针对书中的内容，要发现问题，并寻找答案，这样书就读活了，就更丰富了，也就厚了；然后要结合自身情况，对书的内容和自己的思考进行归纳，提炼出最重点的、自己最有共鸣的，这就是薄。

曾国藩讲过治事之方：经分、纶合、详思、约守。这也可作为思考之方：首先经分，把一个整体拆解为若干个小块；然后纶合，要把经分的结果归纳整合；进而详思，作通盘之系统考虑；最后约守，提炼要点，内化入心。

学习就像材料收集，思考则是材料加工。思而不学，就如无米之炊——没材料怎么加工？有些宗教的修行一味地强调冥想，貌似这样更能体会到内心的能量，但难免流于空虚，不切实际。杨绛先生也曾批评有些作家想得太多，读书太少。

从我写这本书来说，我是这样处理学与思的关系的：我是大致十七八岁时读《论语》的，以后又读朱熹的《四书章句集注》，读时结合注释，大致意思弄明白，然后就放下了。偶尔在工作、生活中遇到什么事情时，书中的话会从脑海中浮现，于是自己就在心中玩味，从而获得启示或安慰，古人把这种体验称为"涵泳"。

十几年后，当我想写这本书时，我又通读了一遍原著，同时记录下思考的心得，然后，再把能找到的与四书相关的解读类的书统统翻阅一遍，以其与自己的思考相对照，再进一步反思和总结，最终修改整理成现在的样子。这里我有一点经验：**不能一开始就看先贤学者的解读，而要先对照原著思考出自己的东西来**。因为，一旦让别人的解读来主导你的思考，你就很难再有创见了。很多学术文章引用一大堆，却不知哪句是作者自己说的，就是犯了这个毛病。

知己

> 予未得为孔子徒也，予私淑诸人也。
> ——《孟子·离娄下》

孟子讲，虽然我未曾得到孔子的亲传面授，但在心底，我认为自己就是他的学生。

人的精神和情感很奇妙，有时在一大帮人中间，却感觉孤独，而一个在时空上距离自己异常遥远的人，自己却感觉与他特别亲近。鲁迅讲："人生得一知己足矣，斯世当以同怀视之。"

但你扪心自问：你身边有一个精神上的知己吗？越是知识分子，越是文人，在精神上的欲望与需求就越大，期许就越高，在现实生活中的知己就越难以找到。然而有一天，一个人却打动了你，他的人生遭遇与你如此相近，他的思想情怀与你如此契合，他句句都说到了你心里，而且比你深刻得多、简练得多、纯粹得多，让你心悦诚服，又是感动，又是喜悦，你泪流满面，恨不得跑上前去，拉住他的手说："原来你在这里啊，我终于找到你了。"

孔子的魅力就在这里，他是所有中国文人的知己。儒家不同于宗教的根本点也在这里，孔子不像佛祖、玉皇大帝、上帝等宗教里的神，他没有法力，也没有威权，甚至他不是一个被世俗认可的成功者，他曾把自己比作丧家犬，但他跟后代的这些读书人最像、最亲近！而文人呢，可能在世俗权力上并不强势，却掌握着文化和历史的话语权，他们当然要把桂冠戴在这位知己的头上。

今天私淑孔子的读书人少了，追星的粉丝多了，这无可厚非。重要的是，我们找到自己精神上的知己才是幸福的。

终身学习

> 子夏曰："仕而优则学，学而优则仕。"
> ——《论语·子张》

今天我们读《论语》或者其他的古代经典，**要意识到里面有些内容具有永恒的价值**，比如关于人性的一些思想。而关于生产方式、生活方式的思想，则容易受时代背景的局限，对这样的内容，我们要有举一反三的能力，要善于透过字面的含义，理解其深层的思想。"学而优则仕"，无疑强化了中国文化中的官本位，也成为后来中国古代精英分子普遍的人生奋斗模式。

然而，之所以出现官本位，我认为应当有两个原因：一是生产力不发达，工商业低迷，私有产权不稳定，做官之外，缺少其他成功途径；二是做官是践行儒家修己治人的思想，实现修身、齐家、治国、平天下的人生理想的最对口的职业，而"四书"就是培养官员的教材。所以孟子讲，读书人不去做官就像农民不去种地。

今天我们读的书更综合，成功途径也更多元，人生也更丰富，我们对子夏的这句话也应有更开放的理解，其实就是强调终身学习。通过学习促进工作，工作之余不放松学习。曾国藩所谓的"拼命报国，侧身修行"，也是这个意思。拼命做官，侧身学习；拼命赚钱，侧身学习；拼命工作，侧身学习。学习应是贯穿整个人生的主题。

交流的意义

> 子曰："三人行，必有我师焉。择其善者而从之，其不善者而改之。"
>
> ——《论语·述而》
>
> 见贤思齐焉，见不贤而内自省也。
>
> ——《论语·里仁》

在我看来，这两段话强调了交流的意义。学习不是闷在家里抱着书死读的，还要与人交流，在人际交往中对比别人的优点和缺点，不断地改进自己。

人之所以要学习，是基于一个事实，即人都有自身的局限。认清这种局限最好的办法是对比。不怕不识货，就怕货比货。同样一件事情，别人是这样做的；同样一个问题，别人是这样想的。你对比一下自己的做法、想法，就会发现优劣之分。

别人好的，咱努力向人家看齐；别人不好的，咱要以之为鉴，拿他当镜子，兴许咱也有这个毛病却没有察觉，这下要抓紧改正。这样一来，别人的善与不善、贤与不贤、好与不好，都可用以反省自身，使自己受益。就像高手炒股，买涨也买跌，他都能赚。

中国的传统最重师道，所谓"天、地、君、亲、师"，"师"似乎是高高在上的。孔子这里讲的"师"则显然不同，这个"师"更简单：他只要传递给我一点点有价值的信息，那一时，那一刻，他就是我的"师"。这其实更接近"师"的本质。

今天，在信息时代里，那些掌握信息（包括知识、经验、商机、政策、思想等）更丰富、更及时、更实用，并乐意与你交流的人，就是"师"，并且有一个时髦的称谓：当下师。有价值的信息往往是口口相传的，而不是写在报刊书籍里的，那样就大家都知道了，价值当然不会太高。

人们因为某种关系而产生交集，比如一次饭局、一起乘车等，在有限的交集之外，则有各自不同的广阔人生。每人掌握大量不同的信息，同时每人都有大量应知而未知的信息。交流是信息的洗牌，是可以点铁成金的。有人可能看了一辈子书，阅历颇丰，但真正影响他一生的却可能只是某个人的一句话。

我在写这部分内容时，恰遇一个客户来谈业务，他无意间提到，有个新开盘的写字楼，他要去交订金。这个信息对我很有价值，当天我也去订了两间，对我来说，这是一笔不小的投资，这个客户就是我的"师"。**中国人还强调"一字师"**，有人纠正了你诗句里的一个字，这个人也是你的"师"。

总之，不论面对谁，我们都应有谦虚学习的态度，应有主动交流的意识。另外，"学莫便乎近其人"。向人学相比向书本学，可以接受更生动、更丰富的信息。很多微妙的信息是可意会不可言传的，是书本承载不了的。

治学之道

> 子夏曰:"博学而笃志,切问而近思,仁在其中矣。"
> ——《论语·子张》

这段话被复旦大学作为校训,呈现着文言文的美感。我认为:

"博学"言其包容、广博,做学问不可拘泥于一家,不可狭隘,要开放包容,才能接近真相或真理。

"笃志"言其执着、高远,**要立高远之志,求深远之理,必须执着追求,奋进不止**。

"切问"言其精确、细致,要切中要害,得其精髓,不可泛泛而失之精密。

"近思"言其务实、简单,**要把学问与实际的工作、生活相结合,以简驭繁,学以致用**。

朱熹对这一点格外强调,他与吕祖谦整理同期的大儒们的格言,编辑成书,名为《近思录》,以提醒学者不要"厌卑近而骛高远"。

我不算专门的学者,但既然要做解读"四书"的工作,当然也算是做学问,因此也得以"博学、笃志、切问、近思"来要求自己。

首先,不能就"四书"谈"四书",就儒家谈儒家,起码应当对儒、释、道、先秦诸子有个了解,进而对西方哲学和宗教也要有所涉猎,有对比才知优劣同异,才知取舍扬弃。

其次,这不是玩票,不能是为一时的名利就能做的事。一本书可能好写,但学问不容易做。曾国藩给子弟列过一个基础的必读书单,不外经史子集。今天我们要列这样的书单,则应把世界范围内的基本经典也包括进来,这些书不是十年、八年就能读下来的。有道是,位卑未敢忘忧国。我虽为草根,但常常被那些"为往圣继绝学"的传承者、弘道者所感动,从心底里也想为这事业添一点柴禾。

再次,古人作诗讲究推敲,做学问讲训诂,为求一字之工稳,食无味、寝不寐。**季羡林讲，中国语言的一大特点就是模糊性，字义丰富，不易把握**。而且很多思想本身就很难用语言文字来表达，所以禅宗有"教外别传，不立文字"之说。胡适讲，做学问要抡得起板斧，也要拿得起绣花针。这个"拿绣花针"的精密功夫最难。

最后，学问要落到实地上。《周易》讲，"与时俱进""与时偕行"。任何思想都要不断地与当下的时代相结合，既有传承又有创新，马克思主义是这样，佛教是这样，儒家思想也要这样，不然没有生命力。

人生的长线

> 子曰："君子谋道不谋食。耕也，馁在其中矣；学也，禄在其中矣。君子忧道不忧贫。"
>
> ——《论语·卫灵公》

在农业社会里，种地相当于短线投资，学习相当于长线投资。为了实现长线的收获，中国古代很多家庭全力供一个成员读书科举，其他人则承担起耕种养家的任务。

刘邦早年天天跟一帮狐朋狗友瞎折腾，种地养家的事他全不管，而他大哥则是一个老实的农民，勤劳肯干。在老父亲眼里，刘邦当然是败家子一个，父亲少不了以他大哥为正面教材来教训他。所以等刘邦得了天下之后，有次就将他父亲的军：老爹啊，您不是骂我不干活吗？您看今天是我创的家业大，还是大哥的大？

我讲这个故事，不是鼓励青年去混社会，而是想说，**成大事者常常是关注理想、不走寻常路、对于眼前的生活境遇有超然态度的人**。

我有两位忘年交，一位是做技术的模具设计师，另一位是玩文化的画家。两人年轻时，做模具设计的比画画的收入要高得多，然而，几十年后，两人在各自领域里都达到"大师"级了，画家的身价地位则大大高出了前者。

你可能会说，人家比尔·盖茨、乔布斯、李彦宏、史玉柱不都是搞技术的吗？我要说，他们只是搞技术出身，由做技术起步，真正成就他们的绝对是技术以外的东西。这个世界是由有理想的人掌握着的。

孔子谋的这个"道"，应当就是这样的，看似比较"虚"，没什么实在的用处，不当吃、不当喝、不赚钱，但大象无形，经过一个漫长的"谋道"过程后，这种东西一旦产生经济回报，将是巨大的。

迎合别人不如迎合自己

> 子曰："古之学者为己，今之学者为人。"
>
> ——《论语·宪问》

孔子讲，古代的学者把学问内化为自己的修养和能力，并享受学习的乐趣；今天的学者则把学问作为一种谋生的手段，为了向人展示，求得人的认可，或者"货于帝王家"，而忽视内在的提升。孔子此言意在提醒人们，学习不能重外轻内，应当进德与修业并重。

《汉书·叙传》中班固评价其父"学不为人，博而不俗"，道出了"为己"与"为人"的差别。学习只为自己，则可率性而为，其知识结构自然个性彰显、特色突出。有时甚至会有违俗之论，不为大众所接受。但唯有这样的学问，才是别开生面的，才对文明的发展有贡献，才是学以致用的最高表现。一味迎合大众、现学现卖的，只能是媚俗，难有创新。

这一点在绘画等艺术创作中表现得更为明显。很多大师，画是只给自己看的，寂寞一生，也遇不到一个投以欣赏眼光者，死后若干年，遇隔代知音，方成大名。而作为一个欣赏者来讲，那些大师的作品，有几个是我们能真正看明白的啊？

在商业领域，一般的企业在开发产品时，要做广泛的市场调研，了解顾客的需要，并按照客户的需要来设计产品。但苹果公司的乔布斯却说，他们不做市场调研，因为顾客根本不知道自己需要什么，只要按照自己的理解设计出让自己满意的产品，顾客自然就会喜欢。

我写书也一样。我相信只要能打动自己，就能打动很多读者，因为我并不特殊，中国像我这样的人至少有几百万吧，什么书能卖几百万册啊？

学以致用

> 子曰："诵《诗》三百，授之以政，不达；使于四方，不能专对；虽多，亦奚以为？"
>
> ——《论语·子路》

这段话反映了孔子的**学以致用的思想，这是儒家思想体系的灵魂**。中国传统文化有三大块：儒家、道家、佛教。其他两大块都是出世的，只有儒家是入世的。所谓**出世就是关注精神层面的解脱与自由**，而**入世则关注现实世界中的实践活动**。

有道是，"半部《论语》治天下"，《论语》是非常实用、管用的，有人却把它学成了国学，学成了故纸堆上的文字游戏，这是挺悲哀的。这个问题出在学习者缺乏学以致用的意识，没有把学习与实践结合好，学习没有针对性。孔子讲："学而不思则罔，思而不学则殆。"同样，学而不用，就没有任何意义了。

一味地强调有用也会出问题。若是事事都问"有什么用"，就会禁锢国民的创造性。西方现代物理科学的发展都是起源于一个又一个看似没用的发现和发明。人生中的很多机会有时也是得自于某个没用的兴趣爱好。有个著名的画家就讲，当年村里的青年去挑河工，晚上大伙都在一起打扑克，只有他在一边画画玩。大家经常取笑他说，画画有什么用啊？当时他自己也不知道有什么用，可后来画画成就了他。

我小时候看电视剧《蒲松龄》，记住了一个情节：家人经常斥责青年蒲松龄不好好读"四书""五经"，却总看无益于科举的"闲书"。然而，正是这"无用"的闲书，最终成就了《聊斋志异》。

不过，这不矛盾。庄子有个观点：**无用之用是为大用**，我们最终还是要在无用中发现有用，最终还是要把无用转化为有用，就像把科研成果转化为商品。这就是中国人学以致用的价值观。

读书无用论

> 子路曰："有民人焉，有社稷焉，何必读书，然后为学？"
> ——《论语·先进》

在这句话之前，子路先讲了一个观点：学习无用。他打了一个比方：南山有竹子，天生就坚韧挺直，斜着斩断，就很尖锐，拿在手里，猛地戳下去，可以刺穿犀牛皮。以此比人，人先天的本事就足够了，哪里用得着学习啊？孔子并不争辩，只是淡淡地讲：咱们把竹子削细，后面加上羽毛，前面加上锋利的箭头，做成箭，那样不是可以射得更远、刺得更深吗？**学习可以让人的天赋更好地发挥**。

进而，子路又问了这句话。学习的方式有很多种，可以向人民大众学，可以在工作中向前辈学、在解决各种问题的过程中学，何必非得读书？对此，孔子并不反对。

我们可以把读书分为两个阶段：

一是上学时的读书。小学、中学、大学，有人一直读到三四十岁，读到头，读成博士后，这样的人做了本专业的工作，这个书一般没有白读。可现实中，读到本科出来的，找不到工作；找到工作的，非专业；而绝大多数工作所涉及的书本上的知识，不超过初中水平。两个从事相同工作的人，通常很难判断其读书、学历的差异，也很难找出其成就与读书之间的正相关。对于一个收入较低的家庭，这种在上学读书上的投资是划算的吗？

二是我们平常的读书。喜欢读书的人常以读书多为傲，"万般皆下品，唯有读书高"。然而，俗话讲，百无一用是书生。读书多又如何？只会更酸腐、更呆气。为什么呢？因为读书是很占用时间和精力的，用同样的时间去搞人际关系、去实干，收益率往往更高。曾国藩就曾提醒自己和那些文人出身的湘军将领：打仗期间不要读书，否则会误了正事。

从学以致用的角度讲，经典的书并不多，真正用得上的书更是极少的，几本就足够了。民国大学者黄侃，学术成就斐然，但专攻的不过八种经典，朋友戏称其"八部书外皆狗屁"。所以，再有人嘱咐你读书如何重要时，要有所反思：**读书只是手段，要求精、求适宜**；而且，**人生是实干出来的，是用身心真实地体验出来的**，**而不是读书读出来的**。

世事洞明皆学问，人情练达即文章。我用这句话与所有书呆子共勉吧。

音乐的功能

> 子在齐闻《韶》，三月不知肉味，曰："不图为乐之至于斯也！"
>
> ——《论语·述而》

中国音乐在先秦时期是非常发达的，据说在20世纪70年代的一次考古发掘中，在一个墓地里就出土了6000多种乐器。音乐在古代中国被赋予了丰富的社会和政治意义，儒家的"六经"里就有一个是《乐经》，而《史记》里在《礼书》之后有专门的《乐书》。中华文明甚至被称为"礼乐文明"；当文明出现问题时，人们则抱怨"礼崩乐坏"。

在武侠故事里，音乐经常成为一种威力极大的武器，周星驰的电影《功夫》里就有一个类似"六指琴魔"的桥段。这些应当是受了《史记》里一个故事的启发，这个故事太精彩了，我必须占用一些篇幅来讲述一下：

卫灵公出访晋国，中途宿于濮水岸边，夜闻琴声美妙之至，却不知是从哪里传来的，于是派师涓听了两个晚上，记下了乐谱。到了晋国后，晋平公设酒宴招待，卫灵公让师涓弹奏这首神曲。琴圣师旷正在场，听到一半时，他就按住琴不让弹了，并说："这个音乐肯定是在濮水边听来的，它本是师延为商纣王作的靡靡之乐，后来师延投濮水自杀，听这个音乐会削弱国家实力的。"

可晋平公听入迷了，坚持让师涓弹完，然后意犹未尽，问："还有比这个音乐更奇妙的吗？"师旷说："有。但君德薄，不可以听之。"晋平公坚持要听，于是师旷援琴而鼓之，只见一群仙鹤循琴声飞来，延颈而鸣，舒翼而舞。晋平公高兴极了，问："还有更奇妙的吗？"师旷说："有。是黄帝当年调动鬼神的音乐，如果弹奏了，对国家大不利。"晋平公一再坚持，师旷无奈，这回随着音乐声起，狂风大作，暴雨倾盆，然后晋国大旱三年。

孔子与师旷同时，也是一位音乐大师，《论语》中记载了好几条他与音乐的故事，包括怎样对鲁国的国家交响乐团总指挥进行指导、修订《乐经》等。而本文选的这句最有名：当他听到《韶》这种乐曲时，惊叹"此曲只应天上有，人间哪得几回闻""尽美矣，又尽善也"。于是索性天天听个够，一连听了好几个月，吃饭都不知道是什么滋味的了。用一个网络流行词来形容，孔子真是hold不住了。**京剧界有个说法：不疯魔不成活**。以孔子对音乐的这般痴狂，可以想见他的音乐造诣之高。

不过，孔子当然不是停留于对音乐的享受，而是用之于修己治人，发挥音乐的实践功用。首先，孔子在教学过程中应当是善于利用音乐的，比如《论语》中有一个著名的对话，讲孔子与学生们各言志向，在几位同学讲完后，曾点"鼓瑟希，铿尔，舍瑟而作"，停止弹琴，然后讲："**暮春者，春服既成，冠者五六人，童子六七人，浴乎沂，风乎舞雩，咏而归。**"这种以音乐配合教学的模式，被今天的各种社会培训活动广泛采用。

对于音乐的力量，我们的先民在千百万年的实践中有深刻的体验，比如劳动号子既利于大家步调一致、有效协作，又能鼓舞干劲；剧烈的战鼓会激发士兵视死如归的战斗热情；庄严的庙堂雅乐会带给人神圣崇高的感觉，从而提升大国与王权的威仪；沉重的哀乐，让葬礼更加肃穆，让人的悲伤更加深切。

当然，有的音乐带来的则可能是负面的效果，比如上面提到的《史记》中记载的"神曲"。孔子还曾批评郑国的音乐不好。邓丽君的歌曲刚刚风行大陆时也曾被批为靡靡之音。人们对于音乐的感受是仁者见仁、智者见智。

另外，古人还认为音乐的五音（宫、商、角、徵、羽）与五行相通，在哲学上具有一系列的意义，进而与兵法、书画、诗文等很多实践活动都是相通的。这种音乐思想，在管理、医学、商业等现代社会的很多领域里都值得研究与借鉴。

独立思考

> 孟子曰："尽信书，则不如无书。"
>
> ——《孟子·尽心下》

这里的"书"本是指《尚书》，是儒家重要的经典，相当于当时的古代史。后来这句话成了俗语，"书"的意义也就泛化了。不过，不论是狭义还是广义，这段话都是站得住的。因为，清初学者证明《尚书》里大部分内容确系后人伪造。而且，《大学》《中庸》等经典的作者和年代也被很多人质疑。

胡适非常推崇宋儒强调怀疑精神的治学态度，张载讲："学则须疑。"朱熹对弟子讲："诸公所以读书无长进，缘不会疑。"我看的这本胡适的文集则名为《疑古与开新》。

曾国藩在与幕僚的书信中也提到："凡读书笔记，贵于得间。""间"就是空子、疏漏不周之处。这句话的意思就是要能够给书挑出毛病来。当然，这种挑毛病不是去帮人家校勘，而是强调一种独立思考的态度，要把学与思结合起来，真正与所读的书及其背后的作者进行一种有效的交流与沟通。

另外，从孟子这句话中，我们还可以体会到一种挑战权威的勇气，这种勇气是人类不断解放思想、追求真理、创新发展、改变世界的动力。因为"怀疑一切"，28岁的马克思以一份宣言书开始影响世界；因为这种勇气，哥白尼作为一名教士在业余时间完成了"日心说"的巨著，开启了人类对宇宙认识的新纪元。

权威常常就像皇帝的新装，这一点，在今天这个商业化的时代表现得尤为突出。大众常常是人云亦云的，对于大家都在谈论的"事实"，人们一般没有探究其真实性的条件和兴趣，而是姑妄信之。因此，妖言、谣言常能惑众。

另外，你可以百度一下"软文"，会发现你每天阅读的各种资讯多数都是穿着"马甲"的商业广告。

立乎其大

先立乎其大者，则其小者弗能夺也。

——《孟子·告子上》

"先立乎其大者"，这个"大"，主要有三个方面：

一是大智慧。就是要遵循大道，要树立正确的人生观，要相信真、善、美是主流，追求真理，坚持正义，与人为善，相信道德的力量。老子讲，大智若愚。在利益纷扰、投机盛行、人们大讲人情世故、潜规则的今天，一个人如果坚守那些"大"的东西，常常就显得不明智、不灵光，会为此碰壁吃亏。

然而，站在更高的层面上，我们会看到，大智慧赢在人生的大局上，小聪明则只能赢小局。《庄子》里有个故事，说有人担心箱子里的钱被偷走，于是想尽办法加固箱子，换最好的锁，可哪里知道，小偷来了根本不撬锁，直接就把箱子背走了。这个故事反映的小聪明和大智慧，你能理解吗？

二是大框架。就是要形成大致系统的思想体系。人无一刻不思想、不接收各种各样的信息，这些支离庞杂的知识、信息、观念，要有一个框架来统驭，要让这些信息都能在这个框架里对号入座、井然有序、各得其所。有的信息在这个框架里对不上号，找不到位置，就应舍弃。这样的思想才可能深厚而不失明晰。

不然看似天天在读书学习，心田里照样杂草丛生，庄稼乱种一气，一辈子全无收成。社会上有很多培训，听时大受启发，听完就忘，问题都是出在这一点上——讲课的与听课的都没有这样的大框架，都是强调了某个点或面，好似盲人摸象。**微博、微信、微阅读大行其道，看似都如精金美玉的心灵鸡汤，灌到肚子里则成了一锅糊涂粥、迷魂汤。**

三是大格局。就是要在一个更广阔的空间和时间里审视、评判和指导自己的所思所想、所作所为。《孔子家语》里有个故事：楚王去打猎，回来时发现弓丢了。手下人正准备去寻找，楚王给拦下了，并讲："楚人失弓，楚人得之，又何求焉？"楚王的大气让人们很佩服，但孔子却惋惜楚王仍然不够"大"，认为如果真够"大"，应当讲"人遗弓，人得之"。楚王的格局还是在楚国的范围内，没有在天下的范围内。

多数人通常都是在一个极小的圈子里来审视自己，在机关里跟几个同事比，在生活里跟几个朋友比，然后看看自己在什么位置和状态，这就是小的格局。大格局则要求人要有勇气站在天下、国家的层面，来寻找自己的位置，会问自己能为天下国家做点什么，要把成为国士、国手作为自己的目标。这是空间上的大格局。在时间上的大格局，则是要超越眼前得失、短期利益，站在人生的时间长度上来看待问题，站在历史的角度上来审视问题。

大智慧、大框架、大格局，都离不开学习。学什么呢？我想答案肯定不是唯一的，但作为中国人，"四书"应当是适合的，它是一套完整的人生、思想体系。朱熹讲，学"四书"有个次序："**先读《大学》，以立其规模；次读《论语》，以定其根本；次读《孟子》，以观其发越；次读《中庸》，以求古人之微妙处。**"这是一套包含大智慧、大框架、大格局的大学问，而且是切实强调实践和操作的学问，照着这个路子走，"则其小者弗能夺也"——这辈子出些小问题在所难免，但大体上是不会差的。

所以宋代大思想家陆象山教弟子抱定这句"先立乎其大"，深意即在此。在具体的做事上，先立乎其大，同样重要。**曾国藩讲凡事要"大处着眼，小处入手"**。治学则要"先识其大"，把握整体、宏观、全面、通盘、大局，再去关照细节，这样才不会南辕北辙、因小失大。做人则要大气、大方、大度、正大光明。

学会了

> 君子深造之以道，欲其自得之也。自得之，则居之安；居之安，则资之深；资之深，则取之左右逢其原，故君子欲其自得之也。
>
> ——《孟子·离娄下》

这段话里包含几个词语——深造、自得、左右逢源，描述的是一种"自得"的学习状态。这种状态类似于古人所谓的"悟道"，而在我看来，其实就是我们经常讲的"学会了"。

人一辈子要学习很多东西，如走路、说话，还有开车、写字、下棋、弹琴等各种学问或技能。有的能学会，有的学不会，有的也不知道自己到底会没会。

不过，"学会了"的那个过程、状态和感觉是大致一样的。

每个初为人父者，听到孩子第一次喊"爸爸"时都会欣喜不已，在此之前，你已经教他说话教了无数次，在此之后，你也可能还要教他无数次，孩子学说话的过程不能不说是艰难而漫长的。但某一天你忽然发现，他已经跟你对答如流了，根本用不着你教了。

很多学英语的人都有这个体验，背单词、记语法、听音频，每天都不胜其累，不知道哪天是个头啊，可某一天忽然就敞亮了，就真的会了。

有个老中医也跟我讲过这种体验，他从十几岁开始学中医，学到三十多岁时，还是有几分懵懂，没有自信，可某一天忽然就敞亮了，就觉得自己真的弄明白了、有把握了、心里踏实了。

我们回到孟子的话。学习一门学问或者一种技能，通过不断的学习与钻研，可以日益精深，这个过程就是"深造"。在这个过程里，你可能学习很多知识，思考很多问题。起初，这些问题和思考之间的关联性还是相对松散的、随机的，还是有点乱，但你坚持深造，就像玩魔方，有意识地去捋清这些庞杂的东西，慢慢地，它们之间的关联性会越来越紧密和自然，各种前因后果越来越明晰。

以至于这一切都成为贯通的、有机的、简单的——就像一棵树，根是根，干是干，枝是枝，叶是叶，明明白白。这种状态靠向别人学或者靠别人教是达不到的，必须靠自己领悟，靠内在的生发，所以称之为"自得"。"自得"了，就算是真的学会了，你所学的东西开始内化到了自己的身上。

就像一个孩子学会了说话，说话就成为一种内在的能力，接下来他还要很刻意地去学吗？不用了！一旦"学会了"，再进一步去学习时就不必再拘泥于学习的形式，也不必再借助书籍或者其他的学习资料，在不经意之间便可学习并获得提升。无人不可学，无处不可学，这就是"左右逢源"。

弘道者

> 子曰："人能弘道，非道弘人。"
> ——《论语·卫灵公》

前段时间读张君劢先生的《新儒家思想史》，让我对于弘道者生出无限崇敬。这本书原是用英文写的，主要意图就是向西方人介绍中国的儒家思想。他把朱熹、王阳明等中国大儒的思想与西方哲学家的思想进行对比，阐明其异同，张扬儒家思想博大精深之内涵与气概。他在字里行间不经意之处流露出的一种心情让我深深为之感动，那是一种类似于一个诚恳的推销员期待让客户认可商品时的心情，而且在他心中这个商品是神圣的。

张君劢在这本书里对与他做类似工作的人都表达了很深的敬意，比如那些最初把佛教传到中国的印度僧人，他们历经千辛万苦、九死一生，来到一个陌生的国度宣扬佛教，这种精神打动了中国的精英们，进而使他们接受了佛教，让佛教在中国站住了脚。对于最早到中国的基督教传教士利玛窦和最早加入基督教的儒家人物徐光启，张君劢的评价也很高。还有明亡后流亡日本的朱舜水，对于儒家思想在日本的振兴发挥了重要作用，张君劢也大加褒扬。

我看电影《凡·高传》，凡·高冒着生命危险钻进矿井里给煤矿工传教的情形，也非常让人感动。上述这些人宣扬、传播的思想不同，有儒家，有佛教，有基督教，但都分别是他们各自所认为的真理，即道。

他们希望这个"道"让更多人知道、信仰，并从中受益，他们将此作为自己的责任和使命，作为自己人生价值的实现方式。

五四运动以来，知识精英们把近代中国的积贫积弱归罪于儒家思想，于是打倒孔家店，几十年内，孔夫子成了孔老二，文言文则几乎没人读了。在这种情况下，张君劢先生晚年致力于儒家的复兴，在一篇文章的最后，他引用张载的话来表达自己的夙愿——为往圣继绝学！我们这一代青年必须接过这一棒，让以儒家思想为主体的中国传统文化能够薪火相传。

综合

| 可爱的孔子 |
| 儒家的政治思想 |
| 儒道墨法思想浅议 |
| 四书成语佳句解读 |
| 四书成语佳句解读（新版补录）|

可爱的孔子

理论是灰色的,生命之树常青。《论语》呈现给我们的不是一套枯燥的修己治人的思想理论,而是一个活生生的孔子。他的所思、所想、所作、所为,让我们感到亲切。无疑,孔子是一个伟大的人,但他首先是一个可爱的人。

人的可爱往往不是因为完美,而恰是因为有毛病、有缺点、有瑕疵,特别是当这些"负面"的东西呈现在一个公认的伟人身上时,这种反差尤为动人。

※ 沽之哉

子贡曰:"有美玉于斯,韫椟而藏诸?求善贾而沽诸?"

子曰:"沽之哉!沽之哉!我待贾者也。"——《论语·子罕》

公山弗扰以费畔,召,子欲往。

子路不说,曰:"末之也已,何必公山氏之之也。"

子曰:"夫召我者而岂徒哉?如有用我者,吾其为东周乎!"——《论语·阳货》

佛肸召,子欲往。

子路曰:"昔者由也闻诸夫子曰:'亲于其身为不善者,君子不入也。'佛肸以中牟畔,子之往也,如之何?"

子曰:"然,有是言也。不曰坚乎,磨而不磷;不曰白乎,涅而不

缁。吾岂匏瓜也哉？焉能系而不食？"——《论语·阳货》

子言卫灵公之无道也。——《论语·宪问》

子曰："苟有用我者，期月而已可也，三年有成。"——《论语·子路》

孔子总讲，做人要不怨天、不尤人、君子固穷、人不知而不愠等，教育大家要淡定，可他自己却实在淡定不了。他急切地想去影响执政者，践行自己的理想，实现自己的抱负。有次子贡问孔子："我有一块美玉，您说我是把它装在盒子里收藏起来呢，还是找个识货的商人卖掉呢？"孔子说："卖掉呗！卖美玉喽！谁来买我的美玉啊？"孔子多么率性可爱啊，直率、坦诚，毫不避讳，我就是要货于帝王家，就是要入世。

还有两次，两个不被人看好的权贵，一个叫公山弗，另一个叫佛肸，他们先后邀请孔子去加盟。孔子竟然跃跃欲试，真的要去投奔，每次都是大徒弟子路上来说服、制止，最终孔子都没有去成。不过，孔子委屈啊：我知道他们不是什么好东西，但我哪里是冲着他们去的啊，**我是需要这样一个平台，让我发挥治国的才干**，缔造一个类似东周那样理想的国家。我又不是一颗葫芦，怎能让我只挂在一边，只中看，不能吃啊？

孔子50多岁时去投奔卫灵公，显然不欢而散，以至于一向慎言谨行的他大骂卫灵公无道。但骂也没用，还是没有人用他。他近乎绝望地喊："谁用我啊？我保证一年大变样，三年翻两番，五年再建一个新国家！"

※ **插曲**

子见南子，子路不说。夫子矢之曰："予所否者，天厌之！天厌之！"——《论语·雍也》

孔子之所以大骂卫灵公,我想,是因为他在卫国受了很大的委屈。学者推销思想就像业务员推销商品,顾客就是上帝,极力讨好是难免的,文人的架子、身段都得放下,温良恭俭让是必须的。卫灵公的夫人南子是个著名的坏女人,卫灵公对她却百依百顺,孔子要想在卫国站住脚,必须过南子这一关。

孔子说过,唯女子与小人为难养也。这说明他是害怕与女人打交道的,可又必须硬着头皮去看望南子。子路向来鲁莽,哪里理解孔子的苦心,等孔子从南子那里回来后,马上来质问老师:"您怎么去沾那个南子啊?我们还怎么跟您混啊?"孔子本来就窝着火,嗓门立马高了三倍:"没你想的那些乱七八糟的。谁要整那些事,让上天惩治他!"

※ 困境

在陈绝粮,从者病、莫能兴。
子路愠见,曰:"君子亦有穷乎?"
子曰:"君子固穷,小人穷斯滥矣。"——《论语·卫灵公》

孔子游遍列国,不但没有人用他,而且这个周游的过程里充满艰辛。**孔子的伟大在于,面对困境,总能保持平和与乐观。**

有一次,在陈这个地方,孔子师徒遭遇恶人围困,干粮吃完了,很多人也病倒了,前不着村,后不着店,人们都很恐慌。

子路向孔子抱怨:"咱们每天学修己治人的君子之道,可为何自己总这么倒霉,总是面对山穷水尽的绝境啊?咱们拯救不了自己,又谈何拯救天下苍生?"

孔子安慰他:"不要着急,镇定一点。君子之道很重要的一个意义就在于教会我们怎样面对困境。小人面对困境时会惊惶失措,乱了分寸,丧失原则,做出不适合的事情来;而君子则能坦然面对,冷静分析,一点点地去改善和解决。**顺风顺水之际,人的高低无从考量,只有**

面对困境，人的高低层次才显得分明！"

※ 非议

微生亩谓孔子曰："丘何为是栖栖者与？无乃为佞乎？"
孔子曰："非敢为佞也，疾固也。"——《论语·宪问》
子路宿于石门。
晨门曰："奚自？"
子路曰："自孔氏。"
曰："是知其不可而为之者与？"——《论语·宪问》

任何非议都传递出部分正面的信息。当陌生人都开始批评你时，说明你的影响力已经大大提升了。所有伟大的人物终生都是与非议相随的，他们突出于众人，成为人们的谈资，甚至取笑的对象，孔子当然也不例外。

有个叫微生亩的人问孔子："孔丘啊，你这一头那一头地奔波，凭三寸不烂之舌，极尽巧言，去游说权贵，这不正是你自己都反对的'佞'的表现吗？"

孔子说："天下这么多不合理之事，我费尽心机地去说服权贵，争取有所改变，可是他们统统无动于衷，我这是佞吗？我无奈啊！"孟子也有类似的一句话："予岂好辩哉？予不得已也！"

对于孔子的奔波无靠，《史记》里有一段更让人心寒的评价。孔子在郑国跟弟子们走散了，有个路人跟子贡说自己看到一个老头，也许就是孔子，并且描述了一番那个老头的样子，包括额头、脖子、肩膀、腰腿，最后整个人看上去则"累累若丧家之犬"。孔子听到这个评价时，非但不气恼，还欣然接受："然哉！然哉！"

孔子明知自己"累累若丧家之犬"，为何还不放弃呢？ 就像这位石门的隐士评价他的，"知其不可而为之"，明知自己不见知于当世，推行仁政只是一个不能实现的梦想,却还执意而为。这不是犯傻吗?对于石门隐士的非议,孔子没有回应,但我们自己却可以感受到,这何尝不是孔子最为感人的地方?

我们讲,**孟子的"自反而缩,虽千万人,吾往矣"是豪情万丈的理想主义**,而**孔子的"知其不可而为之"则是一种内敛的偏执、一种殉道的精神,是理想主义的极致**。

※ 使命

子曰:"天生德于予,桓魋其如予何?"——《论语·述而》

子畏于匡。曰:"文王既没,文不在兹乎?天之将丧斯文也,后死者不得与于斯文也;天之未丧斯文也,匡人其如予何?"——《论语·子罕》

子曰:"甚矣,吾衰也!久矣,吾不复梦见周公。"——《论语·述而》

子曰:"凤鸟不至,河不出图,吾已矣夫!"——《论语·子罕》

面对困境、非议,孔子靠什么保持内心的平静和屡败屡战的勇气呢? 靠的是笃定的信仰和崇高的使命感!他坚信自己的使命是传承自文王、周公的中华文化的道统。当面对桓魋的迫害和匡的危机,以至于有生命危险时,他都坚信上天是不会让他死的,因为他的使命还没有完成。

这种强烈的使命感、强烈的自我暗示,可以理解为人与天之间的沟通与对话,甚至这种对话会在梦境中得以具象化。所以,我相信,孔子确实是经常梦到周公的。

然而,可悲的是,孔子至死也没有看到自己的使命得以实现。"凤鸟不至,河不出图,吾已矣夫!"但历史选择了他,学生们延续了他的事业,最终确立起儒家文化在其后两千多年的主流地位,塑造了这个民族的人格。

※ 牢骚

子曰:"莫我知也夫!"

子贡曰:"何为其知子也?"

子曰:"不怨天,不尤人,下学而上达。知我者其天乎!"——《论语·宪问》

子在陈,曰:"归与!归与!吾党之小子狂简,斐然成章,不知所以裁之。"——《论语·公冶长》

子曰:"道不行,乘桴浮于海。从我者,其由与?"

子路闻之喜。

子曰:"由也好勇过我,无所取材。"——《论语·公冶长》

子欲居九夷。或曰:"陋,如之何?"

子曰:"君子居之,何陋之有?"——《论语·子罕》

使命归使命,淡定归淡定,人总是有理不胜情、情不自禁之时,面对诸多不尽人意的事情,孔子也要发发牢骚的。

首先是寂寞。孔子最大的苦闷是没有知己。有道是,人生得一知己足矣。孔子一个知己都没有,难道只有上天才能明白他吗?

其次是挫败感。孔子周游列国期间经历那么多磨难,换一般人早就打退堂鼓了——一大把年纪了,咱费这个劲干什么啊?回家!三亩地一头牛,老婆孩子热炕头。类似的想法孔子也有过。在陈这个地方受挫,他就暴躁了:回家!回家教书去!家乡的小屁孩儿们都是七八点钟的太阳,都正等着我去"修理"呢。宣泄一通,他和弟子们又上路了,坚持……

孔子和他的学生们颠沛于周游列国的路上,唐玄奘和他的徒弟们跋涉于西天取经的路上。在路上,是中国文化的背影。

然后有一天,孔子又郁闷沮丧了,他怀疑自己"致君""行道"的理想实现不了。怎么办呢?中国我是待不下去了,我要去海外!他瞅瞅身边的弟子,大家都不知说什么好。孔子问:"你们谁跟我去啊,子路怎么样？"子路一听来了精神，正要表个态，孔子忽然就笑了："跟你们开玩笑呢！子路你就是个傻大胆，咱还真出海啊，那不得喂了鱼啊！"

过了一段时间，孔子又提到这件事，这次他是比较认真了，他不想跟这些人玩了，他厌倦了，要到遥远的地方去定居。弟子说："那里的生活条件太简陋了啊。"孔子说："君子居之，何陋之有？在我眼里，物质生活的好坏是不值一提的。"

从周朝开始，甚至更早，历史上，朝代更迭之际"乘桴浮于海"者大有人在，包括现代很多定居海外的优秀学者，他们都怀有类似孔子的想法，心里难免也纠结，然后想到一句自我安慰的话：我在哪里，哪里就是中国。这话应当是套用了苏轼的诗句："**此心安处是吾乡。**"

※ 骂人

仲尼曰："始作俑者，其无后乎！"——《孟子·梁惠王上》

原壤夷俟。子曰："幼而不孙弟，长而无述焉，老而不死是为贼！"以杖叩其胫。——《论语·宪问》

宰予昼寝。子曰："朽木不可雕也，粪土之墙不可圬也，于予与何诛？"——《论语·公冶长》

孺悲欲见孔子，孔子辞以疾。将命者出户，取瑟而歌，使之闻之。——《论语·阳货》

孔子不但发牢骚，有时还骂人。

殉葬制度据说起源于殷商，在孔子生活的年代活人殉葬的情况仍很多，有的则代之以人形陶俑，即便如此，也呈现出残酷的血腥与非人道，这与儒家倡导的葬之以礼（以仁）格格不入。孔子骂的这个"始作俑者"，应当是指最早提倡殉葬制度的人，而不是实指那个制作陶俑的人。然而，令人遗憾的是，在孔子之后的时代里，虽然儒家文化占据主流，历代帝王仍不乏用活人殉葬之举，而且在今天的民间葬俗中，都还用纸人车马。

《战国策》里有个关于殉葬的小故事：秦国太后病重将死，她吩咐死后要把自己钟爱的一个情人殉葬。那人当然不愿意死，就托一位策士去说服太后。策士这样对太后讲："如果人死后有知，那么先王看到您在他死后养情人，肯定要怪罪您。您还把情人带过去，那不更是找倒霉吗？要是死后就什么都不知道了，您让他殉葬又有什么意义呢？"

原壤应当是孔子的老朋友，据说是道家的人物，孔子去拜望他时，他蹲着迎接，完全不讲礼数套路，孔子就骂了他一通，还用拐杖砸他。在我看来，这是朋友之间的戏谑而已。不过，这句"老而不死是为贼"（老不死的）成了千古名骂。

孔子骂学生宰予"朽木不可雕也"、烂泥扶不上墙！这是恨铁不成钢，也成了千古名骂。

一般认为，骂人而不吐脏字，是比较有层次的，孔子则更绝。他讨厌的一个人来看他，他让弟子告诉对方自己病了，不能会客，给人家一个闭门羹。然后，没等人家走，他这边竟然故意弹琴唱歌，明摆着告诉人家："我就是烦你！"

※ 勤奋

叶公问孔子于子路，子路不对。

子曰："女奚不曰：'其为人也，发愤忘食，乐以忘忧，不知老之将至云尔。'"——《论语·述而》

有人问子路孔子是怎样的一个人。子路没有回答。

孔子教子路："你何不这样讲呢：孔子这个人，发愤努力常常忘记了吃饭，享受事业与学习的乐趣常常忘记了忧愁，沉浸在这样一种状态里，忘记了自己的年龄，永远保持一颗年轻活泼的心灵。"

这段话里，除了勤奋，还包含着很多信息。吃饭代表着人内在的最大的欲望，忧愁是来自外部世界不可控制的事情，怎样从欲望与现实中超脱出来呢？最好的办法就是让自己专注于事业。

※ 喝酒

子曰："出则事公卿，入则事父兄，丧事不敢不勉，不为酒困，何有于我哉？"——《论语·子罕》

惟酒无量，不及乱。——《论语·乡党》

从这两段话中可见孔子是很爱喝酒而且酒量很好的一个"酒徒"，这也足见他是个性情中人。因为身体原因，我很少喝酒，对于源远流长的中国酒文化，一直也不感冒。赶巧今天中午跟几位领导吃饭，我领略了一番酒场上的"美感"，这"美感"应当有这么几个条件：

一是都得有酒量，能喝；二是意气相投；三是都得见多识广，能笑、能说，要有机锋、有段子；四是酒喝到微醉，适可而止，若有当场口吐"莲花"的，就煞风景了。

※ 好人

厩焚。子退朝，曰："伤人乎？"不问马。——《论语·乡党》

子钓而不纲，弋不射宿。——《论语·述而》

一千个人心中有一千个哈姆雷特，一千个人心中也有一千个孔子，甚至我们自己也被别人看作各种不同的人。但有一个最本真的，也是我们最在意的形象，就是我们希望自己是一个好人。

孔子是一个好人，仁爱、善良，大火烧了他的马厩，他匆匆赶回家，张嘴第一句话是问："没伤着人吧？"孔子少年贫贱，也做过捕鱼、打猎的事，但对鱼鸟都存着一分仁爱之心。

※ 赞美

仪封人请见，曰："君子之至于斯也，吾未尝不得见也。"

从者见之。出曰:"二三子何患于丧乎?天下之无道也久矣,天将以夫子为木铎。"——《论语·八佾》

一个卓越之人当然要面对无数的非议、否定、困境,但也难免被人欣赏与赞美。特别是一个从底层成长起来的精英,少不了贵人相助,少不了主流的认可。而且,孔子与他的学生们组成一支重要的政治力量,是没有人敢小看的。事实上,很多麻烦正是因为孔子被一些人当作威胁才出现的。

《论语》里记载了很多人对孔子的赞美,包括有人称其为圣人。而这段仪封人对孔子的评价最为深刻生动。他在会见了孔子后,对孔子的学生们感叹:"诸位的老师没有得到诸侯的重用,这不算什么。你们的老师的真正使命在于,他是上天派下来传递其旨意,传承文明、教化亿民的!"

※ 崇拜

叔孙武叔毁仲尼。子贡曰:"无以为也!仲尼不可毁也。他人之贤者,丘陵也,犹可逾也;仲尼,日月也,无得而逾焉。人虽欲自绝,其何伤于日月乎?多见其不知量也!"——《论语·子张》

颜渊喟然叹曰:"仰之弥高,钻之弥坚,瞻之在前,忽焉在后!夫子循循然善诱人,博我以文,约我以礼,欲罢不能。既竭吾才,如有所立卓尔。虽欲从之,末由也已。"——《论语·子罕》

可以仕则仕,可以止则止,可以久则久,可以速则速,孔子也。——《孟子·公孙丑上》

自有生民以来,未有孔子也。——《孟子·公孙丑上》

孔子之所以有后来的地位,单靠几句赞美是远远不够的。伟大是捧出来的,神圣是崇拜出来的。孔子有三千弟子,其中七十二贤人,这些人是他忠实的信徒。在信徒的心目中,孔子不容诋毁,孔子是高天上的日月，是"仰之弥高，钻之弥坚"的，是神秘无限的，是无可无不可的，是人类历史上空前绝后的。这种崇拜，在儒家所掌握的文教体系中被广泛而深刻地传播，深入人心，最终成就了孔子的不朽地位。

在现实的操作中，这并非单纯的崇拜，儒家弟子们对于孔子的标举很大程度上在于对自己身价的提升。如果你已经很厉害，但想更加厉害，那么，抓紧收徒弟吧。

说归说，笑归笑，越是这样戏谑地看他，越是觉得他亲近。我家旁边的公园有一尊高大的孔子像，对面是一所大学。晚上，学生们在他脚下谈恋爱、玩轮滑，有时候还有烤羊肉串的。偶尔，我散步到他跟前，会面对他静静地站一会儿，在心底默念：老头啊，我信你这个教，保佑我吧！

儒家的政治思想

> 保民而王，莫之能御也。
>
> ——《孟子·梁惠王上》

儒家最终的目的是治国、平天下，虽然在孔子、孟子生前，这一理想没有实现，但经过汉代"罢黜百家，独尊儒术"，在两千多年的皇权时代里，儒家近于国教，成为主导性的政治思想，这是毋庸置疑的。

我认为，**儒家的政治思想大致归结起来，就是孟子所说的四个字——"保民而王"**。再精炼一点，就是两个字：民和王。

民就是人民，这是古今中外所有政治思想的核心。把这个核心抓住了、搞好了，就是好的政治；否则就是失败的。对此，孙中山提出"三民主义"：民主、民权、民生。而毛泽东则强调为人民服务和人民民主专政。

王就是王道，这是中国传统政治思想区别于西方的主要特色。孟子讲："以力假仁者霸，以德行仁者王。"靠武力征服来实现大国梦想，这是霸道；而以德治国，以人民利益为政策之本，去发展政治、经济、文化、军事等综合国力，从而实现和平崛起，树立大国之间的王者地位，内圣而外王，这就是王道。纵观两千多年的中国，有时王、霸兼用，但主流还是行王道，今天我们国家的发展仍然是这个样子。

围绕"民"这个主题，儒家强调以下几点：

一要贵民。"**民为贵，社稷次之，君为轻**。"执政者要在理性层面树立以人民为最尊贵、最根本的意识，要分清楚哪头轻、哪头重。没有人民，就没有国家，更没有国君。唐太宗李世民有句名言：水能载舟，亦能覆舟。这话本来是出自《孔子家语》："夫君者舟也，庶人者水也。水可以载舟，亦可以覆舟。"

二要爱民。"老吾老以及人之老，幼吾幼以及人之幼。"执政者要在情感层面把人民当作自己的亲人来对待，而不能漠视人民的生死疾苦，只图自己享受，不能麻木不仁。孟子讲："**庖有肥肉，厩有肥马，民有饥色，野有饿莩，此率兽而食人也**。"自己吃香的喝辣的，宝马豪宅，而老百姓饿得脸发黄，甚至有饿死的，这样的国君可谓吃人的野兽。

事实上，历朝历代都出现过大饥荒，都有很多人饿死，执政者则都会归咎于自然灾害。对此，孟子有犀利的批判："人死，则曰：'非我也，岁也。'是何异于刺人而杀之，曰：'非我也，兵也。'王无罪岁，斯天下之民至焉。"意思是，饿死人了，执政者就说："这不是我的过错，是自然灾害造成的。"

三要富民。有个学生去做地方官，请孔子给予指点，孔子送他两个字：富之。执政者要在政策层面把发展经济放在首位。在具体的政策执行和落实上，孟子强调两点：**一是要保护私产**。要耕者有其田，他说，"民之为道也，**有恒产者有恒心，无恒产者无恒心**""夫仁政，必自经界始"。经界就是划分耕地，对于当时的人民来讲，所谓"恒产"就是耕地。**二是要减免税赋**。他讲："耕者，助而不税，则天下之农皆悦，而愿耕于其野矣。"助而不税的意思是，只做一些服役（义务为国家耕种公有田地），而不用再缴纳税费，农民们两千多年的梦想，今天终于已实现。

四要养民。"养生丧死无憾，王道之始也。"执政者要在政策层面重视社会福利制度，救济穷苦老弱。孟子讲：**"老而无妻曰鳏，老而无夫曰寡，老而无子曰独，幼而无父曰孤。**此四者，天下之穷民而无告者。文王发政施仁，必先斯四者。"对于鳏、寡、独、孤等弱势群体，要帮助其解决生存问题。

五要教民。还是孔子的那位学生问孔子："人民富了之后，政治上还应当怎样做？"孔子还是两个字：教之。执政者要在政策层面重视文化教育事业。要倡导诗书礼乐，弘扬积极健康的价值观，自上而下建立统一的意识形态。孔子指出：**"君子学道则爱人，小人学道则易使也。"**

孟子则认为："善政不如善教之得民也。善政，民畏之；善教，民爱之。善政得民财，善教得民心。"总之，教民有利于社会的和谐、稳定。史书上记载了很多循吏在一般公务职责之外，主动兴办教育事业，践行教民思想。如今，我们国家大力发展文化事业，其意义也是基于此。

六要取信于民。"民无信不立。"一个国家可以没有充足的粮食，也可以没有强大的军事力量，但只要人民充分地信任执政者，那么这个国家和政权就仍然是稳定的，这就是孟子所谓的**"得民心者得天下"**；而没有这种信任，失去了民心，则必然要倒掉。

围绕"王"这个主题，儒家强调以德治国。不过，这可不能简单地理解为靠道德治国，并与依法治国对立起来看待。在任何一个朝代，依法治国都是最基本的，法治是一刻也离不得的。刘邦灭掉秦二世后，做的第一件事就是约法三章："杀人者死，伤人及盗抵罪。"这可能是历史上最简洁的"法"了，不过也是最底线的，不然就乱套了。中国人凡遇到不平事，激愤之语会脱口而出："还有王法吗？"可见"法"是必需的，也是深入人心的。

孔子做过鲁国三年的大司寇，他肯定是一个法治专家，同时也深知法治的局限。他指出："道之以政，齐之以刑，民免而无耻。道之以德，齐之以礼，有耻且格。"只靠行政和法治，老百姓就会处处想着钻法律的空子；只有道德价值体系的建立，才能让老百姓自发自觉地遵守社会规则。正因为一味地强调法治，催生了很多社会问题，所以，儒家才来强调道德的作用。在儒家的实践中，矫枉过正是难免的，理想主义的"迂"也可能是存在的，但这些不能影响这种思想的价值和意义。

孔子讲："为政以德，譬如北辰，居其所而众星共之。"这段话应当这样理解：执政者如果能自上而下在国家和人民中间建立起并维护好一套道德价值体系，以此规范各种行为，就可以无为而治了。

这套体系具有两个维度：一是横向的，包含仁、义、礼、智、信（五常）和孝、悌、忠、廉等道德观念；二是纵向的，如孟子所讲："天下之本在国，国之本在家，家之本在身。"这个维度自上而下分成天下、国、家、身四个层面，而身即个人，个人道德价值的建立是根本。儒家认为这套体系的建立并不十分困难，孟子认为，仁、义、礼、智根植于人性本能，只要稍加引导，就可以扩充彰显。

孔子的学生有子则进一步从政治实践的层面强调："**君子务本，本立而道生**。孝弟也者，其为仁之本与。"他认为，孝敬父母、尊敬兄长，这种家庭亲情中自然形成的道德，是最根本的道德。一个奉行孝悌的人，他不会做犯上作乱之事。而且"孝者，所以事君也；弟者，所以事长也"，这些道德很容易移植到其他的关系处理之中，从而促进社会的和谐。

当人民与执政者都形成道德价值的共识，这套道德价值体系就会自然而然地在国家建立起来了，并且在国家的各种大事小情上发挥积极作用。比如上述我们所提到的，爱民就是仁，养民就是义，贵民、教民就是礼，富民就是智，取信于民自然就是信。这就是以德治国。它的精髓在于强调一种由内而外的、自觉的、和谐的、具有本质意义的管理思想，也就是内圣而外王，就是王道。

综上所述，儒家的政治思想归结起来就是：保民而王。

在"保民而王"的思想框架下，在具体的操作层面，儒家同样有丰富而生动的观点。比如：

高度重视人才："**为天下得人者谓之仁。**"

重视土地："诸侯之宝三：土地、人民、政事。"

强调执政者对民众的影响："**君子之德风，小人之德草。草上之风，必偃。**"

强调等级，并且各安其位："君君，臣臣，父父，子子。"这也是礼的根本。

强调国家不要与民争利："国不以利为利，以义为利也。"

支持改革："《诗》云：'周虽旧邦，其命惟新。'文王之谓也。子力行之，亦以新子之国。"等等。

另外，也有一些思想有问题，比如："子曰：民可使由之，不可使知之。"这种愚民思想流毒至今，为害至深。

鉴于本书的重点不在此方面，不再展开。有些内容，则融入了本书的其他章节，读者可自行体会。

儒道墨法思想浅议

※《诗经》的魅力

《诗》三百，一言以蔽之，曰："思无邪。"——《论语·为政》

《诗经》作为中华文化最重要的经典之一，所承载的意义是丰富而深远的。它结集了上古先民的诗歌精华，开创了中华文明的诗歌传统，由此，我国成为一个诗的国度。不只是唐诗、宋词、元曲，在《诗经》以后的任何一个年代里，学诗、吟诗、作诗都是所有知识分子生命中非常重要的内容。孔子讲的"**不学《诗》，无以言**"，是大家的共识，《诗经》里的内容成为重要的语言素材，《诗经》的赋、比、兴也成为重要的表达方式。

总之，《诗经》曾是社会文化阶层通用的符号体系，并且几乎从先秦一直沿用到清代。这个符号体系，就像在一帮网民组成的圈子里，如果你不了解"hold住"之类的网络语言，就没法跟大家交流一样。

《论语》里有很多处提到《诗经》，归结起来应当是两方面：

一是应用。孔子讲："诵《诗》三百，授之以政，不达；使于四方，不能专对；虽多，亦奚以为？"学了《诗经》但不能在政务和外交活动中应用好，那还不如不学；学诗是要学以致用的。他认为："**《诗》，可以兴，可以观，可以群，可以怨**。迩之事父，远之事君。多识于鸟兽草木之名。"通过学习《诗经》可以培养情趣、提升修养，可以了解人生世态、掌握知识，可以提升人际交往的能力，也可以以诗言志、实现与人更高明的沟通，从而在家庭生活和工作中都取得改进，还可以知晓很多动植物的名字。

并且《论语》里举了一些例子：一位弟子通过"如切如磋，如琢如磨"这段诗句来体会修身的过程，另一位学生则通过"**白圭之玷，尚可磨也；斯言之玷，不可为也**"来体会慎言的重要。关于《诗经》在具体政事活动中的运用，《左传》记载了一个非常生动的故事：流亡中的晋文公去拜见秦穆公，按当时的礼节，双方要各自诵诗来表达自己的心思，晋文公手下一位大臣抓住时机，对诗句进行了巧妙的解读，从而促成了秦穆公对晋文公的支持，帮助后者夺回了政权。

二是抒情。从《论语》中我们可以看出，孔子不是一个板着脸、端着架子的"圣人"，他也有喜怒哀乐，甚至有一点情绪化，也会冲动，而且多才多艺，用今天的话讲，他是一位才子。他为人师表，"克己复礼"，有非常强的自律能力，所以不可能是"风流"才子，但我们有理由相信，他有一颗敏感而多情的心。

他的情感世界是呈现在他删定的《诗经》里面的，那些凄美的爱情、灵动的文字背后都隐藏着孔子那颗敏感而多情的纯真之心。就像所有的好男人一样,柔情之心总得找个地方安放,才不会出来招摇游荡。孔子把它放在了《诗经》里,"《诗》三百,一言以蔽之,曰:'思无邪'",正是由此而发。无邪,就是天真,就是真、善、美。真情、真意、真诚、善良、仁爱、正义,唯美、优美、凄美。下面摘录一些诗句,与大家分享,我就不饶舌评点了,一切尽在不言中。

关关雎鸠,在河之洲。窈窕淑女,君子好逑。

死生契阔,与子成说。执子之手,与子偕老。

静女其姝,俟我于城隅。爱而不见,搔首踟蹰。

巧笑倩兮,美目盼兮。

自伯之东,首如飞蓬。岂无膏沐?谁适为容!

知我者,谓我心忧;不知我者,谓我何求。

彼采萧兮,一日不见,如三秋兮!

风雨如晦,鸡鸣不已。既见君子,云胡不喜。

青青子衿,悠悠我心。纵我不往,子宁不嗣音?

野有蔓草,零露漙兮。有美一人,清扬婉兮。

今夕何夕,见此良人。

蒹葭苍苍,白露为霜。所谓伊人,在水一方。

昔我往矣,杨柳依依。今我来思,雨雪霏霏。

……

有泥土,有花香,有河流,有大路,有庄稼,有原野,有星星,有落日,有风雨,有苦难,有离别,还有爱情。

※《易经》的智慧

子曰:"加我数年,五十以学《易》,可以无大过矣。"——《论语·述而》

这里的"易"就是《易经》,《史记》记载,孔子晚年非常喜爱研读《易经》，并为其做注释工作，分别写成了《彖传》《象传》《系辞传》《说卦传》《文言传》，这些注释文字后来与《易经》编辑在一起，成为今天通行的《周易》。孔子读《易》，用功至勤，以至把书翻烂好多回。但他临死时，仍然感觉自己没有完全掌握《易经》的学问，认为如果上天再给他几年时间，他也许可以做到。

单说《易经》，大致就是上古时代一本占卜算卦的书。当然，不能小看这个算卦，几乎所有文明都是从这种类似巫的思想中发展而来的。《易经》像一本辞典，用来解释六十四卦里每种卦象对应的吉凶含义，以及其中六个爻各自的含义。

我们一般人按这个辞典，也可以占卜。比如，我们拿一枚硬币，以正面为阳爻，即八卦图里那个"——"，以反面为阴爻，即八卦图里那个"— —"，这两个符号的差异在于，阴爻中间是断开的。我们把硬币抛向空中然后落在地上，重复六次，假如得到的结果是反、反、正、正、正、反，这就可以组成一个卦象。我们查一下这个辞典，会发现这是"咸"卦："咸：亨，利贞，娶女吉。"这个卦预示着：亨通，利于守持正固，娶妻可获吉祥。

当然，这种解释还是比较模糊的，它未必就实指婚姻，它可以按占卜者所处的情境，附会不同的意义。而那六个爻，则可以理解为一个事件发展的六个阶段，同样蕴含不同的意义，提醒占卜者随事件的发展应该怎样去应对。古人实际的占卜过程，定然没有这么简单，但实质大同小异。

那么，既然《易经》是一本占卜的书，何以成为儒家的典籍呢？我认为有两方面的原因：

一是，**《易经》反映了中华文明最重要的哲学观念**。

首先是天命观念。占卜无非就是预见未来，人们之所以相信可以预见未来，在于相信天命有规律可循，认为眼前的现实中的现象与其背后主宰的天命力量有神秘的联系。儒家把这种联系称为"天人合一"。

其次是阴阳辩证观念。这一点从它的符号体系中就可以直观地感受到——凡事皆有阴阳两面，阴阳之间，对立统一、转化消长。

二是，**《易经》反映了中华文明最朴素的价值观**。

比如"君子终日乾乾，夕惕若厉，无咎""**艰则无咎**"等，意思就是人勤奋、小心、忍耐，就可以少出问题，等等。

孔子等儒家学者，结合《易经》的哲学和价值观，进行了更加丰富而贴近现世人生的解读，那些脍炙人口的名句，多数是出自这些解读的内容，比如"**天行健，君子以自强不息**""厚德载物""进德修业""一阴一阳之谓道""**穷则变，变则通，通则久**"，等等。这些内容与原来的经文编辑成一体，最终成为反映儒家思想的哲学经典。

《易经》终极的思想是探究天命的规律，这是一个人类不可能完成的任务，孔子至死也没有完成。然而，它又像是蒙娜丽莎的神秘微笑，越是搞不清她因何而笑，越是吸引无数人为此而思考。《韩非子》里讨论过一个问题：画鬼容易，还是画人容易？答案是画鬼容易，因为鬼到底什么样，谁也没有见过，所以可以按照想象任意发挥。

后人对于《周易》的解读，与此颇类似，众说纷纭，仁者见仁，智者见智，各取所需，各得其乐。这里有一个有趣的问题是，画鬼的想象启发了艺术，对《周易》的研究同样启发着人类的智慧。对于我们这些不求甚解的读者来讲，我们能收获的应当是对生命、对人生的反思。

我读《周易》的心得，也已经大致整理成一本书，暂时定名为《周易里的大象》。主要是走的宋儒程颐解《易》的路子，着重义理方面，我把它作为天下第一励志书来解读。

※ 关于《春秋》

孔子成《春秋》而乱臣贼子惧。——《孟子·滕文公下》

如果说《尚书》是古代史，那么《春秋》就相当于近代史。《春秋》也分"经"与"传"：经是原文，极简约；传是注释，丰富多彩。传有三家，后来也都成为儒家的经典，其中以左丘明的最为著名，即

《左传》。今天，我们讲的《春秋》，通常就是指《左传》。

当然，作为严肃的正史，《左传》的主要内容都是大事件，尤其以战争为重点。可悲的是，几乎所有的史书中，战争都是主题，这就是人类发展的残酷现实。《左传》中很多战争过程和场面的描写都震撼人心，其中齐晋之战可谓极致，古往今来描写中国军人之战斗精神的文字没有比这段更精彩的。

这场战斗齐国大败，一个叫逢丑父的大臣装扮成齐王的样子，以引开追兵，结果被俘。晋军正要杀他时，他大喊："如今哪里还有愿替君王而死的人啊？这里正好有一个！难道真的让这样的人死吗？！"晋军的将军听到这话就把逢丑父给放了，说要"以劝事君者"，就是要倡导这种为君尽忠的做法。这就是春秋士大夫的侠肝义胆和忠义精神。类似这样的导向和价值观，正是《左传》着重强调的。

还有一些内容则可以看作政务处理的案例。比如，郑国的子产关于言论自由的故事，对今天的执政者应当仍有启发。

最后要提一下《左传》里那句震古烁今的名言："太上有立德，其次有立功，其次有立言，虽久不废，此之谓不朽。"这话出自鲁国的叔孙豹之口，它阐明了中国古人终极的人生价值取向，即对于不朽的追求：要超越生命，要青史留名，要流芳百世。这种深刻的历史情结，恐怕只有在中国人身上才那么明显。孔子成《春秋》而乱臣贼子惧，惧什么？惧的就是史书上给他定一个恶名、臭名，遗羞子孙，遗臭万年。

※ 关于杨朱和墨翟

圣王不作，诸侯放恣，处士横议，杨朱、墨翟之言盈天下。天下之言不归杨，则归墨。杨氏为我，是无君也；墨氏兼爱，是无父也。无父无君，是禽兽也。——《孟子·滕文公下》

孟子曰："杨子取为我，拔一毛而利天下，不为也。墨子兼爱，摩

顶放踵利天下,为之。"——《孟子·尽心上》

孟子曰:"逃墨必归于杨,逃杨必归于儒。归,斯受之而已矣。今之与杨、墨辩者,如追放豚——既入其苙,又从而招之。"——《孟子·尽心下》

任何宗教和哲学都有一定的排他性,都会不同程度地对同时代的其他思想流派有所批判,儒家也不例外。特别是孟子生于战国时期,当时诸子百家争鸣,思想上的交锋近乎白热化,以至于他破口大骂人家是无父无君的禽兽。在我看来,真的挺失风度的。

不过,能让孟子如此气急的思想,当然也有了不起的高度。

杨朱无专著传世,身份不明,有学者论证他跟庄子是一个人,我觉得有一定的道理。杨朱说,让我拔一根汗毛,这样会对天下有利,我也不干。言下之意是,我活好自己就可以了,天下跟我没关系。这看似是极端的以自我为中心的思想,它有错吗?未必的。哪个思想家会公然提出一套错的思想呢?如果明摆着是错的,又如何被人信奉、追捧?

其实,这正反映了杨朱所代表的道家思想的魅力所在。在《道德经》《庄子》等经典里,道家提出很多违背平常思维的命题,给人带来深刻的启发。道家认为"反者,道之动",任何常识,从相反的角度立论,照样说得通,在实践上也照样行得通,甚至更接近事物的本质。

墨翟就是墨子,是墨家的创始人。与道家后来发展成与儒家并驾齐驱的思想体系不同,墨家没有在中国文化中形成长期的传统。我认为有两方面的原因:一是墨家主张的极端无私,是人性所难以承受的。刘德华主演过电影《墨攻》,讲的就是墨家人物反对战争攻伐,并帮人守卫城池,冒着生命危险却不图半点私利。对于平凡百姓,谁有这样的勇气和精神啊?

据说这种精神被武侠所继承,但太边缘了。另一个原因是,墨家的主要经典《墨子》略输文采,跟《论语》或《道德经》都没法比,读来感觉太乏味，缺少格言警句式的文字。《墨子》里提到一些科学技术方面的内容，这不足以吸引后世文人，所以这本书竟被后世学术界冷落了两千多年。

道家与墨家不是简短的文字可以表述清楚的，这里要注意的是，这两家相对儒家，都有偏于某个极端的倾向，这使它们特色鲜明。而儒家则太中庸，不深入进去，不足以感受它的魅力。对于大众来讲，谁会去深究一门思想呢？为此，在孟子的时代里，儒家似乎不能赢得与道家、墨家的竞争。今天的儒家，相对佛教、基督教及一些外来思想，也是这种局面。

※ 关于法家

徒善不足以为政，徒法不能以自行。——《孟子·离娄上》

一味地仁爱必然纵容作奸犯科之徒，而单纯的法制并不能让人形成内在的自我约束，所以，治理国家需要德治与法治的结合。

婚姻也是如此，既要有爱，又要有怕。过分信任与宽容，对方就容易开小差；而严防死守地紧盯着，对方则容易有逆反心理，弄丢了情感的基础。**儒家强调了"爱"，法家强调了"怕"**。

法家的集大成者韩非子是先秦最后一个大思想家，他有后发优势，他对儒、墨、道、法等思想都得以总览，有通盘的把握。韩非子继承了老师荀子"人性恶"的观念，并运用了道家的思辨武器，对儒家展开批判，进而建立起法家的思想体系。

这个思想体系的基础是法，就是今天的法制。一切都按法办理，特别是**赏与罚——韩非子称之为"国之利器"**——绝不能凭君主的个人喜好办，而要按法实行。

在法制的基础上，韩非子强调"术"与"势"。**势就是把握主动权、占据优势地位、保持强势，这是君主不能放松的**；术就是权术、手段。对此，韩非子列举了大量的事例和寓言进行深刻动人的分析，同时赤裸裸、血淋淋地揭示出人性之恶。

比如，他强调"利害有反"，告诫君主要格外小心那些因为自己死而得利的人。包括王后、太子等人，他们都是盼着君主早点死的。因为，君主只要不死，就可能随时爱上其他的王妃，从而废掉现在的王后和太子。在儒家的眼里残酷现实的背后还有温情，法家对此嗤之以鼻——残酷背后的东西更残酷，这个世界从自然界到人类社会是一成不变的暴力制胜、弱肉强食、优胜劣汰的丛林法则。

法家思想维护君主统治，必然伤害权臣贵族的利益，所以，商鞅、吴起等法家人物都不得好死。韩非子清醒地看到了这一点，但知其不可而为之，宁鸣而死，不默而生，如飞蛾投火，不亦悲乎！

四书成语佳句解读

四书里有许多经典名句。其中很多名句慢慢发展为成语，数量不下两百个；有些成语佳句的含义已经超越了原有语境，成为融入中国人血液里的特有的表达方式。这些成语佳句包含的有经验，也有真理。今天，中国传统文化相对于外来文化的优势在于文本优势，这些成语佳句无疑是文本之精髓。

下面，我按在四书中出现的先后次序，择取部分经典成语佳句，把它们列出来，相当于小摆件，与大家一起把玩分享。其中有的在正文篇目中作过专门解读，这里又作了一点补充，一并列出。

※《论语》

君子不器。——《论语·为政》

前文讲儒家的人才观时提到，用人要善于"器之"，要"量才器使"，不要求全责备，就像板凳有板凳的功能，沙发有沙发的功能，不同的器物有不同的用途，不同的人也有不同的适用岗位。用人是如此，但对于自己，还是要争取成为"不器"的通才。

钱穆创办的新亚书院的校规里就明确要求，不论是学理科的，还是学艺术的，都要有基本的经史人文教育，要有通才的格局，才能成就专业的高度。对大学生来讲，最起码的，做个复合型人才，就业机会就会多一些，人生的体验也将更丰富。

朽木不可雕也。——《论语·公冶长》

一块烂木头怎么雕啊？不结实，没有质感，再怎么费劲，也弄不成赏心悦目的艺术品。孔子这句话是骂他的一个学生。因为这个学生"昼寝"，就是白天睡午觉，他就不高兴了，骂人家一通，说人家是没救了，成不了才了。这似乎有点过分吧。

关于睡午觉，我是喜欢的，这相当于计算机的重启，片刻的睡眠放松之后，身体会恢复到一个很好的状态。习惯午睡的人都体会过生物钟的厉害，偶尔中午不睡，就会非常难受。孔子的这句骂，还传达了一个信息，即雕花木匠是一个古老的职业，这句话应当写入中国美术史，齐白石就是雕花木匠出身。

敏而好学，不耻下问。——《论语·公冶长》

这是孔子对他尊重的一位官员的评价，惺惺相惜之情溢于言表。聪明而且好学，位高而且谦虚。这真是难能可贵的品质，这样的人进境无止。小孩子特别聪明的，常常也特别调皮贪玩，随着年龄增长，并且在师长的调教下，很多孩子会慢慢专注到学习上来，而有的孩子则可能最终荒废学业。**人往往自恃聪明，就忽视学习**；人往往因身居高位，而骄傲自大。这是人性的弱点。

周急不继富。——《论语·雍也》

《增广贤文》里有一句话："**求人须求大丈夫，济人须济急时**

无。"很明显，这句话是关于借钱的。孔子的意思是，我们借给别人钱，最好是雪中送炭，而不要锦上添花。他的本意可能是出于仁爱和善心，不过，这里面也可以看到对利害的计算。这个"急"，就是"急时无"，可以理解为因为情况紧急而暂时拿不出钱来，而不是彻底的贫困。

对于我们这样平凡的世俗之人来讲，借给别人钱时，自然会有这种还款风险的计算，而且一般会高估这种风险。所以，换一个角度，当我们要借钱或求人时，应当明白求人得求大丈夫！

鸟之将死，其鸣也哀；人之将死，其言也善。——《论语·泰伯》

这句话以鸟比人，这种比兴修辞在《诗经》中被大量采用，比如开篇那句"关关雎鸠，在河之洲。窈窕淑女，君子好逑"，也是以鸟比人。为什么将死的人所说的话是善的呢？这是一个人性问题。孟子认为人性本善，可为什么那么多人作恶呢？其实人作恶多数是为利益、欲望或者某些情境所驱使，而这些外在因素对于将死之人来讲，都没有意义了，所以他们会回归善的本性。

升堂入室。——《论语·先进》

我们参观一些古代的房子，一进门就是一个厅堂，相当于客厅，再往里才是书房、卧室之类。孔子讲："由也升堂矣，未入于室也。"由是子路的字，意思是子路的学问算是入门了，但还不精深。所以，"升堂入室"这个成语就用来讲学问研习由浅入深的过程。而入室弟子，则指得了老师真传的正式学生。

一言而可以兴邦……一言而丧邦。——《论语·子路》

这段话是对慎言思想的一种极致表达，不过，它不是危言耸听。我们看《封神演义》里面，纣王就是因为对女娲说了句冒犯的话，就把国丧了。周幽王因为开了一个烽火戏诸侯的玩笑，也把国丧了。现实中，因为一句不适合的话而把命搭上的人太多了。对一种思想的宣扬，对一种思潮的推动，同样会决定一个国家与民族的命运。

工欲善其事，必先利其器。——《论语·卫灵公》

荀子《劝学篇》里有一段话，是对这句话进一步的阐发："假舆马者，非利足也，而致千里；假舟楫者，非能水也，而绝江河。君子生非异也，善假于物也。"这真是现代工业文明和科学技术的思想先声。正是基于这种对工具的高度重视，西方发明了蒸汽机，开启了工业文明，进而又发明了芯片，开启了信息化时代。在具体实践中，怎样"利其器"呢？今天一个最普遍最重要的途径是利用好互联网，大到国家，中到企业，小到个人，都可以利用它来改进自己的"器"。

直道而行。——《论语·卫灵公》

这是孔子推崇的做人态度：正直，走正道。读《曾国藩家书》给我最深的感触就是：原来直道而行真的可以成功。也许，每一个青年都曾经直道而行过，却因此撞得头破血流，就像电影《闻香识女人》里的一段台词所讲："在人生的十字路口，我知道哪条路是对的，但我从不去走，为什么？因为走正道太苦了！"

那么苏东坡是怎样看待这一点的呢？他在给侄子的一封信里讲："万事委命，直道而行，纵以此窜逐，所获多矣。"意思是，把自己交给命运，大胆地直道而行，纵使因此吃些苦头，也要相信最终收获的会比失去的多！

当仁不让于师。——《论语·卫灵公》

儒家讲究礼节、谦让，但是在"仁"的问题上，不需要谦让，"当仁不让于师"。这个"仁"包括行善做好事、助人捐钱等彰显道德的行为，在这上面你冲在老师前面没人指责你；另外，内在修养、人生境界的提升，在这上面有所精进，甚至超过老师也是受人尊敬的。

既来之，则安之。——《论语·季氏》

这段话的本意是：国家应当修明政治，这样天下的人才和百姓就都会来投奔。来了之后呢？还要使人才得其位、百姓得其产，从而安居乐业。今天我们用这句话来强调一种沉着的心态。比如大学生找工作，初到一家公司，往往与之前想象的不同，现实总是不如想象美好，于是心生烦躁，一天都没干下来就放弃了。我的公司就遇到过几个这样的学生。其实不妨想一下这句话，沉下心来待上一段，工作几个月后，你可能就会适应，并喜欢上这份工作。

吾恐季孙之忧，不在颛臾，而在萧墙之内也。——《论语·季氏》

孔子跟学生分析，这位季孙先生面临的最大问题不是来自那个叫"颛臾"的敌对者，而是来自他自己阵营的内部。历史和现实中的无数案例都证明，问题往往是出在内部。这一点，大到国家命运，小到家庭幸福，都要谨慎对待。

《韩非子》里专门有一篇讲"备内"，就是要防备身边人，防备内部出问题、后院失火。"萧墙"就是影壁墙，一般院落一进大门就是个影壁墙，而不是直接冲着正房，至于为何这样设置，可能出于风水的考虑，这也属于古代建筑史的内容。

性相近也，习相远也。——《论语·阳货》

人之初，性本善。人的天性都是相近的，只是因为后天的学习和环境的影响，使人变得越来越不一样。这是一个主流的解释，我认为也可以这样理解：不论是中国人、外国人，还是古人、今人，**人性的根本是差不多的，而人性的表现则千差万别**。正因为"性相近"，那些基于人性的传统智慧依然可以指引现在的生活。

割鸡焉用牛刀。——《论语·阳货》

孔子来到一个县城，发现很多群众都在开音乐会、唱歌，于是会心一笑，并调侃在这里做县官的学生："割鸡焉用牛刀？"什么意思呢？以音乐来教化民众，是高层次的政治手段，在这样的小县城里这样做，就有点拿牛刀宰鸡、大炮打蚊子的感觉了。这个成语，我小的时候经常在单田芳的评书里听到：两军对垒，对方一将上来挑战，这边某大将正要出马，旁边一小将忽然喊一嗓子："杀鸡焉用牛刀，待末将前去把他生擒活拿！"

色厉而内荏，譬诸小人，其犹穿窬之盗也与？——《论语·阳货》

现实中表里不一之人不在少数，他们为了面子、权威、利益、虚荣把自己伪装得很强势的样子，而内心却脆弱、自卑、空虚。这样的人在孔子看来，跟钻洞爬墙的贼差不多。他喜欢做人坦坦荡荡、真实率性、黑白分明。

道听而涂说，德之弃也。——《论语·阳货》

道上听来的，道上再讲给别人，而根本不想着求证其真假，所有的小道消息都是这样传播的。人为何喜欢传小道消息呢？其实也是虚荣心作怪：人们喜欢以"内部知情者"自居，以比别人掌握更多的内幕为荣。孔子认为这是最没有修养的表现。很多阴谋家会利用人们的这种心理，以形成"三人成虎"的效应。

在微博上，人们见到比较惹眼的信息，随手就转发了，一不留神就充当了骗子的帮凶。另外，现在盛行的网络媒体，几乎都是在"道听途说"，因为采编能力有限，网站又需要很大的信息量，所以，一家网站推出一条新闻，不管有无问题，其他成百上千家网站都在第一时间转载，这挺要命的。

无可无不可。——《论语·微子》

让我做官也可，让我带兵也可，让我创业也可，让我教书也可，让我扫厕所也可，让我看大门也可。不要觉得这样很夸张，那些经历了某段时期的磨难又重新崛起的人们，哪个不是凭着这样一种无可无不可的精神？我们做得到吗？

无可无不可，其实也就是无所不可，这是极高的境界。反映在思想上，儒家是开放包容的，佛、道、法以及外来文化，都没有什么不可以，都可以吸收并存；反映在处世上，世上没有绝对的对错好坏，处世要圆融灵活，如水之随体赋形，与自然融合为一体。

虽小道，必有可观者焉。——《论语·子张》

这是孔子的学生子夏讲的。《论语》收录了孔子的学生的一些格言，而其中有分量的要数子夏的最多。"小道"是相对于"大道"来说的，"大道"就是修身、齐家、治国、平天下，这之外的各种专业性的工作、事业，都可算是"小道"。这话说得再白一点，就是，三百六十行，行行出状元。不论干什么的，不论事业大小，即便是吹糖人、炒爆米花，里面都有各自的门道，能做好就是不简单，就应得到人们的尊重。

曾国藩也曾讲，凡有一技之长者，他都不敢轻视，因为做任何事业，都需要各种不同的人才。在等级观念极强的时代里，儒家的局限在于，他们依然有大道、小道的高低之见，但能认识到不同职业分工的人都有各自的价值，真是难能可贵。而今天的一些人仅以金钱、权位来衡量人的价值，这种势利眼是很成问题的。

※ 《孟子》

五十步笑百步。——《孟子·梁惠王上》

两个士兵在战斗中脱下盔甲逃跑，一个跑了五十步就停下了，另一个跑了一百步才停下。跑了五十步的就嘲笑跑了一百步的。孟子用这个小段子提醒梁惠王，不要嘲笑邻国的政治黑暗，他自己的国家也强不到哪儿去。

"五十步笑百步"反映了人性普遍的弱点，当我们嘲笑别人时，若稍加反省，就会发现自己其实都跳不出这个圈，都是乌鸦落在猪身上——只看见人家黑，看不见自己黑。

君子远庖厨。——《孟子·梁惠王上》

这句话本出自《礼记》，意思是：君子要远离厨房，杀鸡宰羊之类杀生的事不要去做，以保养自己的善心。这里有几个问题：

一是，这貌似很伪善。既然不忍心杀牛，为何还吃牛肉呢？

二是，各种宗教都慎对杀生，佛家戒杀生，扫地不伤蝼蚁命，爱惜飞蛾纱罩灯。汉族没这么讲究，但杀生之时，也是略怀歉意，有个电视剧里的情节挺逗的：一个东北妇女在杀鸡前先念一段顺口溜，"鸡啊鸡啊你别怪，你是人间一道菜"，然后"咔嚓"一下就斫了。

三是，这算是一个不下厨做饭的借口吧，但哪个男人敢跟妻子说呢？

明察秋毫，不见舆薪。——《孟子·梁惠王上》

秋毫就是动物在秋天换毛时新长出来的细毫毛。孟子讽刺梁惠王：连秋毫这样细微之处都可以看清，难道看不到那一车柴禾吗？显然是装的呗。而那"一车柴禾"正是百姓的心声和需求。

可悲的是，后来很多朝代都曾大兴文字狱，一句不经意的诗文、一丁点微小的冒犯都会被杀头，而人民的呼声却被忽视。放到个人层面，**一个人在人生大方向上没有把握，出了问题，细节上越到位，失败越彻底。**

挟泰山以超北海。——《孟子·梁惠王上》

把泰山夹在胳肢窝里，一脚跨过渤海，然后把泰山放到辽宁。这是古代神话，还是庄子寓言？都不是，这是孟子在打比方。他劝说梁惠王要推行仁政，而梁惠王说推行仁政太难，他能力达不到，做不了。然后孟子讲，挟泰山以超北海，你说"我不能"，那是真不能，可要是让你给老人折一根树枝，你也说"我不能"，那很明显就是不愿做嘛。

《论语》里也有一段类似的内容："冉求曰：'非不说子之道，力不足也。'子曰：'力不足者，中道而废。今女画！'"有的人之所以不做，不是主观上的懒惰或推托，而是因为恐惧，或者因为一些消极的心理暗示，画地为牢，把自己束缚住了。

缘木求鱼。——《孟子·梁惠王上》

这还是孟子打的比方，这回是针对齐宣王。他指出，齐宣王真正的欲望在于国富民强，实现大国梦想。但怎样实现这个梦想呢？古往今来，几乎所有统治者首先想到的都是战争。人类历史上所有的大悲剧也无不源于这种认识。

而孟子在两千多年前就指出："**以若所为，求若所欲，犹缘木而求鱼也。**"以战争来实现强国梦想，就像爬到树上去找鱼一样愚蠢。那要怎样做呢？孟子认为，强国的根本在于内政的改革和完善，实行仁政，以内圣而外王。我们在处理一些问题时，同样经常会犯缘木求鱼式的错误。发现问题的本质，寻求根本上的有效解决方法，是我们要提醒自己的。

独乐乐不如众乐乐。——《孟子·梁惠王下》

这个成语出自孟子与齐宣王那段精彩绝伦的对话。齐宣王直率地讲出自己的若干个缺点：好乐、好勇、好货、好色，而孟子则因势利导，把这些缺点都引向推行仁政的积极方面。齐宣王讲，自己喜好世俗玩乐。孟子就问："您觉得是自己一个人玩快乐，还是大家一起玩快乐呢？"齐宣王说，当然是大家一起玩快乐。孟子立即指出，最大的"大家"，就是全体人民，最大的快乐是与民同乐。撇开政治，"独乐乐不如众乐乐"反映了一种大众心理：快乐因为分享而变得更加快乐。

匹夫之勇。——《孟子·梁惠王下》

齐宣王继续讲自己的缺点："寡人有疾，寡人好勇。"孟子接过来：勇好啊，不过勇有大小之分。拿着剑瞪着眼叫喊："谁敢挡着老子？"这就是小勇，是匹夫之勇，匹夫就是老百姓的意思，这样的勇也就配跟一两个人单挑。

大勇则是像周武王那样，一生气就把殷商给灭了，就平定天下了。何止周武王，诸如韩信、张良等英雄人物，他们都是心怀大勇而不逞匹夫之勇的人。

内无怨女，外无旷夫。——《孟子·梁惠王下》

齐宣王接着讲："寡人有疾，寡人好色。"孟子又接过来：古代圣明的君王也有很好色的啊，但是他们能推己及人，知道人人都需要爱情与家庭，于是努力保障所有民众内无怨女、外无旷夫——既没有嫁不出去的老姑娘，也没有娶不到老婆的光棍汉。这段话表明，自古以来，民众的婚姻美满度就是衡量社会进步程度的一项指标。

今天，城市里充满"剩男剩女"，新生儿性别比例严重失调，"内无怨女，外无旷夫"似乎又将成为一个社会理想。而怨女旷夫的故事则向来是文学作品的主题之一，明代冯梦龙《喻世明言》里有一段颇有趣："他两个正是旷夫怨女，相见如饿虎逢羊、苍蝇见血，哪有工夫问名叙礼？"

王顾左右而言他。——《孟子·梁惠王下》

这是一个著名的段子。孟子问齐宣王："有人出远门，把老婆孩子托付给一个朋友照管，等他回来时，老婆孩子竟然都冻饿而死，他应当怎样对待这个朋友呢？"齐宣王答："绝交！"孟子又问："有官员不能做好自己的工作，不能管好自己的下属，这样的官员应当怎样处理呢？"齐宣王答："免职！"

孟子进而追问:"现在国家在某人的手中,却治理不好,那该怎么办呢?"王顾左右而言他。多形象啊,齐宣王面有窘色,往两边瞅瞅,迅速地调整一下自己的表情,冲孟子哈哈一笑:"老孟啊,今天的菜味道不错,来,喝酒!喝酒!"这样的场面是让人感慨万千的,而我不禁想:这是多可爱的君王啊!有多少执政者能这样淡然地面对如此尖刻的诘问?

大旱之望云霓。——《孟子·梁惠王下》

这句话的意思是就像久旱的大地渴望一场倾盆大雨一般。孟子以此来形容民众对于圣君仁政的渴望。我有一位忘年交,他也是非常爱读古书的人,在我们这样的小城,难得两个爱读古书的人碰在一起。每次我去看他,他都会兴高采烈地欢迎我,并且很夸张地讲:"立峰啊,你可来了,我盼你来的心情如大旱之望云霓。"

出尔反尔。——《孟子·梁惠王下》

今天这个词的意思是,人无诚信,说话不算数,反复无常。这已与原意大相径庭。邹穆公向孟子抱怨,在一个事件中,邹国的官吏死了几十人,而当事的邹国老百姓竟然袖手旁观、见死不救。孟子指出,此前邹国饥荒,官吏们本应如实上报,开粮仓赈济饥民,但他们却欺上瞒下,致使上千百姓饿死。所以这次事件是官吏作恶在前,最终反食恶果,正应了曾子的名言"出乎尔者,反乎尔者也"。这有点"善有善报,恶有恶报"的意思。

一般以为,因果报应是佛教的观念,其实在《孔子家语》里也有"存亡祸福皆己而已""**为善者天报之以福,为非者天报之以殃**"之类的话,可见,这也是儒家的观念。"请君入瓮"的故事也类似这个道理:武则天派大臣来俊臣查办另一位官员周兴,来俊臣先假意把周兴邀请到家里,并请教:"审犯人不容易,想不出什么好的刑罚让他们立即招供。"周兴说:"我有好办法,弄一个大瓮,周围用炭火烤着,谁要是不招,就让他进这个大瓮里。"来俊臣脸一沉，亮了底牌："请君入瓮吧！"

犹解倒悬也。——《孟子·公孙丑上》

孟子讲，一个大国若施行仁政，它的人民仿佛是被从倒挂着吊在树上的困苦之境中解救出来。咱这个民族，曾经多少代是处在倒悬的苦难之中，而无人解救。

孟子主张施行仁政，他对人民的苦感同身受，对人民怀着深沉的大爱精神，这些都洋溢在字里行间。这种关切现实的"天下兴亡，匹夫有责"的人文精神，成为后代知识分子的一种精神基因。孟子的思想更精英化，更具现代性，这是他比孔子更突出的特点。

事半功倍。——《孟子·公孙丑上》

孟子讲："事半古之人，功必倍之，惟此时为然。"同样一件事，现在做，只费一半的劲，就可以达到好得多的效果。朱熹在解读这句话时，强调"时势易而德行速也"——做任何事，对时机、形势的把握很重要。

揠苗助长。——《孟子·公孙丑上》

有个人看庄稼长得慢，就把禾苗都拔高一些，看上去它们一下子长高了许多，可第二天他再去看，禾苗都死了。这个被选入小学课本的典故启发我们对于孩子的教育成长不要操之过急。但越来越多的家长对此似乎并不以为然。

著名钢琴家郎朗从三岁时就由父亲带着四处求学，开始魔鬼式训练，最终取得成功。在诸如此类成功案例的刺激下，中国的虎妈、狼爸正如狼似虎地卷土而来。不过，孟子本意是用此来说明自己如何"善养吾浩然之气"的。这个"浩然之气"，我理解就是一种精神气质、意志力、生命力。怎么养呢？要"心勿忘，勿助长"。"心勿忘"，就是保持一种积极的自我暗示和激励；"勿助长"，就是要有一种放乎自然的从容心态。

以德服人。——《孟子·公孙丑上》

孟子提倡王道，**王道是以德服人**；而相对地，**霸道是以力服人**。孟子认为，以力服人，对方并非真心归服，而是因实力不济所采取的权宜之计，一旦双方的实力对比发生变化，对方必然反戈一击。只有以德服人，对方才会心悦诚服，这种从属关系才会真正稳固。以德服人的观念后来成为中国人处理矛盾关系时一个重要的原则。

不过，更为实际的方式还是两者的结合，即王霸互用。比如诸葛亮七擒孟获，就是以实力与道义两方面的压倒性优势，才使对方心悦诚服。据说今天美国的外交政策也是这样，并且有一个更形象而戏谑的说法：胡萝卜加大棒。

此一时，彼一时。——《孟子·公孙丑下》

孟子被齐宣王冷落，不得不离开齐国。路上有学生来送他，关切地问："老师，您怎么看上去很不高兴的样子呢？前几天您不是还跟我说'君子不怨天，不尤人'吗？既然凡事都无怨无悔，又有什么事值得烦恼的呢？"孟子苦笑道："彼一时，此一时也。"

然后发了一通感慨："欲平治天下，当今之世，舍我其谁？但在齐国我没有机会了，可能在其他国家也没有机会了，我怎么高兴得起来啊？"时间在变，情境在变，人自然也在变。曾经跟朱元璋一起讨饭的乞丐，他们之间定然也曾亲兄热弟生死相许，但若干年后，朱重八兄弟当皇帝了，你还去跟人家讲曾经一起被狗追的事，那不就是自讨没趣吗？

为富不仁。——《孟子·滕文公上》

孟子引用了阳虎的一句话："为富不仁矣，为仁不富矣。"《论语》里对于阳虎这个人多次提及，当时他是鲁国的权臣，孔子对他成见很深。不过，从孟子引用的这句话来看，阳虎应当在思想上也是有一定影响力的人物。人生一世，有只言片语传于后世，并深入人心，是很了不起的。尤其这个"为富不仁"，至今仍是全民共识。

追求财富的竞争，本质上就是弱肉强食、优胜劣汰的原始丛林竞争的延续，鲜血与罪恶似乎在所难免。这在很大程度上其实是由于体制不健全所造成的，罪不在人。然而，人们不恨体制，只恨人。这种仇富心理像火山底奔流的岩浆，是非常可怕的。

自暴自弃。——《孟子·离娄上》

孟子说："自暴者，不可与有言也；自弃者，不可与有为也。言非礼义，谓之自暴也；吾身不能居仁由义，谓之自弃也。仁，人之安宅也。义，人之正路也。旷安宅而弗居，舍正路而不由，哀哉！"这段话是关于人性的，很深刻。

自暴就是彻底反叛，对法律、道德全然不顾，胡作非为，肆无忌惮。自弃则是丧失自信，放弃理想，颓废消沉，自甘堕落，用老百姓的话讲，就是破罐子破摔。其实做个好人，追求理想，这样的人生是多么幸福啊。然而很多人却放弃这些，在这个互联网时代里，那些自暴自弃的青年，各自以不同的形式娱乐了大众、糟蹋了自己，却竟然陶醉其中，不以为耻反以为荣，不以为苦反以为乐，真是悲哀啊！

有所为，有所不为。——《孟子·离娄下》

孟子说："人有不为也，而后可以有为。"贪多嚼不烂，什么都干肯定什么都干不好。人的精力是有限的，做了A，就不能做B，用经济学的话讲，凡事都有机会成本。只有把有限的精力放到最有意义、最重要的事上去，才能取得最大的收益。对于企业也同理，企业可以调配的资源是有限的，把有限的资源放在回报率最高的事业上，才能成功。

美国通用电气前总裁杰克·韦尔奇执掌通用的得意之笔，就是大刀阔斧地砍掉那些在某个领域里做不到前一二名的业务。舍得，舍得，有舍才能得，要学会舍弃。不过，这个大道理谁都明白，问题是我们不知道什么才是自己该舍弃的、我的方向是什么、我该走向哪里去。没人告诉我们，我们只能自己悟。

赤子之心。——《孟子·离娄下》

赤子就是婴儿。人之初，性本善。**婴儿的心最善良、最纯真**。婴儿饿了就吃，困了就睡，不高兴就哭，高兴就笑，没有一点虚伪矫饰。婴儿的心也是最恬静的，灵明无着，没有一丝烦乱萦绕其间。

孟子讲："大人者，不失其赤子之心者也。"真正杰出的人物，他经历世间风霜、人情无常，但不会丢失这颗孩子般的心。他依然善意地看待世间的一切，依然怀有纯真的梦想，依然真诚直率，依然恬淡从容。我们经常提到对祖国怀着一颗赤子之心，这种感情就是婴儿对母亲般的爱。

一曝十寒。——《孟子·告子上》

孟子讲："虽有天下易生之物也，一日暴（曝）之，十日寒之，未有能生者也。"天下最有生命力、最容易生长的东西，一天曝晒，十天寒霜，那定然也活不了。学习、做事也都是一样的道理，今天三分钟热度，踌躇满志，赌咒发誓要如何如何，结果坚持不了一两天，或者十天半月，就像泄气的皮球，很快就瘪了。这就是一曝十寒。

年轻人最容易犯的毛病莫过于此，所以，人生第一课就应当是有恒。**有一对联："苟有恒，何必三更眠五更起；最无益，莫过一日曝十日寒。"** 不过，孟子的原意则是就自己与君王沟通的效果发的感慨，他并不能与君王天天在一起，所以每次他的劝导让君王的心刚刚热起来，隔几天不讲就又凉回去了。按这个原意来讲，一曝十寒的反义词是：趁热打铁。

专心致志。——《孟子·告子上》

棋圣弈秋教两个孩子下围棋，一个孩子专心致志，另一个孩子眼在棋盘，心在天上，想着射天上的大雁。前者学习效果更好，这不在于智商，而在于专心。**专心是体现心智的一个重要方面**，《大学》所谓的"定、静、安、虑、得"，能定住心，专注于自己要做的事，就能做得更好。面对互联网时代光怪陆离的刺激感官的海量信量，有此意识格外重要。

舍生取义。——《孟子·告子上》

孟子讲："鱼，我所欲也。熊掌，亦我所欲也。二者不可得兼，舍鱼而取熊掌者也。生，亦我所欲也。义，亦我所欲也。二者不可得兼，舍生而取义者也。"鱼是我想要的，熊掌也是我想要的，如果只能要一样，我会放弃鱼而选择熊掌。同样，生命是我想要的，义也是我想要的，如果只能要一样，我会放弃生命而选择义。

这很像那首名诗："生命诚可贵，爱情价更高。若为自由故，两者皆可抛！"也有点像孔子讲的"朝闻道，夕死可矣"，都是认为义、自由、道高于生命。另外，人生中有很多排他性的、唯一性的选择，如张爱玲所讲，你娶了白玫瑰就不能娶红玫瑰，这样的选择对于人生常常有决定性的影响。

杯水车薪。——《孟子·告子上》

一大车柴禾着火了，你用一杯水往上泼，这样救火肯定是无济于事的。但你能说水不能灭火吗？这世间充满着欺骗、罪恶，你一个人的诚实、善良，往往湮没其中，那么我们是否就对善良丧失信心，而同流合污呢？孟子坚信，仁胜不仁。只要越来越多的人坚信这个真理，世界终会越来越美好。孟子讲到这里，我想到一个词：苦口婆心。他的孤独、无奈，他的坚持，都让我感动。

安身立命。——《孟子·尽心上》

孟子说:"尽其心者,知其性也。知其性,则知天矣。存其心,养其性,所以事天也。夭寿不贰,修身以俟之,所以立命也。"

人充分地了解自我的内心,包括欲望、能力等,就能认清自我的天性。人真正了解了自我,也就能推知天地自然的道理。把自己的心安放好,培养和发挥自己积极的天性,这就是顺应自然和天命。不论人生长短,如此修养身心,处理好人生中的各种问题,也就实现了生命的价值。

这段话成为宋明理学、心学的发端,意义深远绵长,大家自己体会吧。今日所谓的修身养性、安身立命之说都是出于此。这里面有一个关键点:要认识自我。

不言而喻。——《孟子·尽心上》

孟子讲:"仁义礼智根于心。其生色也睟然,见于面,盎于背,施于四体,四体不言而喻。"意思是,仁、义、礼、智等观念和修养扎根于人的内心,外化出来,就会显现在人的脸上,洋溢在背上,显现在人的身体四肢和举止神态、一言一语之间。

这反映出"相由心生"的观念,而"相由心生"这个词则直接出自佛经。中国思想史上的一个可爱的现象就是儒释道的互补互动和内在精神的统一。这个"相由心生"算是一个例子。

登泰山而小天下。——《孟子·尽心上》

孟子大大丰富了中国人的语言,在这一点上,他比孔子更突出、更显才情、更具活力。孟子讲:"孔子登东山而小鲁,登泰山而小天下。故观于海者难为水,游于圣人之门者难为言。"这一句话便给后人无数启发。于是,杜甫说,"会当凌绝顶,一览众山小";元稹说,"曾经沧海难为水,除却巫山不是云";咱们老百姓则说,"圣人门前卖字画，关公门前耍大刀"。

以其昏昏，使人昭昭。——《孟子·尽心下》

孟子讲："贤者以其昭昭，使人昭昭。今以其昏昏，使人昭昭。"我们总想着教训别人，或者给别人指点，但问题是我们自己真的明白吗？**如果自己都没有想明白、都没把握，又怎能让听你话的人明白和信服？**这里面有一个悖论：人往往是学习得越多、思考得越多，越清楚自己不知道、不明白的东西多，越发现自己的局限，于是，选择沉默。而那些口若悬河、信心满满、"诲人不倦"的人却是无知者无畏。像我这样大言不惭写成了书的人，可谓无知透顶、胆大包天了。

茅塞顿开。——《孟子·尽心下》

孟子批评一位学生："山径之蹊间，介然用之而成路。为间不用，则茅塞之矣。今茅塞子之心矣。"山间本没有路，走的人多了，就成了路；而长时间没人走，就会重新长满茅草，没有了路的样子。**人心也一样，越用越灵，老是不用就生锈了**。或者，人长期生活在一种环境里，听一种声音，被一种观念包围，不开放不包容，不汲取新知识、新观念，心也会日益封闭和孤陋，如同被茅草封塞。在这种情况下，自己常常是不自知的，需要人点拨或棒喝，才能如梦初醒、茅塞顿开。其实，我们真是不自知的啊。**塞住我们心的，不是茅草，而是钱，是权，是名声，是感情，而我们却执迷不悟。**

言近旨远。——《孟子·尽心下》

孟子讲："言近而指远者，善言也；守约而施博者，善道也。"说的话都是眼前事，特通俗简单，特接地气，其中却蕴含深远的道理，这是说话的境界。很多官员满嘴官话、大话，脱离了群众；很多学者满嘴之乎者也、形而上学，脱离了大众。这是说话，那么做事呢？面对形形色色的人、纷繁复杂的事，怎么办？**事事都用不同的方案去应对，就**

太累了，必须有做事的一定之规。就像做销售的高手都有一套完美的说辞，见到哪个客户都是这一套，而且越来越纯熟，最后就包打天下了。很多"培训大师"也是如此，一篇稿子讲一辈子。很多优秀的企业也是如此，一个模式，无限地克隆连锁，就厉害了。总之，**说话做事平实简单，才是大气象**。

※《大学》

人莫知其子之恶，莫知其苗之硕。——《大学》

人们看不到自己孩子的不好，也看不到自己的庄稼多么好。这段古老的谚语说明，亲情和一些深层次的心理机制，会给人的理智造成一些盲点。这句谚语发展到今天，已经变成了"庄稼都是人家的好，孩子都是自家的好"。那么，为何人们都羡慕别人家的好庄稼、好媳妇，却不羡慕别人家的好孩子呢？这又是人性问题。

心广体胖。——《大学》

道德修养高的人，定然心胸开阔，没有那么多算计和纠结，没有亏心事压着，所以身心就健康。长久以来，胖是健康的代名词。久别归来的孩子要是瘦了，父母就会揪心；要是胖了，父母就会放心不少。生活中，胖子多数都是率性不拘的性格，可爱指数较高，比如大肚子弥勒佛就是胖子。

※《中庸》

择善固执。——《中庸》

《中庸》讲："诚之者，择善而固执之者也。""诚"是儒家的大概念，在这段话里，诚就是找到那个好东西并紧紧地抓住它。那个好东西，可以是一种人生观、一种思想，也可以是一个机遇、一个事业。

找到那个好东西，不容易，"众里寻他千百度，蓦然回首，那人却在灯火阑珊处"；紧紧地抓住它更不容易，"衣带渐宽终不悔，为伊消得人憔悴"。

2012年中央电视台年度经济人物的终身成就奖获得者是马来西亚首富华侨郭鹤年，他寄语年轻创业者有两句话：一是**专注，遇到好项目要紧紧抓住**，一直做到成功；二是要有耐心，要学邓小平，三落三起，做"不倒翁"。郭老先生的话，正是"择善固执"的注脚。还有马云的一段名言也是这个意思：今天很残酷，明天更残酷，后天很美好，但多数人都会死在明天晚上，只有少数坚持的人才可看到后天的太阳。

> 行远必自迩，登高必自卑。——《中庸》

人生、事业，就像旅行，不论走多远，永远是从脚下开始。就像登山，不论登多高，也是从脚下开始。说什么也没用，想什么也没用，这本书看完了，别的书又看了一大摞，也没用。唯一有用的就是现在就开始干吧，现在就把现在的事都做好吧。**抓紧了现在，就抓住了未来！**

四书成语佳句解读（新版补录）

西哲讲：人不能两次踏入同一条河流。

禅宗讲：非风动，非幡动，仁者心动。

两句话放在一起，更多意味。

读经典，就像踏入一条思想的河流。十年前写《人生四书》，写下的是当时的心动，如今写下的是当下的心动。

古人讲：少年读书，如隙中窥月；中年读书，如庭中望月；老年读书，如台上玩月。这话也对也不对。对的是，少年、中年、老年读书的感受不同；不对的是，窥月、望月、玩月有深浅高低之分，其实都是心动而已，哪有什么深浅高低。

以下主要就此前未解读之句，略作补充。对应孔子、曾子、子思子、孟子之先后，以《论语》《大学》《中庸》《孟子》为次序，选句大致依其在各书中的先后排序。

※《论语》部分

子张学干禄。子曰："多闻阙疑，慎言其余，则寡尤；多见阙殆，慎行其余，则寡悔。言寡尤，行寡悔，禄在其中矣。"——《论语·为政》

看这段话，感触最深的在于"多闻阙疑，慎言其余"。最近几年都在做《谷园讲通鉴》节目，经史结合着通讲《资治通鉴》，要想把历史故事讲饱满，就必须充分爬梳史料，而史料往往有限，总会有一些"空白"，需要"脑补"。这种情况下，一不留神就会讲错！本以为是个"空白"，实际有很不起眼的史料，只是自己没注意到。《百家讲坛》上有个老先生也坦陈自己有这个问题，"边打锣鼓边出鬼"。

拓开一点，孔子这段话也可用《易经》所谓的"敬慎不败"来概括，要付出最大的努力，多闻多见，提高自己的认知水平，同时**要明白自己永远存在认知局限**。不要说认知范围以外的话，不要做认知范围以外的事。

王孙贾问曰："与其媚于奥，宁媚于灶，何谓也？"
子曰："不然，获罪于天，无所祷也。"——《论语·八佾》

卫国的权臣王孙贾问寄居卫国的孔子："仲尼啊，民间有个说法，与其讨好家宅之主神奥神，还不如讨好地位相对低但管具体事务的灶神。你说，这是怎么个意思呢？"

孔子一听就明白了："好小子，你这意思，卫国国君就是那个奥神，你就是灶神呗。想让我讨好你，才能得实惠。拉倒吧！"

不过，孔子温良恭俭让，一点不悦的表情也没有，只是微微一笑：

"哈哈，要我看，讨好谁也不如讨好上天。你要是把上天得罪了，那可就什么神仙也救不了你了。"

由此，我有三点体会：

一是，了解当时民间的多神信仰。其中，"媚于灶"，祭"灶王爷"，是传承至今的。在"多神"之上，天是最高神，是最高信仰。

二是，在世俗规则之上，还有更高的精神原则。后者是决定性的。

三是，对你来讲，最重要的既不是眼前的A，也不是眼前的B，而是不在眼前的C。

里仁为美。——《论语·里仁》

有学者考证：**古代以七十二家为里**。大致如今一个小村庄或者小社区。平日生活，出来进去，低头不见抬头见，邻里之间都能和气友善，当然是美事。

曾氏家训中"宝"字，便是指善待亲族邻里。

不仁者不可以久处约，不可以长处乐。仁者安仁，知者利仁。——《论语·里仁》

仁即利他。不仁者即利己主义者。只有一个怀着利他心的人，才能对各种生活境遇怀一种平常心，贫穷一点也无所谓，富裕一点也无所谓，都挺好。利己主义者穷了着急，富了也着急，心无安放处。

曾国藩给九岁的儿子写的第一封家书中讲："凡人多望子孙为大官，余不愿为大官，但愿为读书明理之君子。**勤俭自持，习劳习苦，可以处乐，可以处约**，此君子也。"

以约失之者鲜矣。——《论语·里仁》

做人低调点、谦虚点、节俭点、谨慎点没坏处。

子使漆雕开仕，对曰："吾斯之未能信。"子说。——《论语·公冶长》

漆雕开追随孔子学习了若干年，孔子说："你已学成，可以去入仕为官了，可以用我教给你的这些开展社会实践了。"

漆雕开施礼："谢谢老师。可是，我感觉自己还是差一些。吾斯之未能信。您教给我的人生观、世界观、方法论，这一整套体系，我还不能做到深信不疑，我还没有建立起坚定的信仰。我怕自己到了具体的社会实践中，还会把这一切丢弃，仍然与世浮沉。怎么办呢？"

孔子笑笑："好孩子，你能意识到这一点就很好啊，慢慢修吧。"

子曰："吾未见刚者。"
或对曰："申枨。"
子曰："枨也欲，焉得刚？"——《论语·公冶长》

孔子讲："我没见过刚的人。"
有人说："申枨应当就是这样的人吧。"
孔子讲："申枨有私欲，怎么能刚？"

无欲则刚。**所有人性的弱点几乎都源于私欲**。著名的清官海瑞号"刚峰"，是无欲则刚的典范。

子路有闻，未之能行，唯恐有闻。——《论语·公冶长》

子路最讲究知行合一。他听说一个道理之后，若还没能内化于心、付诸实践，这时，他唯恐再听到新的道理。

由此可以想象，真正做到知行合一的人，肯定不是知道一大堆道理的人。老子所谓，**少则得，多则惑**。

知之归宿在于行。曾国藩讲："《大学》之纲领有三，明德、新民、止至善，皆我分内事也。**若读书不能体贴到身上去，谓此三项与我身毫不相涉，则读书何用？**虽使能文能诗、博雅自诩，亦只算识字之牧猪奴耳。"

宁武子邦有道则知，邦无道则愚。其知可及也，其愚不可及

也。——《论语·公冶长》

表面看，这段话是讲，宁武子这个人在政治清明时期，能够发挥才智，积极进取；在政治黑暗时期，则能装傻充愣，刻意隐退，明哲保身。前者，发挥才智，没什么了不起；后者，愚，了不起，不可及。北宋程颐注此句，"邦无道能沈晦以免患，故曰不可及也"即此意。

朱熹的理解不一样，他考证，历史上宁武子其人是春秋时期卫国大夫，先后辅佐卫文公与卫成公。卫文公是有道明君，颇有作为，而宁武子并无什么事迹，可见其才智并不出众。然而，卫成公算是个无道昏君，一度被迫逃亡国外。这时，很多智巧之士，都避之唯恐不及，躲得远远的，而宁武子则周旋其间，历尽艰险，尽心竭力保着卫成公，最终实现了复国。朱熹认为，这才是宁武子的"其愚不可及也"。

曾国藩晚年讲："吾生平短于才，爱我者或谬以德器相许，实则虽曾任艰巨，自问仅一愚人，幸不以私智诡谲凿其愚，尚可告后昆耳。"

伯牛有疾，子问之，自牖执其手，曰："亡之，命矣夫！斯人也，而有斯疾也！斯人也，而有斯疾也！"——《论语·雍也》

冉伯牛是孔子的学生，名列"孔门十哲"，以德行著称，得了重病，将要去世。孔子来看望，拉着伯牛的手，泪如雨下："唉，孩子，这就是命啊！这么好的人，怎么也得这样的病呢？这么好的人，怎么也得这样的病呢？"

命矣夫！斯人也，而有斯疾也！

经历过的人，都知道这话讲得多痛心。

子谓子夏曰："女为君子儒，无为小人儒。"——《论语·雍也》

子夏作为"孔门十哲"之一，孔子怎么还会这样教训他呢？所以，古人解读这句话常作高深之论。我们不妨简单理解为：你要做一个有良心的读书人，不要做一个没良心的学者。

子游为武城宰。

子曰:"女得人焉尔乎?"

曰:"有澹台灭明者,行不由径。非公事,未尝至于偃之室也。"——《论语·雍也》

言偃字子游,名列"孔门七十二贤",他入仕为官,做武城宰。有一次,他与孔子会面,孔子问:"你在武城得了什么人?"

子游答:"我手下有个叫澹台灭明的人,做事情从来不会投机取巧,只走大道,不抄小路。除非有公事,他从来不进我的办公室。"

汉章帝有句名言:"明政无大小,以得人为本。"

曾国藩讲得更绝:"鄙人阅历世变,但觉除得人以外,无一事可恃也。"

要得怎样的人?要得澹台灭明这样的直人、正人。

先难而后获。——《论语·雍也》

王国维讲:"古今之成大事业、大学问者,必经过三种之境界:'昨夜西风凋碧树。独上高楼,望尽天涯路。'此第一境也。'衣带渐宽终不悔,为伊消得人憔悴。'此第二境也。'众里寻他千百度,蓦然回首,那人却在,灯火阑珊处。'此第三境也。"

这个过程,就是先难而后获。

子之燕居,申申如也,夭夭如也。——《论语·述而》

孔子闲时有闲时的样子,身心舒展放松,有恬淡之喜悦。好似曾国藩所谓的"养活一团春意思"。

子曰:"甚矣,吾衰也!久矣,吾不复梦见周公。"——《论语·述而》

孔子晚年感叹:"唉,我真是衰老了!好长时间啦,我都没有再梦见周公。"

我梦见过曾国藩，梦里跟他谈天命与挺经。我能体会孔子的感受。

亡而为有，虚而为盈，约而为泰，难乎有恒矣。——《论语·述而》

从无到有，从虚到实，从贫穷到富有，从大肚腩到八块腹肌，靠什么？无非靠有恒！**有恒，未必事事皆成；无恒，必一事无成**。道理就这么简单，你能知行合一吗？

曾子曰："士不可以不弘毅，任重而道远。仁以为己任，不亦重乎？死而后已，不亦远乎？"——《论语·泰伯》

柴也愚，参也鲁，师也辟，由也喭。——《论语·先进》

曾子，名参，字子舆，在孔门弟子中，地位仅次于颜回，后世尊为"宗圣"，与"复圣"颜回、"述圣"子思、"亚圣"孟子一起配祠孔庙，合称"四配"。曾子参与编订《论语》，撰写《孝经》与《大学》，是传承发展孔子思想的至关重要的人物。

作为曾氏先祖，他是曾国藩思想与精神的主要源头。

曾子讲："士不可以不弘，不弘不足以担当重任；不可以不毅，不毅不足以坚持致远。**以天下归仁为己任**，这是多沉的重担啊！**不死不休**，这是多远的征途啊！"

此说盖为"挺经"之源。曾国藩跟好友刘蓉、门生李鸿章等人讲过，他想写一本《挺经》，虽可能是玩笑话，却可见他对"挺"字的钟情。拙作《拙诚》总结，曾国藩的成功有两字心法，其中一字即是"挺"。**挺，有两方面内涵：一是担当**，别人都在边上瞅着，不敢上、不愿上、上不去……我来！这也就是弘。**二是坚持**，别人都厌了、垮了、挂了、放弃了……我屡怂败屡战，一干到底！这也就是毅。

"参也鲁。"朱熹注："鲁，钝也。"曾参是一个鲁钝的人，说白了，他是一个笨人。程颐注："参也，竟以鲁得之。"孔子三千弟子，最终却是曾参这样一个笨人得了真传。为什么？**程颐认为："曾子之学，诚笃而已。"**越是笨人，越是实心眼，越能脚踏实地，下笨功夫、**使死力气**。曾国藩每以拙诚自命，概源于此。

> 曾子有疾，召门弟子曰："启予足！启予手！《诗》云：'战战兢兢，如临深渊，如履薄冰。'而今而后，吾知免夫！小子！"——《论语·泰伯》

按古人的注解，这段话的意思是，曾子病重将死，对身边的弟子们讲："你们撩开被子，看看我的脚，还是完好的吧？再看看我的手，还是完好的吧？"

弟子们答："是啊，老师，您的手和脚都还完好。"

曾子长叹一声："唉，这就好，这就好。身体发肤，受之父母，不敢毁伤，孝之始也。《诗经》里说，战战兢兢，如临深渊，如履薄冰。**人活这辈子可不容易啊，保全身体不容易，保全名誉更不容易**。我这一死，终于可以都保全了。孩子们，你们继续努力吧！"

有一次，齐景公问："现在市场上什么商品比较贵？什么比较贱？"

晏子答："踊贵屦贱！"

踊是给被施刖刑的人特制的鞋子，类似假肢；屦是普通的鞋子。晏子的意思是，当时被施刖刑而砍掉脚的人太多了，以至于踊供不应求，大涨其价，而买普通鞋子的人则越来越少了。

晏子可能有所夸张，但依然可以想见，当时的人保身之难，无怪乎曾子临终前的这番感叹。

稍晚的孟子也讲过："今夫天下之人牧，未有不嗜杀人者也。"

这种险恶的生存环境，在中国古代历史上经历了漫长的时期，逐渐影响了民族心理。

时代不同了，对这种民族心理要有反思。

子路、曾皙、冉有、公西华侍坐。子曰:"以吾一日长乎尔,毋吾以也。居则曰:'不吾知也!'如或知尔,则何以哉?"子路率尔而对曰:"千乘之国,摄乎大国之间,加之以师旅,因之以饥馑;由也为之,比及三年,可使有勇,且知方也。"夫子哂之。

"求!尔何如?"对曰:"方六七十,如五六十,求也为之,比及三年,可使足民。如其礼乐,以俟君子。"

"赤!尔何如?"对曰:"非曰能之,愿学焉。宗庙之事,如会同,端章甫,愿为小相焉。"

"点!尔何如?"鼓瑟希,铿尔,舍瑟而作。对曰:"异乎三子者之撰。"子曰:"何伤乎?亦各言其志也。"

曰:"暮春者,春服既成。冠者五六人,童子六七人,浴乎沂,风乎舞雩,咏而归。"夫子喟然叹曰:"吾与点也!"——《论语·先进》

此段大意是,这天,子路、曾点(字皙)、冉求(字子有)、公西赤(字子华)一起围坐在孔子身边,听孔子讲学。孔子微笑着说:"今天咱们随便聊聊吧,大家不要因为我是老师,是长者,就拘束,想怎么说就怎么说。聊什么呢?你们平时不总是说'不吾知也'——没有贵人知遇、识拔吗?如果说,现在有贵人知遇你,你终于可以充分发挥才能了,那么,你最想做什么呢?"

子路是有豪杰气的人,抢先发言:"老师,真要有机会充分发挥我的才能,我用三年时间,就可以把一个千乘之国治理得国富兵强,且民知礼义。"

孔子一撇嘴:"哈哈,好好好。冉求,说说你的想法。"

冉求答:"老师,我没有子路师兄这么大的本事,只能治理一个小国,应当用三年时间,能使其人民富足。"

孔子又问公西赤:"你怎样想的?"

公西赤答:"老师,我跟两位师兄都比不了,只能学习着做一名称职的大臣，管好分内的工作。"

最后，孔子瞅着曾点，那意思就是：该你说了。

曾点正在鼓瑟，他很从容地演奏，在音乐告一段落的地方停下来："老师，我跟三位同学的想法都不一样。我若说了，您可不要笑话我。"

孔子说："怎么会呢，不一样好啊，说说呗。"

曾点说："老师，我最想做的是在春暮夏初时，约上几个好朋友，穿着薄衫，出去游玩。中午，我们会到城南的沂水里痛痛快快地洗个澡，然后，再到舞雩台上，在那里的树荫下乘凉，享受被温风吹拂的感觉。最好再睡上一觉。等到日暮时分，我们就哼着小曲回家。哈哈。老师，您是不是觉得我太没理想啊？"

孔子拍手大笑："哈哈，曾点啊曾点，你怎么跟我想的一模一样呢。吾与点也！"

这里面，我关注三点：

一是，孔子说他的学生们"居则曰：'不吾知也！'"，他自己也说过"知我者其天乎"，这反映了孔子思想的局限性，即被动性。他们都在等待着被某个贵人知遇，才能充分绽放生命之花。这种被动性是因为当时社会森严的等级制度。这一点，古今不同，学习孔子思想，对此要加以反思。

二是，孔子教学的场面。

三是，**曾点是曾子的父亲**，他的这种闲适恬淡，深刻影响并塑造了曾国藩思想中不为人所熟知的另一面。

子曰："如有周公之才之美，使骄且吝，其余不足观也已。"——《论语·泰伯》

孔子讲："即便你有周公那样的大才，你一骄傲，或者一小气，也就完了，一文不值了。"

有才，不可清高。

子曰:"笃信好学,守死善道。"——《论语·泰伯》

由前述漆雕开"吾斯之未能信"可以体会,此处孔子所谓"笃信"即今人所谓"信仰"之意。孔子讲"天生德于予",孟子讲"人性本善""人皆可为尧舜",他们讲的是事实吗?是信仰!

他们深信不疑,便具有了至死不渝的奋斗与追求的力量。

关于人生的问题,往往真相并不重要,重要的是你相信什么。

子曰:"巍巍乎!舜、禹之有天下也,而不与焉。"——《论语·泰伯》

孔子讲:"伟大啊!大舜和大禹有那么大的成就,而他们却感觉那成就与自己无关。"

舜有臣五人而天下治。——《论语·泰伯》

大舜任用了五个大臣禹、稷、契、皋陶、伯益,天下便治理好了。

可以从两方面理解:

一是,像大舜这么厉害的人,他也需要团队,要有班底。一个好汉三个帮。

二是,明政无大小,得人为本。得人不在多,在精。

子罕言利与命与仁。——《论语·子罕》

孔子很少讲三个问题:利、命、仁。

达巷党人曰:"大哉,孔子!博学而无所成名。"

子闻之,谓门弟子曰:吾何执?执御乎?执射乎?吾执御矣。——《论语·子罕》

这段话,我是这样理解的:

有个隐士感叹:"孔子真是个大人物啊!博学,无所不通,礼、乐、射、御、书、数的成就，不论哪一样都那么高，可是世人却都不知道。"

孔子听说后苦笑："对我来讲，君子不器，礼、乐、射、御、书、数是一个整体。而在世人眼中，它们各自独立。要我怎样去迎合世人的评判呢？"

我不是科班出身，不是专业教授，不是某方面的专家，我是私淑孔子的人。

子曰："苗而不秀者有矣夫！秀而不实者有矣夫！"——《论语·子罕》

孔子讲："田里的禾苗，总有一些不能秀穗，对不对？秀了穗的也总有一些不能成熟结籽，对不对？"

孟子所谓，五谷不熟，不如荑稗。

子曰："知者不惑，仁者不忧，勇者不惧。"——《论语·子罕》
子曰："君子不忧不惧。"——《论语·颜渊》

智、仁、勇三达德的落脚点是对于人性弱点的治愈。
不惑、不忧、不惧，可谓达人。
王勃所谓，达人知命。

子曰："可与共学，未可与适道；可与适道，未可与立；可与立，未可与权。"——《论语·子罕》

孔子这段话，我这样理解：一个人由学道，而入道，而守道，这是三层进境。在此之上，更进一层，能够通权达变，才是与道合一。

冯友兰说，人生有四层境界：自然境界、功利境界、道德境界、天地境界。其中，"道德境界"约略可谓"可与立，未可与权"。

孔子于乡党，恂恂如也，似不能言者。其在宗庙朝廷，便便言，唯

谨尔。——《论语·乡党》

孔子在家乡人中间，与亲戚故旧相处时，柔顺安静，像一个不能说不能道的人。孔子在工作的场合，在领导同事中间，说话则严密周详。

色斯举矣，翔而后集。——《论语·乡党》

广场上的鸽子，见到有人来了，它们会昂起头来观察。来人若是慢悠悠散步，它们会继续低头吃东西。来人若是突然加快了脚步，它们就会警觉，呼啦啦地飞了起来，在天空飞翔盘旋。待下面的人安静下来，它们觉得安全了，再落下来。

这大致就是"色斯举矣，翔而后集"的意思。

子张问明。子曰："浸润之谮，肤受之愬，不行焉。可谓明也已矣。"——《论语·颜渊》

子张问："老师，怎样才算明智呢？"

孔子答："比如，你妻子天天给你吹枕边风，说某人怎样怎样；比如，你身边的人们都跟你说，某人怎样怎样；比如，你从小到大，目之所见、耳之所闻的信息都在说某人怎样怎样：你竟然还能不受影响，还能客观地去看待那个人，那就是明智。"

"浸润之谮，不行焉"就是这个意思。就像浇花，每天浇一点水，一点点浸灌滋润这朵花。你就是这朵花，你抗拒得了吗？

再如，你看到一条刷屏的帖子，讲一个贫困家庭的优秀学生被官二代冒名顶替了上大学的机会，你立即感觉心被刺痛，肺要气炸了，马上就要转发。可是，转念一想，这是真的吗？先观察观察再说。这就是"肤受之愬，不行焉"，就像人的肌肤皮肉受到伤害，本能会作出快速反应，而这时，还能保持理智，就是明智。

为君难，为臣不易。——《论语·子路》

一部二十四史，多数内容都在讲君臣关系，为君难，为臣不易。

各种关系皆如此，除非你不在意。

很多长久的关系，都是靠双方共同的努力来维系的，你难，对方也不易。

难与不易，本身也是人生的常态，除非你不在意。

有一次，初识一位中学老师，谈及我的女儿报考了师范数学专业。他立即感慨："唉，不好，不好，数学太难了，我当了一辈子数学老师，太难了！"我立即对他多了几分敬意，他若不热爱这个职业，不会觉得难。

觉得难与快乐不矛盾，越觉得难，越有快乐在其中。

曾国藩平生好讲"艰苦"。他的诗里讲，"苍茫独立时怀古，艰苦新尝识保身"；信里讲，"'朱子之学得之艰苦，所以为百世之师'二语，深有感于余心。天下事未有不自艰苦得来而可久可大者也。"；日记里讲，"训两儿，言作人之道以知艰苦为最要。"

> 叶公问政。子曰："近者说，远者来。"——《论语·子路》
>
> 远人不服，则修文德以来之。既来之，则安之。——《论语·季氏》
>
> 天下有道，则庶人不议。——《论语·季氏》

叶公问："怎样为政治国？"

孔子答："让近处的人开心，让远处的人来投奔。"

远人不来怎么办？动用武力，打服他吗？

不对，应当"修文德"。你只要内部做得足够好，他早晚会来的。

来了，又走了怎么办？

继续把内部的事做好，早晚他还会来的。

> 子曰："爱之，能勿劳乎？忠焉，能勿诲乎？"——《论语·宪问》

孔子讲："爱他，能不劳烦他吗？忠于他，能不提醒他吗？"

爱孩子，不指使他洗碗、扫地、洗衣服、叠被子，力所能及的活都不让他干，这是溺爱，不是真爱。拙著《吃透曾国藩》中讲过，教育孩子的第一原则是让他多干活。

忠于朋友，忠于领导，什么都顺情说好话，那叫便佞，不是真忠。真忠就要及时提醒对方存在的问题。

子曰："赐也，女以予为多学而识之者与？"对曰："然，非与？"曰："非也，予一以贯之。"——《论语·卫灵公》

孔子对端木赐（字子贡）讲："赐啊，你认为我是学了很多、记了很多吗？"

端木赐答："嗯，难道不是吗？"

孔子说："不对，我只是一以贯之。"

我理解，孔子这里讲的"一以贯之"，是指一套完备自足的知识体系，一条明晰的思想线索，或者如前文《立乎其大》所谓的"大框架"。

曾国藩讲，韩愈、柳宗元二公所读之书，皆不甚多，贵能有所择。

曾国藩还讲过："修己治人之道，止'**勤于邦、俭于家、言忠信、行笃敬**'四语，终身用之，有不能尽，不在多，亦不在深。"

子曰："臧文仲其窃位者与？知柳下惠之贤而不与立也。"——《论语·卫灵公》

不祥之实，蔽贤者当之。——《孟子·离娄下》

孔子讲："臧文仲不正是那种尸位素餐的官员吗？他明知柳下惠是个贤良之才，却不举荐提携。他真是一个可耻的蔽贤者。"

苏轼诗句：知命无忧子何病，见贤不荐谁当耻。

子曰："礼云礼云，玉帛云乎哉？乐云乐云，钟鼓云乎哉？"——《论语·阳货》

孔子讲："我们儒家强调的礼，难道只是拿着玉帛去送礼吗？我们儒家强调的乐，难道只是敲钟鼓瑟演奏音乐吗？"

思想的龙种，总是收获现实的跳蚤。

※《大学》部分

大畏民志，此谓知本。——《大学》

敬畏人民的意志，是最基本的政治智慧。
不要与市场对抗，是最基本的商业智慧。

曾子曰："十目所视，十手所指，其严乎！"——《大学》

曾子讲："你知道吗？**每时每刻每地，都有十只眼睛在看着你！都有十根手指在指着你！你不能有一丝松懈与放纵。**"

做圣人好累好难啊。

富润屋，德润身。——《大学》

物质财富可以改善你的房子、车子等外部的东西；**美德可以滋养、改善你内部的身心，让你充满正能量，内心充盈、身体舒泰。**

《尚书·洪范》讲，人有五福：寿、富、康宁、攸好德、考终命。其中"攸好德"就是具有美好德行之意，这是人生之福。

君子有絜矩之道。——《大学》

絜矩之道的本义大致是：己所不欲，勿施于人。

进一步讲，**你希望别人做到的，自己要先做到**；你不希望别人做的，自己也不要做。你要以衡量别人的尺子把自己规范好。

再进一步讲，不是你要不要成为人们心目中的榜样，而是，你一旦有了某种身份、地位，你的言行就会被人效仿。可不慎哉？

言悖而出者，亦悖而入；货悖而入者，亦悖而出。——《大学》

你骂人，别人也会骂你。

你的钱不是正道来的，也将不从正道上走。

《康诰》曰："惟命不于常"。道善则得之，不善则失之矣。

《楚书》曰："楚国无以为宝，惟善以为宝。"——《大学》

《尚书·康诰》讲，"天命无常"。那么，人怎样做，才能对天命有所把握呢？唯有行善。《楚书》也讲，楚国没有什么可以称之为宝的，只有善被作为宝。

老子也说，**天道无亲，常与善人**。

好人之所恶，恶人之所好，是谓拂人之性，菑必逮夫身。——《大学》

人家讨厌的东西你喜欢，人家喜欢的东西你讨厌。人家正夸着某个东西好，正炫耀自己的什么事，你上来便给泼冷水、唱反调，这实在是扫人兴，让人腻歪，甚至恨上你，将来逮着机会就会让你好看！

人对异己者都有莫名的敌意。

※《中庸》部分

素富贵，行乎富贵；素贫贱，行乎贫贱；素夷狄，行乎夷狄；素患难，行乎患难。君子无入而不自得焉。——《中庸》

朱熹注解"**素**"字大致即"**现在**"。现在富贵，好吧，那就行富贵事；现在贫贱，好吧，那就行贫贱事；现在身处夷狄荒蛮之地，好吧，这里也挺好啊；现在身处患难之中，好吧，慢慢来吧。君子怎么着都行，都挺好，都能找到其中的意义。

所有的路都是必经之路，所有的经历都是人生的礼物。

苏东坡晚年被贬谪到海南岛，这是别人眼中不堪忍受的苦难。而他自己感受如何呢？他给儿子写信说：我在当地发现了一种美食——蚝，以前从未吃过这么好吃的东西。你可千万别告诉别人。为什么呢？我那些老同事们若听说了，还不都争着被贬海南，来跟我抢此美食吗？

随后，他被赦返回，写下诗句："九死南荒吾不恨，兹游奇绝冠平生。"

这就是苏东坡的"素患难，行乎患难""无入而不自得"，随遇而安。

子曰："鬼神之为德，其盛矣乎！视之而弗见，听之而弗闻，体物而不可遗，使天下之人，齐明盛服，以承祭祀。洋洋乎，如在其上，如在其左右。"——《中庸》

孔子说："鬼神的意义和价值太大了！你想看它，看不见；你想听它，听不着；可是，什么事好像又都少不了它，令全天下人都乖乖地崇拜祭祀它。它就像空气弥散在天地之间，上下左右，仿佛无处不在。"

我理解，此段意思大致如此。孔子是把"鬼神"作为构建信仰的工具，而非信仰的对象。这反映了儒家的高度理性，其信仰类似一种无神论。

至诚无息。不息则久，久则征，征则悠远，悠远则博厚，博厚则高明。博厚，所以载物也；高明，所以覆物也；悠久，所以成物也。博厚配地，高明配天，悠久无疆。如此者，不见而章，不动而变，无为而成。天地之道，可一言而尽也。其为物不贰，则其生物不测。天地之道，博也，厚也，高也，明也，悠也，久也。——《中庸》

此可谓曾国藩拙诚之道。本着一个诚字，久久为功。

国有道，其言足以兴；国无道，其默足以容。《诗》曰：既明且哲，以保其身。——《中庸》

君子的修为，在政治清明的形势下，能够使国家向好的方向发展；

在政治黑暗的年代里，则能保持沉默，而避免招致灾祸。《诗经》里讲，人既要有聪明才识，又得有生存智慧，要懂得保身，让自己安全，不受伤害。

孔子把女儿和侄女都嫁给了这样的人。他说，自己的这位女婿要是坐了牢，那就是被冤枉或牵累的。他的侄女婿在读到《诗经》关于"白圭"的那段时，曾读了若干遍："**白圭之玷，尚可磨也；斯言之玷，不可为也。**"意思是，玉石上的瑕疵可以打磨掉，而说的话如果出了问题，则追悔莫及。

前面讲曾子的临终遗言时已经说过，这种态度是由那个时代的政治环境所决定的，进而影响了民族性格。

有本西方小说里也有一个著名的说法：**年轻人的勇敢是为了某种理想英勇地死，成熟者的勇敢是为了某种理想卑微地活。**

※《孟子》部分

君子不以其所以养人者害人。——《孟子·梁惠王下》

孟子本义是讲，土地本是用来养育人民的，而诸侯们却为了争夺土地，把人民推上战场，使其遭受战争的伤害。这是本末倒置。

买房本是为了生活得更好，而很多人却因为买房而活如牛马。

赚钱本是为了生活得更好，而有的人却因为赚钱而丧了性命。

我无官守，我无言责也，则吾进退岂不绰绰然有余裕哉？——《孟子·公孙丑下》

我没做你的官，没拿你的俸禄，就不必为你负责。说话也不必负责，做事也不必负责。

俗语云：无官一身轻，有儿万事足。

反之，当差不自由。

古之为市也，以其所有易其所无者，有司者治之耳。有贱丈夫焉，必求龙断而登之，以左右望，而罔市利。人皆以为贱，故从而征之。征商，自此贱丈夫始矣。——《孟子·公孙丑下》

大意是：古代的市场，公平交易，很单纯，人们互通有无，以我所有换我所无，有争议则由政府部门来调节。后来，市场上出现了"贱丈夫"，也就是奸商，他要搞"龙断"，即垄断，先把某种商品都集中到自己手里，再拿出来交易，从而大获其利。这使人们很不满，于是向这种奸商征以重税。抑商的传统，由此开始。

以至于中国古代经典中极少有直接的商业相关的内容，这方面能给予现代人的借鉴也较少。这都是垄断惹的祸。

以天下与人易，为天下得人难。——《孟子·滕文公上》

把天下断送，给了别人，容易；为保有天下而得到贤人，难。

士之失位也，犹诸侯之失国家也。——《孟子·滕文公下》
士之仕也，犹农夫之耕也。——《孟子·滕文公下》

作为一个士，失去了官位，就像诸侯国君失去了国家。
作为一个士，就要入仕为官；就像作为一个农民，就要种地。
孔孟所教，实为一种官文化。

曾子曰："胁肩谄笑，病于夏畦。"——《孟子·滕文公下》

曾子说："那些马屁精好累啊，点头哈腰，装出一脸笑来，比夏天在烈日下种地还辛苦吧。"

上无道揆也，下无法守也。——《孟子·离娄上》

此句有无尽含义。既有上、下之分，所谓"下学而上达""**形而上者谓之道，形而下者谓之器**"，又有道、法之别。

既有上道、下法之分别，又有上揆、下守之联系。

揆，就是掌控，就是抓住方向盘。上面要是没有"道"抓住方向盘，下面的法就靠不住。

很明显，这是强调上面的道。这是儒释道共同的特点，道讲得多、法讲得少。先哲们认为：明白了道，法自然就有了。不明白道，明白法也无用。

当下的人们，法讲得多、道讲得少。

名之曰"幽""厉"，虽孝子慈孙，百世不能改也。——《孟子·离娄上》

一个国君去世，一旦他的谥号被确定为"幽"或"厉"，那么，这个贬义的标签就永远揭不掉了，即便子孙如何孝敬他也不能改，百世千秋也不能改！

谥号是中国人伟大的发明，把一个人的生死与道德、历史绑在了一起。

为政不难，不得罪于巨室。——《孟子·离娄上》

此句似为《红楼梦》所谓"护官符"之先声，不像孟子通常气味。

儒家教人多理想主义；法家教人多现实主义。

讲理想主义，易被视为说教；讲现实主义，常被看作指点。

男女授受不亲，礼也；嫂溺援之以手者，权也。——《孟子·离娄上》

按当时礼教，一般男女之间不能有身体接触。可是，如果嫂子落水，小叔子要不要伸手施救呢？当然要救。这就是权——权变。

世间没有死规矩。

舜生于诸冯，迁于负夏，卒于鸣条，东夷之人也。文王生于岐周，

卒于毕郢，西夷之人也。——《孟子·离娄下》

孟子此言，简单讲就是，作为中华民族早期最著名的圣人、帝王，舜是东夷人，周文王是西夷人。拙著《历史的精髓》中讲，**中国历史昭示的天下大势之一即民族融合**。中华民族是多元一体的民族。

为政者，每人而悦之，日亦不足矣。——《孟子·离娄下》

为政者，要想靠小恩小惠去讨好每个人，那么，一年三百六十五天也不够用啊。

诸葛亮所谓："治世以大德，不以小惠。"

仲尼不为已甚者。——《孟子·离娄下》

孔子不做过分的事。
老子所谓："圣人去甚、去奢、去泰。"

人之所以异于禽兽者几希，庶民去之，君子存之。——《孟子·离娄下》

告子讲，食、色，性也。人如此，禽兽亦如此。而人之所以区别于禽兽，是因为在食色之性的上面，还有一点点别的。这"一点点别的"，普通人并不在乎，有没有无所谓；君子则将其看得无比重要，必须有！

圣贤千言万语，无非讲这个问题。

由仁义行，非行仁义也。——《孟子·离娄下》

王阳明"致良知""知行合一"说盖源于此。按孟子的意思，仁义就是人在食色之性上面异于禽兽的那"一点点别的"。**仁义不是外在的价值追求，而是根植于人的心性**。人之所行皆由此出，则仁义日渐充实广大，《大学》所谓明明德。

> 莫之为而为者，天也；莫之致而至者，命也。——《孟子·万章上》

人类有一套根深蒂固的对于因果关系的理解。比如，只有努力做事，才能做成。这种理解决定着人们的日常行为。可是，总有一些事情不能用这种理解来解释。某人没努力做某事，那事也成了；某人没作孽，却也祸事临头。怎么解释呢？天也，命也。

孟子讲的这个"命"，明显偏于宿命之命。

孔子罕言利与命与仁，偶尔讲到命，也是讲宿命比较多，讲使命比较少。这也反映了孔孟思想的被动性。

> 孔子进以礼，退以义，得之不得曰有命。——《孟子·万章上》

礼与义，都是基于上述因果关系的理解。遵行礼义而不得，怎么解释呢？有命。这个终极解释，补充了原有的因果关系，使之圆满自恰。这样，人便能保持某种和谐。

> 伯夷，圣之清者也；伊尹，圣之任者也；柳下惠，圣之和者也；孔子，圣之时者也。孔子之谓集大成。集大成也者，金声而玉振之也。——《孟子·万章下》

曾国藩讲："凡做好人，做好官，做名将，俱要有好师、好友、好榜样"。

先秦儒家最好讲圣贤，无非是教人找个好榜样。伯夷、伊尹、柳下惠，就是三个好榜样。伯夷的特点是"清"，洁身自好，半点"脏"东西也不沾；伊尹的特点是"任"，特别有担当，天下兴亡，我的责任；柳下惠的特点是"和"，特别随遇而安，干什么官都行，跟谁相处都行，脏净无所谓，你是你，我是我。

孔子更是一个好榜样。他的特点是"时"，他随时随地都有让人学习取法的表现，他是好榜样的集大成者。"集大成"的本义是把若干旋律集合在一起成一完整乐章。古时音乐又以金、玉之音为最重，金声玉振，朱熹所谓"为众音之纲纪"。孔子就是这样一个好榜样中的代表。

> 抱关击柝。孔子尝为委吏矣，曰："会计当而已矣。"尝为乘田矣，曰："牛羊茁壮长而已矣。"位卑而言高，罪也；立乎人之本朝，而道不行，耻也。——《孟子·万章下》

抱关就是看守城门的，击柝就是负责夜里打更的，都是当时最底层的小官吏。这种底层的工作虽然收入微薄，但是很容易干，一点压力也没有。

孔子也做过类似的工作，他管过仓库。孔子说，这个工作只要把进出库的东西记录好就行。他还管过放牧，曾说，只要牛羊吃饱长肥就行。

身处最底层的岗位，就不用操上面的心，如果妄发言论，那还是罪过呢。

身处高层的岗位，就有推动天下大治的责任。如果做不好，那很可耻。

所以，抱关击柝也蛮好。

> 颂其诗，读其书，不知其人，可乎？是以论其世也。是尚友也。——《孟子·万章下》

读书，怎么读？比如读曾国藩，读了他的诗文，又读了他的家书，甚至读了他的全集，这算是读透了吗？还不算。还要"论其世"，就是要了解他的时代背景，了解他在世间的具体作为。所谓"知人论世"就是这个意思。

吃透了一位古代的圣贤，就相当于在生活中多了一位良师益友。这是交友的最高境界。

孟子曰："莫非命也，顺受其正。是故知命者，不立乎岩墙之

下。尽其道而死者，正命也。桎梏死者，非正命也。"——《孟子·尽心上》

孟子讲，人之吉凶祸福，无不有命。命有"正命"与"非正命"之分。安时处顺，循理守道，遵纪守法，爱惜生命，可得正命。瞎搞一气，作死，必非正命。所以，知命者，不会在危墙下站立，不会自致险境。死于正道，是正命；死于邪道，非正命。

孟子曰："待文王而后兴者，凡民也。若夫豪杰之士，虽无文王犹兴。"——《孟子·尽心上》

如前所述，儒家思想有被动性。孔门弟子"居则曰：'不吾知也！'"，都是等着被贵人发现、提携。我理解，孟子此语算是对这种思想的纠正——总是等着出现周文王这样的明君，才能有所作为，那是凡夫俗子。有条件要上，没条件主动创造条件也要上，这才是豪杰！

儒家经典教人做圣贤的多，教人做豪杰的却少。

《易经》蒙卦是讲教育的，大象辞曰：山下出泉，蒙，君子以果行育德。

教育的根本在于培养行动力，行动出美德！

君子所过者化，所存者神，上下与天地同流。——《孟子·尽心上》

朱熹理解，"所过者化"是指圣贤人物"身所经历之处，即人无不化"。就是说，圣贤走到哪里都会影响、感召、教化那里的人。他们会给所有身边的人赋能。他的家人、亲友、乡邻乃至同事、员工、客户，他为官的一方百姓，都会受到他积极正面的影响。"所存者神"是指圣贤人物"心所存主处，便神妙不测"。就是说，圣贤存心专注的事情，就会有神奇的表现，就像孔子讲的："我欲仁，斯仁至矣。"

我理解，"所过者化"是指圣贤人物生前修己安人之实效；"所存者神"是指圣贤死后存世之功业、思想、精神继续发挥作用,所谓"**太上有立德,其次有立功,其次有立言,虽久不废,此之谓不朽**",从而成为民族历史与精神的一部分,也就是"上下与天地同流"。

另外,从个体生命的角度来理解:"所过者化"是指你经历的过去,你读过的书,走过的路,经历的人和事,一切似乎都已了无痕迹,其实都已融化成了当下的你。"所存者神"是指当下的你,是天地间最神奇的存在!李白曾讲:"**夫天地者,万物之逆旅也;光阴者,百代之过客也。**"你的思想和足迹,都是宇宙的一部分,上下与天地同流!

朱熹讲,圣人过化存神之妙,未易窥测。

久假而不归,恶知其非有也。——《孟子·尽心上》

孟子原意是批评,有的人装得久了,连自己都忘记自己在装了。不过后世对这样的人多数还是称赞的:能装一辈子好人,装到死,这不就是好人吗?

居移气,养移体。——《孟子·尽心上》

一般人待在哪里,就是那里的气质。待在城里,是城里人的气质;待在村里,是村里人的气质;待在好人堆里,是好人的气质;待在坏人堆里,是坏人的气质,除非卧底。

一般人身处怎样的地位,就有怎样的气质。做官,有官气;做匪,有匪气。

居变,气质亦变,此为"居移气"。

养,有养身、养心之别,俱可形之于体质,此为"养移体"。

大匠不为拙工改废绳墨,羿不为拙射变其彀率。君子引而不发,跃如也。中道而立,能者从之。——《孟子·尽心上》

大师教徒弟都有很高的标准,他们不会将就,不会因为徒弟笨就把标准降低。

大师教徒弟皆点到为止。比如，教射箭，他只把弓拉开，说："你这样射就行。"然后，就全靠徒弟自己悟了。最终，多数悟性不到的也就拉倒了，少数悟到的成了高手。

近代大书法家白蕉讲："昔颜平原从张长史指授，长史但云'多练习，归自求之'而已。"

意思是，唐代大书法家颜真卿早年向草圣张旭求教："怎样写成好书法？请教给我'笔法'吧。"

张旭说："你只要多多练习就行，不用我教你'笔法'，你自己就可以悟出来的。"

颜真卿照做，最终领悟"笔法"，成为比肩甚至超越张旭的高手。

白蕉认为，**得之难则视之珍，庶几可成功也。**

这也是中国传统经典教人的模式，所谓"师傅领进门，修行靠个人"，师傅只给你指一个方向，要取得优异的成绩，则看你自己的努力了。

梓匠轮舆能与人规矩，不能使人巧。——《孟子·尽心下》

你可以跟人学习方法，但学不来巧妙。

写字的方法，三言两语就能讲清。而写成像颜真卿、张旭水平的人，一千年也出不了一两个。

其进锐者，其退速。——《孟子·尽心上》

进得太快的人，退得也会快。孔子所谓，"无欲速，欲速则不达"。曾国藩所谓，"扎硬寨，打死仗"。

往者不追，来者不距。——《孟子·尽心下》

走的，走吧；来的，来吧。